纪念中国人民抗日战争暨世界反法西斯战争
胜利70周年重点出版物

华 侨 华 人 与 抗 日 战 争 系 列

历史丰碑
海外华侨与抗日战争

潮龙起　主编

暨南大学出版社
JINAN UNIVERSITY PRESS

中国·广州

图书在版编目（CIP）数据

历史丰碑：海外华侨与抗日战争/潮龙起主编 . —广州：暨南大学出版社，2015.12
（华侨华人与抗日战争系列）
ISBN 978 - 7 - 5668 - 1728 - 0

Ⅰ.①历…　Ⅱ.①潮…　Ⅲ.①华侨—抗日救国—史料　Ⅳ.①K265.06

中国版本图书馆 CIP 数据核字（2015）第 314256 号

出版发行：暨南大学出版社

出 版 人：徐义雄
责任编辑：黄圣英　牛　攀　齐　心
责任校对：黄志波　高　婷

地　　址：中国广州暨南大学
电　　话：总编室（8620）85221601
　　　　　营销部（8620）85225284　85228291　85228292（邮购）
传　　真：（8620）85221583（办公室）　85223774（营销部）
邮　　编：510630
网　　址：http://www.jnupress.com　http://press.jnu.edu.cn

排　　版：广州市天河星辰文化发展部照排中心
印　　刷：深圳市新联美术印刷有限公司

开　　本：787mm×1092mm　1/16
印　　张：15
字　　数：269 千
版　　次：2015 年 12 月第 1 版
印　　次：2015 年 12 月第 1 次

定　　价：46.00 元

目　录

前　言

　　从 1840 年鸦片战争到 1949 年中华人民共和国成立的历史，是一部中国人民反帝反封建的民族民主革命史。伴随国内革命形势的发展，华侨与中国革命休戚与共，出现了两次大规模的爱国高潮。自"九一八"事变，特别是"七七"事变爆发后，随着中华民族危机的不断加剧，广大侨胞本着爱国爱乡的情怀，在居住国开辟抗击日本侵略的海外战场，掀起以支援祖国抗日战争为中心的第二次爱国高潮。

　　海外华侨是中国抗日战争的重要力量。在纪念中国抗日战争胜利七十周年之际，组织专家撰写华侨抗战的英勇事迹，反映华侨抗战的丰功伟绩，弘扬华侨的爱国主义精神，激励海外华侨在改革开放的新征途中续写新的历史篇章，凝聚侨心，汇聚侨力，对于早日实现国家富强、民族振兴、人民幸福的中国梦具有重要的现实意义。

　　本书全面反映抗战期间世界各地华侨在中华民族遭遇空前危机时，与国内人民同仇敌忾，发扬爱国主义传统，在爱国华侨领袖和华侨团体的组织领导下，通过捐款献物、直接投身祖国抗日疆场等多种多样的形式，大力开展抗日救亡运动。全书力图全面掌握并充分吸收国内外学术界的最新研究成果，突出华侨抗战的典型事例和典型人物，全面、深刻地书写一部华侨抗战的新历史。

　　第一章为"抗战时期的侨情与侨务"。首先描述战时华侨人口数量及分布状况，华侨的职业结构及经济状况，以及侨居地的华侨团体，这是我们考察华侨支援祖国抗战的前提。"七七"事变爆发后，海外华侨掀起了第二次爱国高潮，从人力、财力、物力各方面支援祖国抗战，这与中国政府实施积极有效的侨务政策有很大关系。接下来重点考察这一时期国共两党为动员华侨支持祖国抗战这一中心任务，制定了怎样的侨务政策，并为实施这一政策开展了怎样的侨务工作。

第二章为"华侨抗日救国运动的兴起（1931—1937）"。主要阐释"九一八"事变后华侨社会对此的反响，海外华侨支援国内抗战之举措，以此凸显海外华侨的爱国之心及海外华侨在局部抗战期间所发挥的重要作用。实际上，从"九一八"事变到"七七"事变，旅居海外的华侨便以空前的爱国热忱投入祖国的民族革命中。

第三章为"华侨抗日救国团体的兴建与发展"。主要讨论华侨抗日救国团体在民族危急关头，打破姓界、邑界、堂界的隔阂，联合起来，成立大规模、全侨性的救国组织，以整合力量，声援祖国抗战。华侨团体是华侨社会运转的中枢。在平时，华侨团体有联谊侨胞、调解纠纷、经济互助、对外交流等诸多功能，充当祖国政府与广大侨胞联系的纽带。在战时，政府有关侨务政策的落实，救国运动的推动，非赖华侨团体的力量不可。

从第四章到第八章，我们按照华侨支援祖国抗战的方式来书写，如捐款捐物、回国参战、给国内汇款等，以反映华侨对祖国抗战的贡献。

第四章为"战时华侨对祖国的财力捐输"。主要按地区、国别来考察主要居住地的侨社为支援祖国抗战所开展的筹款购债运动，包括运动的组织，捐款购债的数量、方式和特点，华侨捐款救国运动中所涌现出的典型人物和事例，以及华侨捐款购债在支援祖国抗战方面的作用。

第五章为"战时华侨对祖国的物力支援"。阐述广大侨胞慷慨踊跃地为祖国抗战捐献国内紧缺的战略物资，从飞机、坦克、各种车辆到被褥、毛毯、冬夏服装乃至各类药品、金银首饰，可谓品种齐全、方式多样。华侨的大批赠物，在一定程度上缓解了抗战时期祖国物资紧缺的状况，赈济了战区和后方部分伤兵难民，提供了抗击日本帝国主义的重要物质力量，这对于中国坚持持久抗战，直到取得抗日战争的最后胜利，起到了重要作用。

第六章为"亲赴祖国抗日战场"。探讨侨胞支援祖国的另一种形式，即战时海外侨胞的回国参战。"七七"事变后，海外成千上万的华侨怀着"国家兴亡，匹夫有责"的满腔热血，抛家舍业，历尽艰辛，毅然回国参军参战，或到后方为战争服务。当时，仅从海外回国抗战的粤籍华侨就有4万多人。美国、加拿大、菲律宾等国航校大批华裔学员回国参战，仅美国一地就有200人左右。全国歼击机飞行员中华侨占3/4，成为中国空军作战主力。由南洋各地华侨子弟组成的"南洋华侨机工回国服务团"，从南洋各个地区先后回到了祖国，奋战在条件险恶的滇缅公路上，为保证国际援助物资及时运到祖国前线作出了极大的牺牲。菲律宾、缅甸、马来亚等地的侨胞组织华侨义勇工程队、救护队、回乡服务团等参与战地救护并配合作战，为祖国抗战的最后胜利做出了巨大贡献。

第七章为"华侨战时汇款与投资"。汇款与投资是华侨支援祖国抗战的重要方面，其在补充军费消耗并维持法币汇价、促进抗战大后方经济发展、增强国家经济实力、充实抗战力量等方面也同样为祖国的持久抗战作出了贡献。本章首先分析国民政府的侨汇工作面临的巨大困难，在国民政府各大行局中，中国银行对于争取和集中侨汇收入所发挥的重要作用，以及国民政府对包括中国银行在内的各大行局采取的措施，巨额侨汇的流入等，为抗日战争作出的重大贡献。其次，从华侨在国内企业的经济投资出发，分析其在此期间回国投资的背景，投资的行业、特点和意义，以此探讨华侨在抗战期间对增强祖国的经济实力、充实抗战力量所发挥的重要作用。

第八章为"华侨在居住国的反日斗争"。主要探讨太平洋战争爆发后，南洋陷落，华侨在沦陷时期与居住地人民同命运、共患难，并肩战斗，用鲜血和生命保卫第二故乡，用武装抗日支援祖国抗战，为最后战胜日本法西斯建立了卓著功勋。本章对一些重要的华侨抗日武装，如星华义勇军、菲律宾华侨抗日游击支队、苏门答腊华侨抗敌协会等武装组织及其武装斗争，以及林江石、林谋盛等华侨抗日英雄进行了特写，也对华侨在居住地抵制日货运动进行了叙述。

第一章

抗战时期的侨情与侨务

抗战期间华侨社会的人口数量及分布状况，华侨的职业结构及经济状况，以及侨居地的社会组织是构成华侨支援祖国抗战最基本的因素。同时，国共两党开展的积极有为的侨务工作，更是发挥了关键性的作用。加之，主观上华侨受爱国主义驱使，使得抗战期间全民族空前团结，最终取得战争的胜利。

第一节　抗战时期的侨情

华人移居海外，古已有之，然华侨大规模迁徙海外始于鸦片战争前后。晚清时期，日益增长的人口数量、土地压力以及外国资本主义的入侵，国内自给自足的小农经济趋于解体，破产、失业民众不计其数，东南沿海及边境地区人民更是难以营生。因此，他们不得不远渡重洋，异地求生，形成了国人向海外大规模移民的第一次浪潮。到 17 世纪初，世界华人数量有十余万人，主要分布在南洋各地。至 19 世纪中期，世界华人数量约 150 万人，仍高度集中于南洋。19 世纪中叶以后，华工大规模出国从根本上改变了世界华侨华人分布的状况，北美洲、南美洲、大洋洲和欧洲都出现了数量不等的以华工为主的华人社区。由于 19 世纪后期南洋以外的国家和地区均排斥华工，20 世纪初华人的数量仍高度集中于南洋。[①]

一、抗战时期海外华侨的人数及分布

南京国民政府成立后，因海外华侨对中华民国的鼎力支持，国民政府对海外华侨非常重视，先后制定了很多保侨护侨的政策，国民党和国民政府也成立专门的机构，即国民党海外部和国民政府侨务委员会来统筹全国侨务工作，不断加强与海外华侨的联系，并对海外侨情进行大规模的调查与统计。到 20 世纪 30 年代初，海外华侨人数总计达到 1 220 万人，主要侨居在暹罗（今泰国）以及南洋群岛，如英属马来亚诸岛、荷属东印度（印度尼西亚），人数在 780 万以上；其次则为侨居亚洲其他国家或地区者，如日本、朝鲜、越南、西伯利亚等处（中国香港、澳门除外）约 400 万人；再次为南、北美洲各地，有 30 余万人。其他诸如澳大利亚、南太平洋群岛及欧洲各国亦有十余万人。[②] 据日

---

① 庄国土：《世界华侨华人数量和分布的历史变化》，《世界历史》2011 年第 5 期。
② 郭梁：《东南亚华侨华人经济简史》，北京：经济科学出版社，1998 年，第 99 页。

本学者福田省三统计，南洋各国华侨总人数在 20 世纪 30 年代为 700 余万。①
据 1932 年《时事周报》报道，1931 年旅外华侨总数为 10 569 358 人。② 此后，
受国际形势和金融危机的影响，华侨在海外被驱逐或因失业而归国者极多。据
1934 年《时事月报》所述，侨务委员会通过各驻在地领馆、使馆向散居海外
华侨各埠进行详密调查，结果统计华侨总数为 7 838 895 人。③ 国民政府侨务
委员会编《三十五年度侨务统计辑要》的统计结果是，海外华侨人口为
7 560 353 人，其中南洋华侨为 5 972 565 人，约占华侨总数的 79%。④ 抗日战
争爆发时海外华侨人数及其分布情况具体如表 1 - 1 所示：

表 1 - 1　抗战爆发时世界各地华侨人口统计表（不含港澳台同胞）

国别/地区	华侨数量（名）	国别/地区	华侨数量（名）
亚洲	7 217 222（约占 95.46%）		
越南	462 466	葡属帝汶	3 500
缅甸	193 594	印度	17 314
暹罗	2 500 000	锡兰	1 000
马来亚	2 358 335	阿富汗	5 000
沙捞越	86 000	土耳其	7 000
北婆罗洲	68 034	麦加	6 100
印度尼西亚	1 344 809	日本	18 811
菲律宾	117 463	朝鲜	27 796
美洲	209 039（占 2.76%）		
美国	80 613	英属千里达	5 000
加拿大	46 000	英属占买加	8 000
墨西哥	12 500	荷属库斯萨俄等六省	700
危地马拉	745	秘鲁	10 915
萨尔瓦多	167	智利	1 500

① ［日］福田省三：《华侨经济论》，东京：岩松堂书店，1939 年，第 85～86 页。
② 涤尘：《一九三一年的旅外华侨概况》，《时事周报》1932 年第 2 卷，第 6～9 页。
③ 萧吉珊：《我国海外华侨总数之调查（侨情）》，《时事月报》1934 年第 11 卷第 3 期。
④ 李朴生：《华侨问题导论》，重庆：独立出版社，1945 年，第 22 页。

（续上表）

国别/地区	华侨数量（名）	国别/地区	华侨数量（名）
尼加拉瓜	1 500	阿根廷	200
哥斯达黎加	600	巴西	592
洪都拉斯	400	乌拉圭	55
巴拿马	2 000	哥伦比亚	550
古巴	32 000	委内瑞拉	1 500
多米尼加	362	厄瓜多尔	800
海地	40	圭亚那	2 300
欧洲	55 364（占0.73%）		
英国	2 546	德国	300
苏联	29 620	意大利	500
丹麦	900	罗马尼亚	16
瑞士	41	法国及其他	21 397
西班牙	44		
大洋洲	63 835（占0.84%）		
澳大利亚	17 000	萨摩群岛	2 198
新西兰	3 400	那鲁岛	5 000
夏威夷群岛	29 273	大溪地岛	5 000
斐济群岛	2 000		
非洲	14 893（占0.20%）		
埃及	64	东非	500
南非联邦	4 000	印度洋群岛	10 329
合计			7 560 353

资料来源：本表根据1947年国民政府侨务委员会编著的《侨务十五年》第26~27页统计，其中港澳台人口合计为1 140 451人。当时绝大多数资料将他们列为华侨，而本表不计这些人口。

表 1-2 南洋地区面积、人口、华侨数量及比例表

地区名	面积（平方千米）	人口（万人）	华侨数量（万人）	占当地比例（%）
泰国	518 162	1 380	250	18.2
荷属东印度（印度尼西亚）	1 904 346	6 070	123.3	2.0
英属马来亚（新加坡、马来亚）	136 236	438	170.9	39.4
法属印支（越南、老挝、柬埔寨）	740 400	2 300	38.3	1.6
菲律宾	296 296	1 300	11.1	0.8
英属北婆罗洲	75 586	28.5	7.5	26.3
合计	3 671 026	11 516.5	601.1	5.2

资料来源：姚玉民、崔珏、李文译：《日本对南洋华侨调查资料选编（1925—1945）》（第三辑），广州：广东高等教育出版社，2011年，第88页。地区名略作改动。

从上述两表统计数字我们可知，华侨遍布于亚洲、欧洲、美洲、大洋洲、非洲五大洲，但高度集中在亚洲地区，尤其是南洋地区，侨居亚洲的华侨人数约占总数的95.5%。其次为美洲、大洋洲、欧洲和非洲。正如有学者所言，有海水的地方就有华侨。这样，整个抗日战争期间，海外华侨以南洋华侨为主体，但又遍及世界各地。

二、战时海外华侨的职业结构及经济状况

战前华侨在海外谋生，绝大多数以务工、务农为主，此外还有不少经商和从事服务性工作者。在南洋，华侨主要从事零售商业，少数经营小型轻工业、中小锡矿和中小种植园。当然，不同国家华侨从事的职业有所不同。在暹罗，华侨主要从事制米业、木材业、商业、渔业；在马来亚，华侨主要从事锡矿业、橡胶业、商业、贸易；在北婆罗洲，华侨主要从事商业、农业；在荷属东印度，华侨主要从事农牧业、商业、贸易、工业、交通；在印度支那，华侨主要从事精米业、贸易、买办、商业；在菲律宾，华侨主要从事商业、精米业、

木材业。①

表 1－3　南洋华侨的职业及祖籍地

国别/地区	主要从事的职业	出生地、职业
暹罗 2 500 000 人	制米业、木材业、商业、渔业、其他	潮州人（60%）：商业、贸易、制材业、制米业 广东人（10%）：制米业、各种熟练工 海南人（10%）：渔业、制材业、家庭佣人 客家人（8%）：贸易、商业 福建人（10%）：矿业、橡胶业 上海、宁波等地人（2%）：园艺、工匠、家具制造
马来亚 1 709 392 人	锡矿业、橡胶业、商业、贸易	福建人（34%）：农业、各种商业 广东人（24%）：锡矿业、栽培业 客家人（18%）：锡矿业、农业、劳工 潮州人（12%）：商业、贸易、渔业 海南人（6%）：家庭佣人、橡胶园劳工、渔业 广西人（2%）：商业
北婆罗洲 75 000 人	商业、农业、农庄劳工	福建人：商业 广东人：商业、农业、劳工 客家人：农业 潮州人：商业
荷属东印度 1 233 650 人	原始产业（农、牧、渔、林）商业、贸易、工业、交通	福建人（55%）：原始产业、商业、贸易、中介 客家人（20%）：商业、矿业、工业 广东人（15%）：工业、商业、贸易、矿业 潮州人（10%）：农业、园艺

---

① 崔丕、姚玉民译：《日本对南洋华侨调查资料选编（1925—1945）》（第一辑），广州：广东高等教育出版社，2011 年，第 13～14 页。该项统计的马来亚华侨职业及祖籍地分布比例合计只有 96%，原文如此。

（续上表）

国别/地区	主要从事的职业	出生地、职业
印度支那 381 471 人	精米业、贸易、买办、商业	广东人（50%）：精米、商业 福建人（20%）：精米、买办、贸易 潮州人、海南人、客家人合计30% 潮州人：体力劳动 海南人：家庭佣人 客家人：渔业、茶商、栽培业
菲律宾 110 500 人	商业、精米业、木材业	福建人（80%）：华侨商人占菲律宾小零售商的70%以上 广东人、客家人合计20%

注：各地华侨人口根据1934年的统计数字。

资料来源：崔丕、姚玉民译：《日本对南洋华侨调查资料选编（1925—1945）》（第一辑），广州：广东高等教育出版社，2011年，第13~14页。

　　在美洲，华侨主要从事餐饮业、洗衣业和杂货业，还有少量经营小型轻工业。到抗战时期，华侨社会基本构成为：商人约390万人，占华侨总数的52%；工人约170万人，占总数的23%；农民约130万人，占总数的17%；其他各行业60多万人，占总数的8%。[①] 在加拿大，据加拿大政府第七次人口普查，当时华侨共计4万人，从事的职业主要有餐饮业、农业、零售业、伐木业、矿业、渔业等，大多为靠体力劳动的劳工。到20世纪三四十年代，从事洗衣业、餐馆业、杂货业等的华侨逐渐增多。[②]

　　在日本，战时华侨处于"无业者"状态居多，人数达到5 629人，日本华侨总数的占53.4%，也就是说，战争使一半以上的华侨处于失业状态。而当时从事贸易的人数仅为395人，占总数的4.0%，也就是说，作为华侨经济支柱产业的外贸业，由于战争产生了急剧衰退。再者，当时从事日本国内商业的华侨人数也不多，而从事贸易以外各种杂业的华侨数量较多，达到2 733人，

---

　　① 任贵祥：《华夏向心力——华侨对祖国抗战的支援》，桂林：广西师范大学出版社，1993年，第9页。

　　② 黎全恩、丁果、贾葆蘅：《加拿大华侨移民史：1858—1966》，北京：人民出版社，2013年，第374~375页。

占就业人数的 59.5%。由此可见，战时日本华侨的职业已由"三把刀"和外贸转到以日本国内商业为主的发展道路上来。不过，由于日本垄断资本趋于高度集中，一些大财阀垄断了日本的工矿业、金融业、交通业等经济命脉，操纵了日本的进出口贸易，战时日本华侨在对外贸易和国内商业的经营中，不断受到日本垄断资本的排斥和日本政府的限制，旅日华侨的职业地位面临激烈竞争和严重困难。1941 年，日本政府出台《贸易统治令》，日本华侨企业经营陷入困境，不少华商因此回国。①

华侨经济结构上的这一"重商"的特点，使他们积累了一定的财富。但就总体而言，海外华侨除极少数资本较为雄厚者外，大多数华侨的经济状况较之当地主流社会不甚理想，处于贫困状态。不过，与国内民众相比，华侨居留地区多为资本主义国家，或者已经被纳入资本主义市场的各属殖民地，社会经济发展水平普遍较高，故华侨经济状况普遍要比国内民众好。如在美洲，华侨入境之初多从事筑路或开采金矿工作，省吃俭用，积有余财，乃改从商业，而以经营餐馆、洗衣馆及杂货业为多，到抗战期间，大部分侨众已过上丰衣足食的生活。② 当时美国、加拿大两国华侨平均每人每月所得大约为 120 美元，其他国家华侨约为 100 美元。在日本，一个普通华侨劳动力月均所得大约为 70 日元。③ 同一国家不同职业的华侨收入是有差异的。以加拿大为例，20 世纪二三十年代，华侨洗衣工和店员每月工资是 40～100 加元，水泥工和木工为 70～130 加元，大厨为 70～80 加元，普通厨师为 30～40 加元，农工亦然，而当时加拿大华侨平均每月生活费约为 20～30 加元。④

关于华侨的经济情况，以抗战前期估算，全世界华侨的资本总额约达国币 500 亿～700 亿元（也有的资料记载约为 800 亿元）。⑤ 其中，南洋华侨资本最为雄厚。据统计，南洋华侨资本在 1 000 万元以上至 1 亿元以内者约 15 人，500 万元以上者 25 人，100 万元以上者 130 人，50 万元以上者 200 人，10 万元以上者 1 000 人，1 万元以上者 5 万人，5 000 元以上者 20 万人，以上的 251 370 人约占有资本 350 亿元。仅南洋荷属东印度、英属马来亚、菲律宾、

① 华侨志编纂委员会编：《日本华侨志》，台北：华侨志编纂委员会，1965 年，第 125～126 页。
② 华侨革命史编纂委员会编纂：《华侨革命史》（下），台北：正中书局，1981 年，第 618 页。
③ 华侨革命史编纂委员会编纂：《华侨革命史》（下），台北：正中书局，1981 年，第 658 页。
④ 黎全恩、丁果、贾葆蘅：《加拿大华侨移民史：1858—1966》，北京：人民出版社，2013 年，第 374～375 页。
⑤ 分别见《华侨先锋》第 2 卷第 1 期、《西南实业通讯》第 4 卷第 4 期。

暹罗、法属越南、缅甸、英属北婆罗洲及日本 8 个国家和地区，华侨就拥有 39.395 07 亿元的财产。①

　　两次世界大战期间，伴随着南洋华人移民的增加及华侨人口的增长，华侨经济更是空前繁荣和发展，具体表现在经济投资上。据日本学者福田省三估计，到 1930 年，南洋华侨投资额总计约为 40.64 亿日元，折合美金约 10.54 亿美元。又据日本学者游仲勋教授估计，1929 年经济危机爆发前的华侨投资额约为 7.44 亿美元，第二次世界大战爆发前约为 6 亿美元，主要用于投资商业、农业、金融业、工业等。20 世纪 30 年代中期，世界各地在南洋的投资额为 133 亿元，其中我国华侨投资额就达 40 亿元，占总数的 29.4%。华侨投资的各国情况为：荷属东印度 13.08 亿元，英属马来亚 9.86 亿元，泰国 9.29 亿元，美属菲律宾 4.01 亿元，法属越南 3.05 亿元。② 可见，在南洋各国中，英属马来亚和荷属东印度的华侨投资则占了一半以上。这些粗略的估计充分说明南洋华侨掌握着相当雄厚的资金，构成了南洋诸国民族经济的重要组成部分。

　　美洲华侨的资本亦较多。据统计，抗战时期美洲华侨共有 21 万多人，抗战八年期间的总收入约为 25.5 亿美元，人均年收入 1 500 多美元。其中美国华侨近 8 万人，抗战时期总收入近 11.9 亿美元，人均年收入约 1 860 美元。③ 此外，欧洲、大洋洲、非洲华侨也有一定的资本。由此可见，华侨经济力量在 20 世纪 30 年代已经发展到一定规模。

三、战时华侨的社会组织

　　早期移居海外的华侨，为了团结互助，自救自卫，联络感情，共谋生存与发展，或以血缘宗亲，或以地缘同乡，或以业缘同行为纽带，自发建立起各类华侨社团，以图互助联谊与自治。华侨社团成为早期华人社会重要的组织形式，也是华侨社会的重要支柱和中枢。④ 华侨社团组织的产生有其社会、政治和经济等方面的根源，是华侨社会的核心和缩影。对外，这些组织在传播和弘扬中华传统文化、促进中外文化交流、推动华人移民适应新环境等方面起着重要作用；对内，其在调节华人社会自身经济或社会纠纷、维护华社稳定和发展

---

① 《海外华侨战时损失有关资料》，中国第二历史档案馆藏档案，全宗号一八（2），案卷号208。
② 《华侨先锋》1941 年第 4 卷第 6 期。
③ 任贵祥：《华夏向心力——华侨对祖国抗战的支援》，桂林：广西师范大学出版社，1993 年，第 12 页。
④ 谢成佳：《对华侨华人社团的几点认识》，《华侨华人历史研究》2002 年第 3 期。

等方面贡献良多。到抗战时期，海外社会组织承袭地缘、血缘、业缘这三种最基本的组织方式，在原有社团上进一步发展壮大，此外还诞生了不少政治、文化类团体。

华侨身处海外，由于其社会传统观念浓厚，又缺乏政府的有效管理，因此华社侨团组织较为昌盛，各种地缘、血缘、业缘、语缘、文缘等组织方式的社团数量繁多。在南洋华侨社会的诸多地缘性会馆中，有以省级行政区划为单位的，如福建会馆、广东会馆、广西会馆等；有以清代府级行政区划为单位的，如泉州会馆、潮州会馆等；还有以姓氏为单位的，如林氏宗祠、陈氏宗祠、张氏宗祠、李氏宗祠等。另外，南洋华侨也有秘密的帮会组织，如天地会、兄弟会、哥老会、龙门会、八卦会等。① 总而言之，南洋地区侨社是一个以地缘为中心、以同乡为前提、家族主义至上的社会。

在美国，早期华侨组织主要有地缘性会馆、姓氏公所及堂会。会馆是美国华侨较早的社团组织，其中较有名的有七大会馆，即三邑、阳和、人和、宁阳、冈州、合和、肇庆，这些会馆后来联合成中华会馆并将其作为华侨社会的总机关。此外，美国华侨还比较侧重姓氏血缘组织，如刘、关、张、赵四姓的龙冈公所；雷、方、邝三姓的溯源公所；陈、胡、袁三姓的至孝公所及谈、谭、谢、许四姓的昭伦堂等。早期的堂会由国内天地会演变而来。入驻美洲后，天地会改为致公堂，美洲大部分华侨加入致公堂。从 19 世纪 60 年代至 20 世纪初，致公堂在美国即有 12 大堂，即秉公、合胜、萃胜、瑞端、安益、萃英、协胜、协英、广德、竹林公所、保良公所、金美公所。② 值得一提的是，在远离美国大陆的夏威夷，其侨社与美国大陆相似，除中华会馆、中华总商会、华人公所、中华总工会代表全侨性外，还有属于地域性团体的崇正会、四邑会馆、明义堂、冈州会馆、中山同乡会等组织。宗族团体则有龙冈亲义公所、李氏敦宗公所等，不一而足。

除上述组织外，美洲尤其是北美洲华侨中间还有诸多国民党组织，他们由兴中会、同盟会、中华革命党等革命组织演变而来。据统计，第一次国共合作建立、海外国民党组织改组后，至 1926 年 10 月，海外国民党总支部有 14 个，所辖支部 88 个，分部 524 个，党员总数达 97 455 人。③ 国民党海外部所属的

---

① 有关近代南洋地区华侨社团的发展变化，可参见吴凤斌：《东南亚华侨通史》，福州：福建人民出版社，1994 年，第 752~824 页。

② 参见刘伯骥：《美国华侨史续编》，台北：黎明文化事业股份有限公司，1981 年，第 644 页。

③ 许肖生：《华侨与第一次国共合作》，广州：暨南大学出版社，1993 年，第 68 页。

海外组织作为一种特殊的华侨组织，到抗战时期得到不断发展和强化，成为战时华侨支援祖国抗战的重要组织者之一。

总之，海外华侨的人数及分布、社会构成了其支援祖国抗战的前提，职业结构、经济状况则奠定了持续抗战的基础。

第二节　国民政府的侨务工作

早在"九一八"事变爆发后，华侨就开始声援、支持祖国抗战。全面抗战爆发后，海外华侨更是掀起第二次爱国高潮，从人力、财力、物力各方面支援祖国抗战。为争取华侨更多的人力、物力和财力进行持续抗战，当时国民政府制定和颁布了相应的政策、法令和法规，加强各方面的侨务工作，促进华侨抗战救国运动的深入发展。而衡量侨务工作成功与否的标准，一是看是否赢得了侨心，二是看这些政策实施的客观效果如何。纵观整个抗战时期，国民政府侨务工作较为积极，成绩也最为显著，既凝聚了侨心，又支援了抗战，在抗日战争史乃至民国侨务史上都具有极其重要的地位。

一、健全侨务机构

国民政府侨务机构始于孙中山晚年。1924 年，孙中山在大元帅府设置了侨务局，并派熟悉侨情的人员专办侨务，此举开创了国民政府侨务工作的先河，但后因孙中山的逝世而停废。1925 年 7 月，国民政府成立，撤销过去的侨务局，设立新的侨务机关，但是"向来国人对在外华侨不很注意，即对回国之华侨，亦不甚注意"[1]。后几经更替，至 1931 年 12 月 7 日国民政府公布《侨务委员会组织法》后，侨务工作才开始步入正轨。该法规定，侨务委员会隶属国民政府行政院，陈树人（辛亥革命元老、归侨）任委员长，下设 3 处6 科。[2]

"七七"事变后，侨务委员会得到进一步健全，职能也更加明确，设有委员长 1 人、副委员长 2 人、委员 51 人、常委 13 人，内分 4 处 3 室 12 科，主要有秘书处、侨务管理处和侨民教育处。此外，侨务委员会还设有南洋研究所，

---

① 周元高、孟彭兴、舒颖云编：《李烈钧集》（下），北京：中华书局，1996 年，第 674 页。

② 关于侨务委员会的沿革，见台湾华侨协会总会编印：《华侨大辞典》，台北：华侨协会总会，2000 年，第 985 页。

回国升学华侨学生接待所，现代华侨出版社与华侨青年出版社，回国侨民事业辅导委员会及其所属归侨村、接待所与指导员等，以处理战时的侨务。

除侨务委员会机构本身得到加强外，国民党于1938年恢复了一度中断的中央海外部，制定《战时海外工作纲领》并颁发给海外各地党部，以加强海外党务工作。据陈树人在一次报告中透露，截至1940年春，海外党部有73个单位，其中党支部11个，直属支部60个，直属分部2个，党员总人数106 200人。他认为："侨胞对党的关系，极为密切，就海外党员人数来说，虽赶不上国内党员数量的巨大，但就人口与党员人数的比率上说，较国内为高，有些地区，党员人数且占侨胞人数的百分之七八至百分之十"，"这实在是十年来所未有的记录"。[①] 另据战时国民党侨务官员李朴生记载，抗战时期海外有1 300多个海外分支党部，"创造了十年来的新纪录"[②]。由此可见，战时国民党政府的侨务机构分为两大系统，即国民政府的行政系统和中央党务系统，侨务工作双管齐下，较以前得到加强。

此外，为促使相关政策的有效实施，中央一级行政机构还共同组设一些协调性的部际机构办理侨务。1933年，陈树人、周启刚等五位委员提议，国民党中执委常委会决定，由国民党中央财务委员会会同财政部与侨务委员会在上海合组华侨爱国义捐总收款处，办理华侨的相关捐款事项。[③] 1933年9月，侨务委员会与内政、外交、财政、实业、交通、铁道七部在南京组设救济失业华侨委员会，办理救济失业华侨事宜。[④]

20世纪30年代中期至全面战争爆发，侨务委员会为实施移植保育及办理出入国登记之便利，相继在上海、广州、海口、厦门、汕头、天津、江门等处设立侨务局，又在广东、福建、云南、上海等地设立侨务处。[⑤] 这样，侨务委员会就建立起从中央到地方的组织机构。

总之，抗战时期是国民政府和国民党中央侨务机构最健全、队伍最庞大的时期，对侨务工作实行双重或多重领导，这为做好战时侨务工作尤其是争取华侨支援祖国抗战提供了组织保障。下图可更为直观地反映抗战时期侨务管理体

---

① 任贵祥：《华侨与中国民族民主革命》，北京：中央编译出版社，2006年，第294页。
② 李朴生：《华侨问题导论》，重庆：独立出版社，1945年，第134~135页。
③ 中国第二历史档案馆编：《中国国民党中央执行委员会常务委员会会议录》（十九），桂林：广西师范大学出版社，2000年，第232页。
④ 陈国威：《1932—1945年国民政府侨务委员会述论》，《华侨华人历史研究》2010年第4期。
⑤ 中国第二历史档案馆馆藏赈济委员会档案，全宗号一一六，案卷号92。

系和工作关系，以此透视出战时国民政府侨务委员会和国民党中央海外部这两大系统，以及驻外领事馆、海外党部与华侨社会多重交叉渗透的关系。

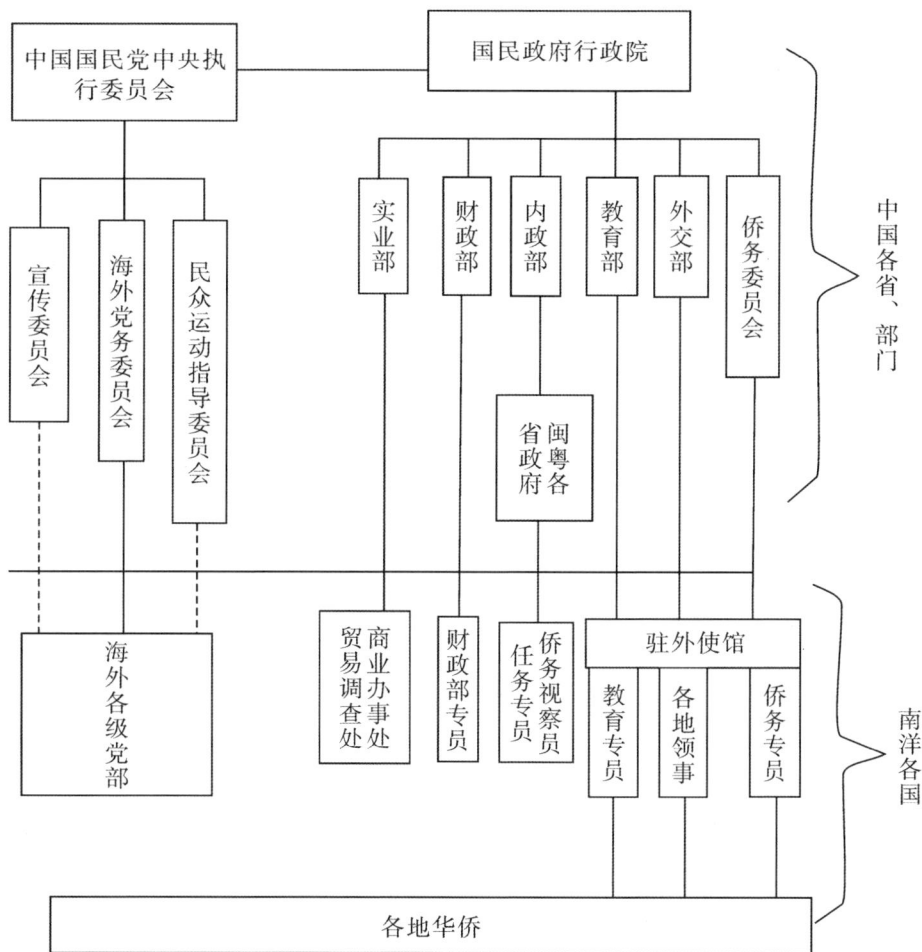

抗战时期国民政府党务行政机构与侨务部门管理关系示意图

资料来源：任贵祥：《海外华侨与祖国抗日战争》，北京：团结出版社，2015年，第60页。图中实线表示监督关系，虚线表示直属支配关系。

二、对华侨救国的组织与宣传

全面抗战后，鉴于国民经济的拮据，以及海外侨胞所蕴藏的丰富人力、物力与财力资源，国民政府和国民党中央对侨务工作都非常重视。为动员海外侨胞支援中国抗战，1937 年 8 月 31 日，国民政府侨务委员会发出函电《为全国抗战告侨胞书》，希望华侨输财出力，从物质上和精神上支援祖国，以为长期抗战之准备。为调动华侨全面参与抗战，国民政府制定了很多法规和条例，如《非常时期海外华侨专门技术人才调查表》《非常时期海外各地救国团体暂时办法》《救国公债条例》等，通过侨务委员会、外交部及其驻外使馆、国民党海外部等组织机构及《华侨周报》《侨务月刊》《华侨先锋》《华侨半月刊》《华侨青年》等刊物，对华侨进行大量的抗日宣传和组织工作，号召侨胞出钱出力，支援抗战。这些法规条例的颁布和实施，以及有关的组织与宣传工作，对于调动华侨支援祖国抗战意义重大。

侨务委员会先后成立了现代华侨出版社、华侨通讯社，发行《华侨动员》《侨务特刊》《华侨先锋》等刊物，设《华侨动态》《华侨抗声》《侨史漫谈》《专题报道》《国际要闻》等栏目，随时报道祖国的抗战消息、华侨募捐成绩及感人事迹等侨胞支援祖国抗战的消息，这对华侨爱国热情的鼓动，海外侨胞与祖国联系的沟通，各地侨社的相互了解和感情增进，发挥了很好的宣传和教育作用。不仅如此，侨务委员会还经常翻印或转发各项抗日宣传品，分寄海外各地。

广东、福建等侨务大省，也在战时加大工作力度，切实保护华侨权益，加强华侨与祖国和家乡的联系，充分调动华侨支援祖国抗战的积极性。如广东省在护侨组织上，1939 年设立粤侨通讯处，同年又设东江护侨事务所及南路护侨事务所。在护侨工作上，广东省政府着力解决侨胞出入困难，坚决取缔苛索侨胞事件，积极办理侨胞委托事项，大力宣讲国内抗战形势，广泛调查海内外侨胞状况。在针对华侨的抗战宣传方面，主要是搜集国家和广东主要领导的重要言论，出版刊物，并寄发至海外侨团；将国内、省内各种消息，每周编辑《粤侨通讯》一期，发电至海外报纸发表，计美洲 18 处、南洋 20 处。截至 1941 年 11 月，该刊已发出 30 期。①

"八一三"事变后，侨务委员会又陆续发布《为全面抗战告侨胞书》及非常时期通告，"鼓励侨胞，输财出力，贡献政府，以为长期抗战之准备"②，号召侨胞支援祖国抗战。为促进海外华侨抗日运动的发展，国民政府及国民党中

---

① 雷江：《广东的护侨工作》，《广东一月间》，1941 年 1 月。
② 陈树人：《抗战期中的侨务工作》，《现代华侨》1941 年第 2 卷第 5 期，第 3 页。

央先后派要员赴海外指导侨胞捐款献物、认购救国公债、开展抵制日货行动等，"对华侨宣传日本之侵略中国"及中国"自卫抗战之意义及抗战之真实消息"。① 通令海外各地领馆重视华侨报社在宣传中的作用，指导其宣传中国抗战将士之英勇，揭露敌人侵略之残暴。

值得一提的是，侨务委员会和国民党海外部在针对不同的工作对象时，对人选问题都非常慎重。如在动员海外侨社中具有一定影响力的海外洪门，并通过其团结海外侨胞支援中国抗战时，国民政府就选派"洪门老叔父"赵昱为海外劝募公债委员、华侨宣慰大使，赴南洋、欧洲和美洲劝募公债。辛亥革命时期，赵昱受孙中山指令，在美国加入致公堂，以便动员美国致公堂支持革命。由于赵昱对美国堂会比较了解，因此，其在美巡埠期间，主动拜访各地华侨堂会，希望堂会捐弃前嫌，以民族大义为重，支持政府抗战。1938 年春夏间，赵昱等人先后来到纽约、克利夫兰、旧金山等地，向华侨堂会讲述日本侵华之残暴、国民政府长期抵抗之决心及前线作战将士之忠勇，盼洪门实行忠诚救国、义气团结、武侠除奸之信条，多购公债，厉行抗日救国工作，增厚抗战实力，期收最后胜利。②

国民党海外部还对抗日宣传中成绩突出的海外报刊，"皆予多方鼓励，或给以现金津贴，以助其发展"③。1940 年 1 月，海外部特别提出对缅甸仰光的《中国新报》给予特殊津贴 5 000 元，以奖励其在抗日宣传中的贡献。1941 年夏，侨务委员会组织华侨通讯社，每周两次将国内抗战情况以时论、通讯的形式发往海外，供当地侨报登载；同时，又将各地侨情提供给陪都重庆及各地报社，及时报道华侨动态。尤其值得一提的是，国民政府侨务委员会还十分重视对海外侨胞广播。自 1932 年 11 月起，每星期日晚 8 时至 8 时 30 分，借中央广播电台向海外广播节目。整个抗战时期，这一节目始终坚持下来，从未间断，成为对侨宣传的得力工具。

侨务委员会、外交部与海外部还会同决议，将国内国民节约运动扩展到华侨中间，将节约运动的宣传大纲寄发至各侨团，向华侨宣传建国储蓄节约运

---

① 中国第二历史档案馆编：《中华民国史档案资料汇编 第五辑 第二编 政治（四）》，南京：江苏古籍出版社，1998 年，第 601 页。

② 《纽约总堂公宴刘赵专员》，《大汉公报》，1938 年 4 月 8 日；《赵昱专员到美企城演讲》，《大汉公报》，1938 年 5 月 6 日；《大埠华侨欢迎赵昱翁》，《大汉公报》，1938 年 6 月 6 日。

③ 中国第二历史档案馆编：《中华民国史档案资料汇编 第五辑 第二编 政治（四）》，南京：江苏古籍出版社，1998 年，第 611 页。

动，号召海外华侨节约救国，输财助战。

国民政府不仅对华侨进行抗日的宣传教育工作，而且大力开展同日伪争取华侨的斗争。针对日寇对华侨进行诸如担保其家乡亲人的安全，给予通讯汇兑的便利及保障其所从事的工商业等宣传，侨务委员会在 1938 年 12 月致驻外各大使馆的通电中说："希驻外各使领馆、各商会侨团，对当地侨胞解释劝勉，俾得统一意志，共肩抗战建国大业。"[①] 1939 年 8 月 16 日，为防范敌伪准备在海外设置侨务机构，国民政府外交部在致侨务委员会的信中，要求他们密切注意敌伪的活动，向侨胞揭露敌伪的阴谋活动，敦促侨胞注意防范。

综上所述，国民政府各部门对华侨进行广泛的宣传教育工作，不仅加强了祖国与广大爱国华侨之间的联系，而且使侨胞更真实地了解敌人侵略的残酷与抗日将士斗争的英勇，激励他们积极参加抗日救亡运动。

三、发动华侨捐赠、购买公债

抗战全面爆发后，国内经济一蹶不振，资金匮乏，物资短缺。战争归根结底需要强大的经济支撑，否则抗战将难以为继。中国除自身的实力基础外，争取外援必不可少。鉴于此，向海外华侨筹集抗战资金成为抗战时期国民政府侨务工作的重要内容。

国民政府募集资金主要依靠华侨捐款献金。抗战爆发时，蒋介石便致电海外各华侨救国团体："海外月捐，增加长期抗战力量，所关至巨，各地侨团务必努力促进，藉（借）收实效。"[②] 侨务委员会也多次发出通电，要求华侨输财捐款，认销公债，以补充抗战财源，并制定了奖励捐款及募捐办法，强调凡"未举行常月捐的地方，务于适合当地环境下，从速会同当地侨团，参照马来亚、菲律宾常月捐先例，妥订经常劝募办法，及早施行，并将进行情形，随时具报。其已举办常月捐的地方，仍仰继续努力"[③]。为了让华侨更多地捐款献金，侨务委员会还"通令各地侨团，随时鼓励"，并派侨务委员"分赴海外各

---

① 中国第二历史档案馆编：《中华民国史档案资料汇编　第五辑　第二编　政治（四）》，南京：江苏古籍出版社，1998 年，第 682 页。

② 其昭：《南洋华侨推行常月捐之过去与现在》，《华侨动员》第 19 期，第 3 页。

③ 中国第二历史档案馆编：《中华民国史档案资料汇编　第五辑　第二编　政治（四）》，南京：江苏古籍出版社，1998 年，第 595 页。

地，就地指导侨胞"，① 进行宣传劝募。1937 年冬，侨务委员会委员长陈树人亲赴菲律宾募捐。

1939 年 11 月，国民政府文官处在"为鼓励旅美华侨踊跃捐输以慰侨情"致行政院的公函中说："查海外侨胞对于抗战捐献，确尽踊跃输将之热忱，除财部印行海外侨胞救济及慈善捐款征信录外，对于旅美侨胞之大量长期捐输政府，似应予以鼓励，俾资慰藉。"② 国民政府为了更好地管理侨胞捐献的资金，还在重庆设立了专门分管华侨义捐的办事机构，为其工作的开展提供了便利。

国民政府还向海内外发行救国公债、国防公债、金公债和节约储蓄券。抗战爆发时，国民政府就成立了战时公债劝募委员会，概由行政院聘定，蒋介石、孔祥熙任正副主任委员，黄炎培任秘书长，常务委员 24 人。著名侨领和侨界知名人士陈嘉庚、庄西言、陈守明、胡文虎、李国钦等被聘为常务委员。1937 年 8—9 月，国民政府先后颁布《救国公债条例》《救国公债募集办法》《修正救国公债募集办法》和《购募救国公债奖励条例》。1937 年下半年至1938 年春，国民党中央委员、海外部部员萧吉珊赴南洋募集救国公债，在新加坡、马来亚、泰国、越南等十多个国家和地区，共推销救国公债1 500多万元。此外，国民党中央委员陈庆云、侨委会官员戴怀生被派往美洲开展航空救国募捐并慰问当地华侨。他们走遍美国、加拿大及中美洲 17 个国家，历时 4个多月，共募捐630 多万美元，成效显著。③

四、鼓励华侨投资、疏通侨汇

吸引侨资一直以来就是国民政府的重要政策之一。早在 20 世纪 20 年代末至 30 年代初，世界爆发大规模的经济危机时，国民政府即先后颁布《特种工业奖励法》《华侨回国兴办实业奖励办法》及《华侨投资国内矿业奖励条例》等政策法规，对华侨在国内兴办实业和各种公益事业给予特别奖励和保护；政府各部门并对侨民回国投资、回国考察、实业指导等给予种种便利。

到了战时，为了开发和利用大后方的资源以支持长期抗战，国民政府制定

---

① 中国第二历史档案馆编：《中华民国史档案资料汇编 第五辑 第二编 政治（四）》，南京：江苏古籍出版社，1998 年，第 659 页。

② 中国第二历史档案馆编：《中华民国史档案资料汇编 第五辑 第二编 政治（四）》，南京：江苏古籍出版社，1998 年，第 659 页。

③ 任贵祥：《华侨与中国新民主主义革命——兼论民主革命时期华侨与中国共产党的关系》，北京：中国华侨出版社，2006 年，第 273 页。

并颁布了一系列鼓励和扶持侨商回国投资的政策和条例。抗战爆发后不久，国民政府资源委员会就调查公布了祖国资源蕴藏情况，供侨商回国投资参考。中国银行组织西南视察团，研究投资对象，在西南各省重点地区设立分行办事处，把侨资引向西南。1938 年 4 月，国民党临时全国大会通过了《抗战建国纲领决议案》，在"经济"条款中强调："奖励海内外人民投资，扩大战时生产。"① 1938 年 10 月，国民政府颁布《关于非常时期华侨投资国内经济事业奖励办法》，要求经济部商同侨务委员会"劝导海外华侨投资"，同时提出华侨回国投资的具体奖助办法。其中第三条规定：对于凡经指定之农矿工商及国防经济事业，华侨资金占资本总额 60% 以上者，予以下列奖助：①经营及技术上指导与协助；②捐税减免；③运输之便利及运费之减低；④公有土地之使用；⑤资本及债票之保息；⑥补助金之给予；⑦安全之保障；⑧荣誉纪念品之颁给。在特殊困难时期，此类事业可"呈请经济部救济"，战事结束后，"华侨依本办法既得之权利继续有效"。② 对华侨国内投资的负责机构、投资范围、奖助方法、战后待遇等做了具体规定，是抗战期间第一项较为全面的鼓励华侨投资的法规。

　　1939 年 9 月，欧战爆发，日本南进趋势日渐明显，国民政府加紧吸引侨资。同年 11 月，国民党五届六中全会通过了《订定优待保障侨胞投资条例》《协助侨胞投资之具体方案》以及《奖励海外华侨回国投资案》，对华侨投资于垦殖、工业、金融等方面的奖助作了更为详细的规定。1940 年 7 月，国民党五届七中全会又通过了《鼓励海外华侨回国投资案》，进一步筹划华侨投资的具体事项，对奖励办法作了补充，即由侨务委员会、经济部、财政部共同组成华侨回国投资指导机关，办理华侨关于投资之询问、视察、技术人才之介绍等事宜；征求华侨意见，对《非常时期华侨投资国内经济事业奖励办法》进行适当增删；令海外党部、领馆、侨民团体等，劝导侨民踊跃投资。1941 年 5 月 14 日，农林部和侨务委员会为奖励华侨回国投资经营森林事业，联合颁布《奖励华侨投资营林办法》10 条，其经营范围有造林场、伐木场、制材场、林产制造厂、林业合作社等项目。③ 太平洋战争爆发后，财政部还特别规定：凡

---

　　① 荣孟源：《中国国民党历次代表大会及中央全会资料》（下册），北京：光明日报出版社，1985 年，第 486 页。

　　② 中国第二历史档案馆编：《中华民国史档案资料汇编　第五辑　第二编　政治（四）》，南京：江苏古籍出版社，1998 年，第 569～570 页。

　　③ 福建省档案馆编：《福建华侨档案史料》（上），北京：档案出版社，1990 年，第 459 页。

华侨依照中央银行挂牌价格汇回国内之款项作为投资实业之用,"二战"后准其照牌价汇出,① 解决了华侨的后顾之忧。1942 年 8 月,蒋介石本人还亲自致电侨务委员会,要求大力吸收南洋侨资,"应由政府组织资力雄厚之有限公司,吸收侨资,致力建国工作"②。此后,一些政策法规也多次提到要引进侨资,发展生产。

除以上鼓励或奖助侨胞投资国内的政策法规外,为具体筹划侨民回国投资事项,1940 年 2 月,侨务委员会制定了《指导归侨垦殖滇南暂行办法》14 条,对华侨申请投资垦殖办法、技术指导及地域划分、治安、道路交通、卫生设施及调查勘测等事项作了详尽规定,指导并规范华侨回国投资垦殖业的活动。侨务委员会于 1941 年 3 月设立了回国侨民事业辅导委员会,负责扶助和指导回国侨民事业的发展事宜。又在其支持指导下,设立了华侨投资委员会。在广东、云南等省设立指导华侨投资的垦殖委员会和救济归侨的赈济委员会,并成立西南经济建设委员会,取得显著的效果。如:广东省华侨赈济会成立后,积极发动海外侨商回乡投资垦殖业,至 1941 年夏,吸引侨资 600 多万元,大多为美国侨商的投资;并采取帮助投资者建立公司、代招工人等措施,鼓励华侨投资粤北。③ 此外,国家各级政府部门出资与回国投资的侨商合资创办工矿业产业,某些国民党要员或实业爱国人士也拿出一部分资金到华侨企业中参股,这些措施都极大地促进了华侨回国投资的热忱。

同华侨捐款、购买公债、回国投资一样,侨汇在战时也充当着极其重要的角色。侨汇是国外华侨汇寄给国内家眷的日常费用。抗战爆发后不久,东南、华南相继沦陷,很多转汇银行、批信局或邮电局被迫撤走或停业,致使侨汇中断或积压。"二战"爆发后,侨汇更是断绝,侨眷生活难以为继。为此,国民政府有关部门颁布了统制侨汇的法令,并授权财政部主管办理侨汇,以疏通侨汇。财政部责成专办国际汇兑的中国银行及福建、广东省银行、邮政汇业局尽力疏通侨汇。中国银行也在海外侨胞聚集区或主要商埠设立分支行或委托代理处,组成接收侨汇的金融网。在日军侵占南洋后,中国银行或其代办处纷纷撤退转移,但仍尽力办理侨汇,并新增设一些转汇点。抗战后期,为解决侨眷侨

---

① 福建省档案馆编:《福建华侨档案史料》(上),北京:档案出版社,1990 年,第 424 页。
② 中国第二历史档案馆编:《中华民国史档案资料汇编 第五辑 第二编 政治(四)》,南京:江苏古籍出版社,1998 年,第 728~729 页。
③ 任贵祥:《华侨与中国新民主主义革命——兼论民主革命时期华侨与中国共产党的关系》,北京:中国华侨出版社,2006 年,第 274 页。

汇断绝之急，一些银行也拨出款项，作为兑付侨汇或垫付侨汇所用。

五、发展华侨教育

华侨教育是侨务工作中一项十分重要的内容。华侨教育机构始建于1930年。迨侨务委员会成立后，遂设置侨民教育处，专管侨民教育，并拟定《侨民教育实施纲要》，会同教育部、外交部呈请行政院批准、通过，使侨民教育趋于常轨。①

侨务委员会在战时设置了很多临时性的机构，如侨民教育设计委员会、回国升学华侨学生接待所等，并恢复侨校教科书编辑委员会和侨民教育师资训练班（所），对涉及侨教的师资培训、教科书、教学法和补充读物的编辑等方面进行宏观指导和具体落实，以确保侨民教育的顺利进行。为把侨教纳入战时轨道，侨务委员会还通令海外侨校组织战时教育研究会，以改进华侨教育；同时，督促、指导海外侨校、侨团筹办华侨职业补习班及民众学校，以提高侨众的文化水准和民族意识。此外，侨务委员会还加强了对海外侨校的调查与管理，鼓励侨校呈请立案，接受国民政府的监督与指导，并会同教育部订立《侨民教育奖状规程》，以鼓励华侨办学。

1940年7月初，国民党五届七中全会为适应战时所需，通过了侨务委员会委员长陈树人等所提的"推进侨民教育方案"。该案对于发展华侨教育的计划和方针规定甚详，其要点如下：①普通教育方面：改进学校行政；增加学校及学生数量；充实学校设备；调整课程；提供教材等。②师范教育方面：培植新师资，在国内设立国立华侨师范学校和侨民教育师资培训班各一，并分期在英属马来亚、荷属东印度、菲律宾、越南、缅甸等地设立师范学校；办理侨民教育函授学校及侨校教师讲习会，使侨校教师有机会进修。③职业教育方面：在海外适当地点建立侨民职业学校，培养职业技能人才，指导侨校改进各种企业经营，以提高华侨在侨居地的经济地位；五年内陆续设立侨民职业补习班1 500个；奖助就读外国人所办职业学校及技术专科学校的华侨学生。④社会教育方面：推行电化教育；设立阅书报社；举办巡回展览；增设民众学校。②可见，这是一个较为全面的教育方案。遗憾的是，随着太平洋战争的爆发及南洋沦陷，大部分计划无法得到落实。

---

① 《最近侨务行政概况》，《侨务月报》，1934年，第63页。

② 华侨革命史编纂委员会编纂：《华侨革命史》（上），台北：正中书局，1981年，第122页。

　　抗战时期，侨务委员会也对侨校办学经费、教师资格培训等做了一些力所能及的工作。1939 年 7 月，侨务委员会会同教育部聘请的侨民专家，成立侨民教育设计委员会，从事侨民教育的研究设计工作，并在各地筹组支会和分会，至 1941 年已成立海外分会 27 个，正在筹备的有 14 个。在 1939 年以前，国内外 3 000 余所侨民学校中，向侨务委员会立案者 430 余所，后增加到 614 所。1940 年前，侨民教育经费仅有 20 余万元。1941 年度，经侨务委员会会同教育部呈请政府增拨，增至 120 万元，1941 年度增至 170 余万元，1943 年增至 261 万元。1940 年创办侨民教育函授学校，训练海外侨校教师，共招学员 1 250 人，分别来自亚、美、非、大洋四大洲。①

　　侨务委员会为便利侨居地侨童就学，自 1940 年度起，分别资助澳大利亚、缅甸、马来亚、印度等国家或地区华侨设立侨民小学各一所。为收容因战事回国就读的侨生，侨务委员会于 1940 年会同教育部在云南创办国立第一华侨小学，招收侨生 300 余人，后因缅甸失守，学校迁往贵州清镇。1941 年又在四川江津创办国立第二华侨中学，招收侨生 500 余人，并在福建长汀创办国立第一侨民师范学校；1942 年在广东乐昌设立国立第三华侨中学，招生 700 多人，又在广东坪石创办国立第二侨民师范院校。1942 年又拨款在国立复旦大学、中山大学、广西大学及广东省立文理学院分别增设侨生先修班。② 从 1942 年到 1944 年底，经政府部门介绍就读的侨生就有 1.2 万多名。③

　　侨务委员会还开展了海外文化宣传工作，筹办侨民书报编印社，设立书报供应社，组织各地文化站，筹设南洋博物馆，设置华侨文教事业研究机构，设立华侨文化事业奖金等，以满足华侨的文化需要，促进海外华侨对中华文化的认同。

六、救侨护侨、安置难侨

　　早在"九一八"事变爆发后的 1931 年 12 月，国民政府鉴于日本华侨生活艰难，遂派出船只"新铭号"接送华侨归国，"新铭号"陆续从日本横滨接送 858 名华侨，又从神户接送了 326 人归国。④

---

①　任贵祥：《海外华侨与祖国抗日战争》，北京：团结出版社，2015 年，第 66 页。
②　见周尚：《最近侨务委员会对于侨民教育之设施》，《南洋研究》1944 年第 11 卷第 3 期。
③　华侨革命史编纂委员会编纂：《华侨革命史》（上），台北：正中书局，1981 年，第 126 页。
④　［日］安井三吉：《帝国日本与华侨：日本·台湾·朝鲜》，东京：青木书店，2005 年，第 203 ～ 204 页。

抗战爆发后不久，国民党中央就认识到保护华侨的重要性。1939年国民党五届六中全会"关于政治报告之决议案"中提到"关于侨务最重要者，为谋保障侨胞之安全及发挥侨胞之物力人力，以用于抗战之事业"；五届七中全会"对于党务报告之决议"中提到"南洋方面之党务，尤须乘此时会，协力于保侨、护侨、教侨之工作"。①

战时日本政府将在日华侨视为敌国分子，加强了对他们的监视活动，要求华侨间互相监视，及时告发叛乱分子。部分华侨如果稍微不慎，在言行上被怀疑，就会被拘捕或遣送回国。1937年12月12日，日本各地的国民党员受到拘捕，全国有326名国民党员被举报，其中又有37人由于被冠以间谍活动及造谣等嫌疑的罪名被送检，其中有10人被判决有罪，111人由于有反日嫌疑被遣返回国，174人被释放（其中死亡1人）。②鉴于战时日本华侨生存所面临的困境，国民政府发起"华侨总撤退行动"，绝大部分在日留学生及部分侨民在中国驻日使馆的协助下，回到了祖国。

1939年，泰国政府因受日本帝国主义的恐吓与挑拨，采取激烈的排华措施。国民政府先后制定《泰属保侨办法纲要》与《泰属保侨实施办法》，以维护泰国华侨利益与安全。太平洋战争爆发前后，南洋各地相继沦陷，大批难侨返回祖国，仅柳州一地在短期内就有三四万人回国，救侨护侨工作迫在眉睫。国民政府的侨务工作重心也由全力争取华侨支援祖国抗战转向尽力救助归国难侨。

1941年1月3日，国民政府颁布《紧急时期护侨指导纲要》。其中第三条规定，由行政院和侨务委员会、海外部、财政部、经济部、农林部、教育部、外交部、赈济委员会、交通部、社会部等机构会同筹设"回国侨民事业辅导委员会"（简称"回委会"），隶属侨务委员会，由侨务委员会主任陈树人兼任主任委员。除负责回国侨民调查登记、所需交通工具之供应、工作介绍，以及兴办实业与从事垦殖之辅导等事项以外，"回委会"还特别重视对回国侨民的救济事项。③同年3月底，国民党五届八中全会在《对于政治报告之决议》一

---

① 荣孟源主编：《中国国民党历次代表大会及中央全会资料》（下册），北京：光明日报出版社，1985年，第605、632页。
② 日本内务省警保局编：《外事警察概况》，1938年。
③ 中国第二历史档案馆编：《中华民国史档案资料汇编 第五辑 第二编 政治（四）》，南京：江苏古籍出版社，1998年，第573~574页。

案中，督促进行保侨工作，提出"对侨胞之安全与产业之发展，尽力予以维护"①。这次会议还决定要趁中国同荷印当局关系密切、邦交改善的大好时机，"从速与荷印当局提出交涉，务达提高我华侨法律地位之目的，或根据平等互惠之原则修订中荷条约，以坚荷印华侨内向之心"②。1942 年 1 月 3 日，行政院命令福建、广东等省"迅速妥筹救济归侨侨眷"："敌伐南侵，弥天烽火，念我侨民同遭祸变，向者输金纳栗，济邦国之艰危，今兹别子离妻，痛家室之破毁。兴言及此，怆恻良深。着由行政院分饬主管部会及有关各省政府迅速妥筹救济。"③ 接着，中央赈济委员会委员许世英赴粤、闽、桂、滇视察侨情，海外部部长刘维炽、侨务委员会委员长陈树人等也纷纷奉命奔赴救侨前线，处理救侨工作。

为了救济归侨、难侨，1942 年 1 月 20 日，国民政府行政院第 547 次会议制定了《国外战区侨胞紧急救济办法大纲》，规定：驻海外各地中国领事馆和有关机构协商组建"侨胞救济委员会"，在各地募集资金。行政院还分饬西南各省政府分别组织"紧急救济委员会"，在广东、广西等地设立侨民回国临时招待所及归侨村，安排归侨生活。2 月 3 日，行政院第 549 次会议通过《战时侨民家属赡贷办法案》。重庆赈济委员会为此拿出 1 000 万元救助费，具体分配为：国外赈济费 300 万元，国内赈济费 500 万元，教育补助费 200 万元。④ 就当时而言，这不失为一项积极的举措。

在国民政府的指导下，侨乡相继成立了救侨护侨的组织机构。回国侨民事业辅导委员会成立后，广东、广西、福建、云南等省先后成立"紧急救侨委员会"，由省政府主席亲自担任主任委员，如广东紧急救侨委员会主任委员由广东省主席李汉魂担任，福建紧急救侨委员会主任委员由福建省主席刘建绪担任，云南紧急救侨委员会主任委员由云南省主席龙云担任，以便积极开展救侨、护侨工作。在侨胞归国的必经之路，如云南畹町、广西龙州、福建漳州、广东遂溪等地，设立了回国侨民临时接待所。各地区救侨会下设办事处，具体办理救侨事宜。在各办事处下，还设立护送站、招待所等，同时还派出救护队、

---

① 华侨革命史编纂委员会编纂：《华侨革命史》（上），台北：正中书局，1981 年，第 125 页。
② 秦孝仪主编：《革命文献》第 80 辑，台北：中国国民党"中央委员会"党史委员会，1979 年，第 215 页。
③ 福建省档案馆编：《福建华侨档案史料》（上），北京：档案出版社，1990 年，第 1715～1716 页。
④ 姚玉民、崔丕、李文译：《日本对南洋华侨调查资料选编（1925—1945）》（第三辑），广州：广东高等教育出版社，2011 年，第 230～231 页。

医疗队，协助救侨工作。据统计，1942 年 9 月，广东救侨会救济 994 894 人；截至 1942 年 8 月，广西救侨会救济 106 308 人；贵州救侨会在 2 月至 4 月间救济 483 人；福建救济会救济 314 人，云南救济会在 5 月至 8 月间救济 22 185 人。① 重点侨乡广东仅在 1942 年上半年就救济归侨 66 万人，支出救济金 406.9 万元②。国民政府采取了种种政策、措施，以解决归侨面临的各种问题，使广大归侨得到了比较妥善的安置。针对各地救侨护侨工作中出现的新情况、新问题，1944 年 5 月，国民党五届十二中全会又通过了《请政府切实救济归侨、侨眷、侨校侨生案》，要求政府采取更积极更妥善的政策，"切实救济，使贫苦侨民侨眷，得以稍延残喘，侨生侨童，不再有流落失学之苦"③。

国民政府还进一步采取较为具体的措施，使救侨护侨工作更有成效。1942 年 8 月底，难侨救济工作接近尾声，国民政府又将侨务工作重点转向归侨、难侨的安置问题。根据中央的指示，各省在 1942 年成立专门机构，具体负责归侨的登记与工作介绍事宜。1942 年 1 月，广东省颁布了《粤侨技术人员调查登记任用办法》，分别对有一定技术的人员和无一技之长的难侨进行安置。为妥善安置归侨、难侨，有关部门还筹设小型工厂，主要有制纸、文具、竹木、纺纱、织染、砖瓦、火柴、牙刷、制糖及酿造等 20 余个，用以收容、安置难侨。同时省救侨会与侨资垦殖会洽商，在龙坪垦区划出地段 3 000 亩，马坝垦区划出 1 500 亩，作为归侨垦场，安置归侨 1 500 人从事垦殖业。④

回国侨民事业辅导委员会于 1942 年开始，在云南打洛和广西龙州两地筹设两个归侨村，以收容滞留在滇、桂等地的归国难侨。后因治安与战事关系，不久分别被裁撤，结果致使大量侨胞汇集重庆。1942 年 8 月，行政院划拨一定经费，并由赈济委员会、重庆市政府、侨务委员会、海外部等机关共同筹议，在重庆市郊划出适当地段，建筑规模宏大的归侨村，预计建筑新式平房 200 座，内设宿舍、合作社、诊疗所及保储室等，并计划将在新建区附近择地建筑，另再划拨若干地段为归侨垦殖场⑤。在对归国难侨进行救济的同时，也

---

① 《侨委会工作成绩考察表》，中国第二历史档案馆馆藏侨务委员会档案，全宗号二二，案卷号 87。
② 广东省档案馆等编：《华侨与侨务史料选编（广东）》（2），广州：广东人民出版社，1991 年，第 347 页。
③ 华侨革命史编纂委员会编纂：《华侨革命史》（上），台北：正中书局，1981 年，第 127 页。
④ 广东省档案馆等编：《华侨与侨务史料选编（广东）》（2），广州：广东人民出版社，1991 年，第 347 页。
⑤ 贺金林：《太平洋战事前后国民政府救济难侨的活动》，《华侨华人历史研究》2005 年第 3 期。

对国内侨眷给予一定经济资助。

国民政府的救侨护侨工作，虽然不能完全解决广大归侨的困难，但毕竟使他们有了比较安定的生活。国民政府能在外敌入侵、财政经济最紧张的时期，制定相应政策，并拨出专款救济归侨、侨眷，极大地激发了广大华侨的爱国热忱，加强了华侨对祖国的向心力和认同感，使他们更加踊跃地投身于支援祖国抗战的洪流中。

以上从六个方面梳理了抗战时期国民政府的侨务工作。华侨掀起第二次爱国高潮，为祖国抗战做出巨大的贡献，是各个方面综合影响的结果。从主观上讲是华侨强烈的民族爱国心，客观上讲是国民政府顺应时局开展了积极有为的侨务工作，而作为国民政府主管侨务工作的侨务委员会更是发挥了中流砥柱的功效，使得国民政府赢得了侨心，保证了抗战的物资供给，并最终取得了抗战的全面胜利。当然，抗战时期国民政府的侨务工作也存在着不足之处，如国民党将国共两党政治上的斗争贯彻到侨务工作中，在华侨社会中蓄意挑起党派纠纷；拉拢、打击甚至迫害倾向中国共产党的侨领及一般华侨；阻挠和破坏华侨对中国共产党及其领导的军队的援助；地方官吏昏庸腐败，敲诈勒索，使归国难侨怨声载道，这些给他们心灵留下了深深的创伤。

第三节 中国共产党的侨务工作

抗战全面爆发后，国共第二次合作形成，开辟正面和敌后两大战场抗击日寇。一方面，国民党及国民政府开展了一系列侨务工作，成绩斐然；另一方面，中国共产党在倡导并实施抗日民族统一战线政策的同时，通过广州、香港等地办事处加强对海外华侨的统战工作，为此建立了相应的侨务组织机构，保证侨务工作有条不紊地进行。

一、抗战初期中国共产党的统战思想

中国共产党侨务工作的开展和实施与统战思想密不可分。1931 年 9 月 18 日，日本发动了蓄谋已久的"九一八"事变，武装侵略东北。国民党奉行"攘外必先安内"的方针，采取不抵抗政策，日本侵略势力遂伸向华北，局势岌岌可危。在这民族危亡的紧要关头，中国共产党站在中华民族的立场上呼吁国民党停止剿共的内战政策，号召全国人民一致抗日，建立广泛的民族革命统一战线。

而重视海外华侨，充分发挥他们在整个中华民族共同抵御外辱中的重要作用，成为中共统一战线思想的有机组成部分。为倡导和实施全民族的抗日战争统一战线，1935 年 8 月，中共代表在共产国际七大上作了《论反帝统一战线问题》的发言，系统地论述了中共关于建立反日统一战线的理论及政策。其中明确宣布了中共对海外华侨的政策："保护侨胞在国内外生命、财产、居住和营业的自由"①，作为抗日救国的一条行政方针。

1935 年 12 月，中共中央瓦窑堡会议通过了《关于目前政治形势与党的任务决议》。其中第四部分针对海外华侨提到："苏维埃人民共和国对国外华侨宣告，称赞他们历来帮助中国革命的爱国举动。……苏维埃人民共和国在全国胜利之日，即华侨得到解放之时。一切国民党政府引导华侨沦于牛马的政策均当彻底铲除，而代之以积极保护华侨的政策。"② 中国共产党为建立最广泛的民族统一战线，号召每一个爱国的中国人（当然包括华侨在内）都应"参加到反日的战线上去"③，引起了社会各界的共鸣。与此同时，中国共产党在巴黎创办《救国时报》，向华侨宣传其救国方针，号召华侨为祖国抗战做出贡献。

全面抗战形成后，1937 年 8 月 25 日，中共中央政治局在陕北洛川召开扩大会议，通过了《中共中央关于目前形势与党的任务的决定》，制定《抗日救国十大纲领》，提出愿意与其他党派携手组成民族统一战线的方针，并积极发动广大爱国同胞投身到抗日救国的实践中来。1938 年 10 月，中共为争取国际援助，再次强调"保护华侨利益，并经过华侨的努力推动各国反日援华事业"④，对华侨工作有了明确的定位。

二、中国共产党的侨务组织系统

中国共产党发表的一系列宣言和文件以及毛泽东的相关论述，成为战时中共中央对待海外华侨的指导思想。为领导海内外侨务，将工作落到实处，中国

---

① 中国社会科学院近代史研究所翻译室编译：《共产国际有关中国革命的文献资料　第二辑（1929—1936）》，第 405 页。

② 《中共党史教学参考资料》（二），北京：人民出版社，1957 年，第 56 ~ 57 页。

③ 中央档案馆编：《中共中央文件选集　第十册　（一九三四——一九三五）》，北京：中共中央党校出版社，1991 年，第 612 页。

④ 解放军军事科学院编：《毛泽东军事文选》，北京：中国人民解放军战士出版社，1981 年，第174 页。

共产党分别在其管辖的抗日根据地、国统区、海外侨居地建立了相应的侨务机构，使战时共产党的侨务工作有计划、有组织地展开。

延安作为当时中共中央抗战的核心，偏处西北一隅，通信闭塞，开展侨务工作条件极为有限，故而更多的是依托广州、香港等地的办事处。尽管如此，中国共产党还是在延安抗日根据地成立侨务组织，统筹海内外侨务。1938 年秋，中共中央有关部门从延安抗日军政大学、鲁迅艺术学院、陕北公学等学校，挑选出 20 多名优秀的华侨共产党员和青年学生组成海外工作团，朱德担任工作团的主任，成仿吾负责具体工作。这是中国共产党最早成立的侨务机构。

太平洋战争爆发后，为适应世界反法西斯战争的需要，中共中央政治局决定成立海外工作委员会（简称"海委"），同时将原中央华侨工作委员会和中共中央党务研究室海外研究组并入"海委"，仍由朱德任主任。"海委"委员有朱德、叶剑英、何英、李初梨、林仲、黄华等。任务包括：讨论日本南侵后的南洋局势，中共组织国际反日统一战线的战略和策略，华侨抗日武装的组织和难侨的安置救济问题等。"海委"成立后，中共中央从各部门抽调了 39 名归侨干部成立海外工作学习班，训练干部，由朱德、叶剑英负责，下设马来亚、泰国、缅甸、朝鲜、印度尼西亚、菲律宾、越南 7 个组。

第二次国共合作形成后，经国共两党协商，中国共产党在国统区一些大城市设立八路军办事处，并与港英当局协商，在香港也设有八路军办事处。1938 年 1 月，廖承志作为中共中央代表赴香港，与潘汉年等一起筹建八路军驻香港办事处（简称"香港八办"），作为中共中央南方局的派出机构。廖承志为南方局委员，潘汉年为八路军代表。先后派往办事处工作的有连贯、梁上苑、潘柱、罗雁子（罗理实）、张淑芳、冯劲持、杜埃、李默农（李少石）、张唯一等人。办事处下设交通、宣传、联络、侨务等部门，主要宣传中国共产党的抗日主张，开展抗日民族统一战线工作，动员广大海外爱国侨胞和港澳同胞参加祖国抗战。[①]"香港八办"成立后，对海外华侨做了大量的宣传联络和争取工作，接待护送归侨青年到各抗日根据地去，成为归侨可靠安全的"中转站"。它是中国共产党在祖国南大门对海外设置的一个重要窗口，也是中国共产党的一个重要侨务机关。另外，抗战期间中国共产党在重庆设立的南方局，在周恩来等人的领导下，设有华侨工作组，由泰国归侨蔡楚吟及其丈夫伍治之负责工

---

① 连贯：《回忆八路军驻香港办事处》，《连贯同志纪念文集》编写组编著：《贤者不朽：连贯同志纪念文集》，北京：中国华侨出版社，1995 年，第 280 页。

作，用以开展对海外华侨和归侨的统一战线工作。

在"香港八办"成立的同时，为便于争取国际友人和海外华侨的援助，经廖承志推举，宋庆龄在香港发起组织"保卫中国同盟"（简称"保盟"），廖承志本人就是"保盟"的执委之一。"保盟"与"香港八办"的关系密切，从某种意义上可以理解为中国共产党领导下的一个外围侨务机构。

"七七"事变后不久，中国共产党又在海外（南洋）秘密设立了"中华民族解放先锋队南洋总队部"（以下简称"民先队"）。该组织是由中国共产党在"一二·九"运动中成立的中华民族解放先锋队发展而来的。全国抗战爆发后，"民先队"在海外发展起来。1937年，"九一八"事变六周年之际，中华民族解放先锋队新加坡队诞生，与国内"民先队"别无二致，以中国共产党的抗日民族统一战线为总方针，"抗日救国十大纲领"为宣传和工作纲领。新加坡"民先队"成立后，在南洋各地开展了多种形式的抗日活动，影响了南洋广大华侨青年的救国热忱。在该组织的指导和影响下，缅甸、泰国、越南、印度尼西亚等国家的华侨青年也先后建立了"民先队"的组织。

不仅如此，中国共产党还秘密派遣党员到海外侨居地开展华侨工作。20世纪30年代，许立被派往菲律宾从事华侨工作。抗日战争爆发后，他在当地华侨中建立进步组织，率领当地华侨积极开展抗日救亡活动。1941年，共产党人于汉斌、张光年被派往缅甸开展抗日救国活动，在当地华侨中组织缅甸战时工作队，创办《新知周刊》，团结华侨文化界和华侨青年从事反法西斯的文化活动。泰国、新加坡、马来亚等侨居地也都有中国共产党党员开展华侨工作。

至此，中国共产党建立起的各种侨务机构加强了其对侨务工作的领导，使其与海外华侨和归侨的联系更为密切。虽然这些侨务机构不够健全，人员配置也不甚合理，实践经验亦相对缺乏，难免出现纰漏。但朱德、周恩来等中国共产党主要领导人都抽出时间关注侨务，充分地说明中国共产党对侨务工作的重视。

三、中国共产党的侨务工作实践

抗战全面爆发后，中国共产党主要领导人毛泽东在为马来亚华侨抗敌后援会代表团题词时说："全体华侨同志应该好好团结起来，援助祖国，战胜日寇。共产党是关心海外侨胞的，愿意与全体侨胞建立抗日统一战线。"① 同年，

---

① 蔡仁龙、郭梁主编：《华侨抗日救国史料选辑》，福州：中共福建省委党史工作委员会、中国华侨历史学会，1987年，第49页。

中国共产党领导下的青年爱国组织——中华民族解放先锋队开展了各种抗日活动，"促成海外侨胞反日救国统一战线"，与华侨青年携手，"帮助政府抗战到底，收复失地，共同为祖国而奋斗，打走日本鬼子，建立新中国"。① 由此可见，中国共产党发布的文件、决议以及中共中央领导人的题词，对动员华侨支援祖国抗战意义重大，也为后面的侨务工作奠定了基础。

（一）积极开展海外宣传工作

为了更有效地推动海外的统战工作，加强与国际反法西斯阵线的联合并扩大关于建立抗日民族统一战线的宣传，1935 年下半年，中国共产党派李立三、吴玉章、廖焕星等赴法国从事抗日宣传工作，并进一步推动抗日救国的组织发动工作。其主要成就就是因中国共产党的积极介入，欧洲华侨在全球各大洲中率先成立了洲际华人抗日救国团体——"全欧华侨抗日救国联合会"，实现了全欧华侨的大团结。② 1935 年 12 月 9 日，在中国共产党员吴玉章等的直接参与下，《救国时报》正式创刊发行，成为中国进步民主力量在海外的正义喉舌，在欧洲华侨社会中树起了抗日救国的鲜明旗帜，从而有力地促进了欧洲各国华侨民主进步力量的交流与沟通，为全欧抗日民主力量的联合创造了先决条件。③

1938 年秋，中共党组织从延安各个学校抽调 20 多名归侨党员和归侨青年成立海外工作团，部分被派遣至南洋开展宣传活动。他们在华侨中积极宣传中共的抗日主张及八路军、新四军英勇抗敌的事迹；向侨胞们讲解毛泽东的《论持久战》《论新阶段》等著作等。

八路军驻港办事处在成立后，十分重视对华侨的宣传工作。1940 年 9 月 27 日，廖承志致电延安的侨委会及在重庆的周恩来，提出："为加强华侨宣传起见，我们建议：（甲）海外宣传工作必须加强，盼侨委着重布置，并经常指示。（乙）香港现有的办法，除在港侨工委下加设宣传组，以增强菲之《建国报》、港之《华侨通讯》，出版华侨丛书，并与海外各兄弟报增强联系外，决定加强《国新社》工作。另在中国保卫大同盟内，加强其英文通讯（暂作半月刊）。"④ 1941 年春，大批文化界人士云集香港，廖承志等就开展统战工作和

---

① 任贵祥：《海外华侨与祖国抗日战争》，北京：团结出版社，2015 年，第 72 页。
② 李明欢：《欧洲华侨华人史》，北京：中国华侨出版社，2002 年，第 301 页。
③ 李明欢：《欧洲华侨华人史》，北京：中国华侨出版社，2002 年，第 302 页。
④ 廖承志致延安侨委会及周恩来电：《加强华侨宣传工作》，1940 年 9 月 27 日。转引自任贵祥：《华侨与中国民族民主革命》，北京：中央编译出版社，2006 年，第 301 页。

文化宣传工作等问题进行详细研究，并再次致电中共中央书记处和周恩来，主张建立救国会香港工作委员会，奠定向海外活动的基础；同时，由他和潘汉年亲自负责华侨的报刊工作。①

"香港八办"对战时华侨的抗日宣传工作有着较为深刻的认识，并按照周恩来有关"在香港建立一个对南洋和西方各国华侨、进步人士的宣传据点"②的指示，有针对性地做了一些对华侨的实际宣传工作。

为使海外侨胞和香港同胞能经常了解国内抗战情况，以及中国共产党的抗日主张、方针和政策，"香港八办"翻印出版了《新华日报社论集》，创办了《华侨通讯》《抗战大学》《海外青年》等刊物，除在香港发行外，还销往海外华侨居住地。其中，《华侨通讯》上的文章在中国香港、纽约、秘鲁、古巴等地华侨报刊上被大量转载。1939 年和 1940 年，"香港八办"通过保卫中国同盟和新文化书店等部门，翻印出版了毛泽东的《实践论》《矛盾论》《论持久战》《论新阶段》等著作，并翻译成英文向国外发行。中国共产党在重庆出版的《群众》周刊也寄到香港，由办事处翻译发行。

皖南事变后，为打破国民党的新闻封锁，开辟对外宣传的窗口，"香港八办"根据周恩来的指示，在香港爱国同胞、银行家、廖承志的亲戚邓文田及其胞弟邓文钊的支持下，创办了《华商报》。该报坚持抗战、团结、民主、进步，反对投降、分裂、专制、倒退，采取"有理、有利、有节"的策略与国民党顽固派进行斗争，成为中国共产党向海外宣传抗日和民主的重要阵地。该报在中国港澳及新加坡、马来亚槟榔屿、越南等侨居地影响较大，销量达几万份。

抗战时期，中共中央受客观条件的限制，不便直接对海外华侨做宣传工作，这一重任便由八路军驻香港办事处代表中共中央承担，周恩来代表中共中央直接指导，廖承志等做具体工作。实际上，"香港八办"成为中共对外联络和宣传的重要窗口，它忠实地履行了自己的职责，对广大华侨做了大量的宣传工作，构成中共侨务工作的一个重要方面。

（二）深入侨心的统战工作

抗战期间，中国共产党侨务组织首先对侨领开展了大量的统战工作。爱国侨领富商如陈嘉庚、庄西言、司徒美堂、蚁光炎、侯西反等人，在华侨社会中人

---

① 任贵祥：《华侨与中国新民主主义革命——兼论民主革命时期华侨与中国共产党的关系》，北京：中国华侨出版社，2006 年，第 241 页。

② 转引自董小鹏：《风雨四十年》（第一部），北京：中央文献出版社，1994 年，第 318 页。

数虽少，但影响巨大，往往一呼百应。因此，中国共产党对这些侨领极为重视。

著名侨领陈嘉庚为同盟会元老，早年追随孙中山，民国建立后一直视国民党为正统，对蒋介石领导的国民政府寄予厚望。抗战爆发后，他又带头捐资并组织华侨支援抗战，对国民政府可以说有求必应。为了慰劳国内抗日军民，并考察祖国抗战实况，陈嘉庚亲自率领南洋华侨回国慰劳团于 1940 年 3 月回国慰劳考察，踏遍祖国 17 个省各大战区的上百个城镇和乡村，多次出没于战火纷飞的前线。在重庆，陈嘉庚受到蒋介石及国民党大员们的"热情接待"。他们不遗余力地拉拢陈"入国民党"，但被婉拒。① 5 月 31 日，陈嘉庚偕侯西反、李铁民风尘仆仆来到延安，开启了与中国共产党首次而具有重要意义的交往。中国共产党最高领导人多次会晤陈嘉庚，如朱德亲自陪同参观，毛泽东多次到其住处"或同午饭，或同晚餐"，进行亲切交谈。陈嘉庚在延安的短暂考察和交往后，对国共两党的认识发生了巨大的转变，把希望寄托在中国共产党身上。

美洲致公堂首领司徒美堂在 1942 年回国前也一直支持国民党，对中国共产党心存"疑惧"。1942 年抵渝后，同样受到蒋介石很高的"礼遇"，拉其入党，亦被拒绝。在渝的中国共产党代表周恩来、董必武、邓颖超等得知消息后，前往住处探望。随后，重庆八路军办事处又派车将其接往红岩村，举行欢迎会。期间，周恩来向司徒美堂透露皖南事变的真相。此后，司徒美堂对国共的认识发生了微妙的变化。此外，中国共产党有关领导人对泰国侨领蚁光炎、越南侨领陶笏庭也直接或间接地做过统战工作。

其次，做好一般华侨和归侨的团结工作。抗战全面爆发后，许多华侨青年回国参加抗战，其中有部分人奔赴中国共产党领导的各抗日根据地，得到中国共产党党组织的重视。在中国共产党党组织的培养、关怀和教育下，很多归侨快速成长为"抗日救国先锋"和"全国青年运动的模范"②。菲律宾归侨庄焰于 1938 年来延安后进入中共中央党校学习，聆听过毛泽东、周恩来、刘少奇、朱德等领导人的演讲、报告或讲课，曾在谢觉哉的领导下主编《党校生活》杂志。庄焰在延安结婚时，党校副校长邓发前来参加婚礼，表示祝贺。朱德还经常深入归侨中，同华侨青年一起就餐，拉家常；多次嘱咐食堂炊事员给归侨调节好伙食；经常参加归侨的联欢与集会活动。中国共产党其他领导人诸如陈云、叶剑英等为归侨讲课、作形势报告；张闻天、博古、吴玉章等经常出席归

---

① 陈嘉庚：《南侨回忆录》，新加坡：怡和轩，1946 年，第 111 页。
② 毛泽东：《毛泽东选集》（第二卷），北京：人民出版社，1991 年，第 568 页。

侨活动；贺龙、林伯渠等也与归侨有过交往。在华中、华南抗日根据地，归侨青年也得到中国共产党相关领导人的关心。1939 年，菲律宾华侨慰问团到皖南慰问新四军时，受到叶挺、项英、袁国平等的接见；1940 年夏，马来亚华侨郭永绵辗转来到苏北抗日根据地盐城，陈毅亲自欢迎和慰问。

再次，中国共产党还从组织上关心和重视华侨工作。1937 年 7 月，延安华侨回国服务团驻延安办事处（简称"华侨留延办事处"）正式成立，从宣传、组织、募捐等方面开展华侨工作。此后，中共中央便以"华侨留延办事处"为基础建立更广泛的华侨群众组织，于 1938 年在陕北公学成立了"华侨救国联合会"。1940 年 9 月，新加坡、英国、法国、美国、印度尼西亚、爪哇等国家和地区的 170 余名华侨代表与留在延安学习、工作的 300 多名归侨在延安召开了延安华侨第一次代表大会，成立了延安华侨救国联合会（简称"延安侨联"）。作为中国共产党领导和支持建立的第一个归国华侨团体，"延安侨联"自成立开始，积极开展了抗日救亡活动和华侨统战工作，团结广大爱国华侨为陕甘宁边区的抗日对敌斗争、宣传、文教、科学技术和经济建设做了大量的有益工作，有力地推动了归国华侨的抗日救亡运动。[1]

最后，保护华侨在海外的正当权益，给难侨以切实帮助。针对华侨受居留国政府排挤、限制入境以及阻止华侨汇款回国支援抗日的情况，中国共产党敦促国民党当局和民众团体给予华侨以应有的援助，提出应采取各种措施，解除华侨在居留上和职业上所遭受的迫害。在欧亚局势发生剧变，出现大批难侨，而国民党政府又消极救侨时，中国共产党提出应有计划、有组织地对归侨予以便利优待，制定具体办法，施行便利华侨投资国内的原则，尽一切可能给予侨胞便利的工作条件。

（三）积极争取华侨援助

积极利用侨资是中国共产党侨务思想的一个十分重要的内容。抗战时期，中国共产党开展敌后抗日武装斗争，经济极度困难，在自力更生的同时，也通过各种方式争取海外华侨的援助。1935 年 12 月瓦窑堡会议就提出"欢迎华侨资本家到苏区发展工业"。此后，中共中央有关文件、决议及文电对此多次重申。1941 年颁布的《陕甘宁边区经济建设的计划》和《陕甘宁边区设施纲领》，均欢迎华侨实业家"来边区投资"，"欢迎海外华侨来边区求学，参加抗日工作，

① 徐文永：《论中共第一代领导集体的侨务思想与党的统一战线》，《理论月刊》2009 年第 3 期。

或兴办实业"。① 同年 6 月 1 日，延安《解放日报》专门发表题为"欢迎华侨来边区兴办实业"的社论，重申其对华侨在边区投资的优待和保障。

在建立华南抗日武装和根据地的过程中，中国共产党在广东的各级党组织也积极开展华侨和侨务工作。曾生在惠阳组织抗日武装时，"香港八办"和中共东南特委等通过南洋惠侨救乡会、香港惠阳青年会等团体，动员大批青年到惠阳参加抗日武装。1940 年 1 月，中共中央指示琼崖党组织"把琼岛创造为争取九百万南洋华侨的中心根据地"和党在南方发展扩大影响的根据地。同年 3 月，再次强调广东在开展抗日游击战争，建立抗日根据地，坚持敌后斗争的同时，努力"扩大宣传，争取华侨的帮助"②，以充分发挥广东侨乡的优势，增强华南抗日的力量。12 月 28 日，中共中央书记处又发出对海南军事、政治工作的指示，指示中共广东省委立即发表告琼崖同胞及海内外同胞书，向琼崖各界及侨胞作深入广泛的宣传和统战工作。1941 年 10 月，琼崖东北区抗日民主政府颁布抗战时期施政纲领时，把"开展海外工作，提高华侨爱国爱乡思想，争取华侨积极支援琼崖抗战"列为主要一项。③ 总之，1940 年至 1941 年间，中共中央就争取华侨援助对中共广东省委接连发出四次指示。中共广东省委和琼崖地方党组织认真贯彻中共中央指示，致使华南抗日根据地在远离中共中央的不利条件下，仍然不断发展壮大。

中共中央南方局、中共广东省委和中共琼崖特委也多次委派重要干部到南洋各国做侨胞工作，发动他们支援祖国抗战，这些工作大大地争取和团结了海外华侨。实际上，海外华侨不仅在政治上对中国共产党的抗日民族统一战线政策进行宣传和声援，而且在经济上支援中国共产党领导的广东抗战，捐献了大批物资。以"东江华侨回乡服务团"（简称"东团"）和"琼侨回乡服务团"（简称"琼团"）为代表的海外华侨们还万里迢迢，奔赴华南抗日根据地直接参战，为华南抗日游击战争做出巨大贡献，谱写了可歌可泣的历史篇章。

总的来说，国共两党为争取华侨支援祖国抗战，都做了大量工作，凝聚了侨心，这是广大华侨踊跃支援祖国抗战、掀起第二次爱国高潮的主要原因之一。

① 中央档案馆编：《中共中央文件选集 第十三册 （一九四一——一九四二）》，北京：中共中央党校出版社，1991 年，第 93、98 页。
② 《中央对广东工作的指示》，1940 年 3 月 11 日，转引自陈雷刚：《试论海外华人华侨对中共领导的广东抗战作出的历史贡献》，《岭南文史》2015 年第 2 期。
③ 中共广东省党史资料征集委员会、中共广东省海南行政区委员会党史办公室编：《琼崖抗日斗争史料选编》，广州：中共广东省委党史资料征集委员会等，1986 年，第 147 页。

第二章

华侨抗日救国运动的兴起 （1931—1937）

日本帝国主义武装侵略中国，蓄谋已久。明治维新让日本走上对外扩张的道路，"九一八"事变则拉开了侵华战争的序幕，"七七"事变打响了全面侵华的炮声。日本侵略者的炮声惊醒了沉睡近百年的中华民族及海外儿女，使得全民族空前团结起来，建立起抗日民族统一战线，中国人民从此开始了反抗日本侵略者的民族解放战争。海外华侨支援祖国的抗日爱国救亡浪潮也由此掀起，并随国内抗日民主运动时起时伏。本章主要阐释"九一八"事变后华侨社会对此的反响，梳理海外华侨支援国内抗战之举措，以此凸显海外华侨的爱国之心及其在抗战期间所发挥的重大作用。

第一节　华侨社会对"九一八"事变的反响

1931年9月18日晚，日本关东军炸毁沈阳柳条湖附近的南满铁路路轨，嫁祸于中国军队，并以此为借口，向驻守在沈阳北大营的中国军队发起进攻，"九一八"事变爆发。日军随后侵占了沈阳、长春、营口等城市。由此，日本军国主义吹响了侵华的号角。张学良领导的东北军奉行"不抵抗政策"，退守关内，不到四个月，整个东北便沦陷于日本的铁蹄之下。

"九一八"事变激起了海外华侨的愤怒，在华侨社会引起巨大反响，各地华侨随即展开抗日救亡运动，具体行动表现在通电抗议日本的侵略、捐款援助抗日军队及抵制日货等方面。

居留日本的华侨和中国留学生最先行动起来。广大旅日华侨和青年留日学生面对凶恶的敌人，不畏艰险，与祖国人民一道，用各种方法，尽一切力量，积极参与抗日救亡斗争。"九一八"事变后不久，各界华侨和留学生代表召开全体代表大会，各校中国留学生代表30余人、华侨各商店代表20余人参加了会议。与会人员异常悲愤激烈，议决全体代表到公使馆请愿，要求日本政府即日撤兵、归还中国领土、赔偿损失，并质问煽动满蒙独立之阴谋。除先行回国的同学已参加抗日运动外，代表们还同时议决全体留学生退学回国，参与抗日工作，不日启程。更多的旅居日本的华侨不愿为屠杀同胞的仇人服务，仅两个月即有约7 000人弃职回国，以罢工的形式抗议日本侵华的野蛮暴行。①

南洋诸国与我国毗邻或隔海相望，侨居这些国家的华侨较先得知日本侵略祖国的消息，因而也较快做出反应，声讨日本侵略祖国，呼吁国际社会谴责日

---

① 《七千留日华侨归国》，《申报》，1931年11月16日。

本的侵略行径。在缅甸，商界华侨集会，议决电请国民政府抵抗日本侵略；发表宣言，号召侨胞关注国内严重局势。稍后即成立"救国会""缅华誓用国货团"等组织，展开救亡运动。[①] 9 月 22 日，新加坡中华总商会召开紧急会议，决定通电日内瓦国际联盟主持公义、制止日本的侵略，要求国民政府全力抗日。新加坡华侨也迅速掀起抵制日货的运动，断绝与日商的关系。华侨学校师生还组织特别委员会，提倡购用国货，抵制日货。[②] 马来亚槟榔屿华侨募捐一笔钱款，派代表到南京面呈国民政府作为抗日经费。菲律宾华商会作为侨界代表致电美国总统、国务卿和前驻菲总督，揭露日本侵华的罪行，请其主持公道。截至 1932 年 1 月，菲律宾华侨汇给马占山抗日部队 49 万元，其他救国捐款 35 万元。[③]

"九一八"事变后，荷属东印度各地华侨开展了各种形式的募捐运动，包括长期的月捐、义卖（卖花或演剧等）、救济及献金等运动。泗水等 56 个地方一年内捐款达国币 557 709.82 元，另有毫银 55 450 两。[④] 万鸦老华侨互助会实行会员捐，援助东北义勇军，1933 年 3 月，该会向东北义勇军后援会汇去白银 100 两。先达华侨于 1933 年 3 月 4 日组织"赈济东北难民协会"，短短 4 天内即募得赈款 1 800 余盾，向银行购买汇票得白银 2 300 两，立即汇往上海东北难民救济会，转赈东北难胞。[⑤]《新报》馆共募得 20.3 万盾寄往中国红十字会。[⑥]

暹罗曼谷中华总商会召集各同业公会，商讨募捐及抵制日货，随即各界华侨组织了"暹罗华侨反日后援会"等救亡团体。法属印度支那的西贡、堤岸、中圻等地华侨也纷纷组织抗日救亡团体，作为祖国对日交涉后盾。中圻华侨成

---

①　吴凤斌主编：《东南亚华侨通史》，福州：福建人民出版社，1994 年，第 695 页。

②　林金枝主编：《华侨华人与中国革命和建设》，福州：福建人民出版社，1993 年，第 168 页。

③　黄小坚、赵红英、丛月芬著，中国抗日战争史学会、中国人民抗日战争纪念馆编：《海外侨胞与抗日战争》，北京：北京出版社，1995 年，第 72 页；任贵祥：《华侨与中国新民主主义革命——兼论民主革命时期华侨与中国共产党的关系》，北京：中国华侨出版社，2006 年，第 204~205 页；林金枝主编：《华侨华人与中国革命和建设》，福州：福建人民出版社，1993 年，第 169 页；任贵祥、赵红英：《华侨华人与共党关系》，武汉：武汉出版社，1999 年，第 122 页。

④　《驻泗水领事呈报侨胞捐款一览表》，《华侨周报》1932 年第 19~20 期合刊，第 64~67 页。

⑤　《月来海讯》，《海外月刊》1933 年第 8 期。

⑥　郭克明：《记者生涯二十五年：1922—1947》，巴达维亚：玛琅模范出版社，1948 年，第 58 页。

立了"反日后援会",主张"诚非抵制日货,无以制倭奴之死命"①,并致函国内外商界共同抵制日货。

旅美侨胞各团体及学校等,以"日帝国主义者,入寇我国,霸占东三省,毁坏各城市建筑物,及残杀民众无算,实有意违背国际公法及蔑视公理",乃于九月二十七日,在大中华戏院召开"反日宣传大会",借以唤起侨胞反日救国之同情,并举行游行。游行时,各团体代表及侨众皆手持"反对日本帝国主义者无理侵略中国领土"及"反对日本灭绝人道残杀同胞"之标语,围观者人山人海。到会场后,驻金山总领事黄芸苏及各侨领等相继发表演说,最后由主席将各团体代表提案五则向众宣读,获全场通过。通过提案五件如下:"(一)致电施肇基代表促国际联盟主持公道,制裁日本无理侵犯中国案;(二)电谢美总统贺华,并请其继续主持正义,维持东亚和平案;(三)电国民政府,请限日本于二十四小时内撤兵,并交还侵占各地,赔偿损失,否则请以武力驱逐日寇出境,绝对拒绝与日本直接交涉案;(四)电上海报界联合会转全国各民众团体,请努力准备军事,以武力驱逐日寇出境,我侨胞誓为后盾案;(五)请胡展堂先生出主大计,共御外侮案。"②

美国华盛顿华侨反帝大同盟、致公堂、安良工商会、协胜公会四大侨团,为日本制造"九一八"事变联名通电,强烈声讨日本侵华罪行,指责国民政府的不抵抗政策,倡议全美华侨召开代表大会讨论抗日事宜。美国华侨创办的《商报》《中国杂志》详细报道马占山部英勇抗击日军的事迹,使其在华侨及国际友人中传播开来。9月24日,《中西日报》发表了《对日可宣战矣》的社论,强烈谴责日寇的暴行,坚决主张对日开战。宪政党和致公堂的舆论机关,亦直言斥责南京国民致府的卖国行径。

1931年11月,三藩市(旧金山)中华会馆、侨团、留学生、同源会、教会皆纷纷通电声讨日本侵略,组织拒日会,抵制日货。对马占山部抗战将士,侨团捐款慰劳。11月16日,中华会馆电汇(由万国宝通银行电汇哈尔滨华商总会转交)马占山将军大洋三万零七百元。12月,三邑会馆亦电汇大洋五千三百元。③

除美国外,美洲其他国家的华侨也对日本侵华开展了各种形式的抗议活

---

① 参见任贵祥:《华侨与中国新民主主义革命——兼论民主革命时期华侨与中国共产党的关系》,北京:中国华侨出版社,2006年,第204~205页。

② 《旅美侨胞反日热烈》,《申报》,1931年10月30日。

③ 刘伯骥:《美国华侨史续编》,台北:黎明文化事业股份有限公司,1982年,第565页。

动。加拿大华侨得知日本侵华，不少人摩拳擦掌，打算回国抗日，以尽"救国责任"。商界华侨则发起大规模的抵制日货运动。温哥华黄云山总公所强调，其公所抵制日货，任何成员不得与日本人有交易。1932 年 12 月，280 多名美加华侨从美国坐船回国，他们决定轮船经过日本时不上岸游玩，也不买日货。① 古巴等地华侨电慰马占山部抗日，表示"愿汇款接济"，汇寄一万美元。秘鲁华侨团体致电国内侨委会转国民政府及蒋介石，呼吁"速克复失地并息内讧"。②

　　人数较少的欧洲华侨，在"九一八"事变发生后也以集会、通电、诉诸国际联盟等行动表示支持抗日。在英国伦敦，华侨为"九一八"事变发表宣言书，吁请世界各国"责令日本政府立即撤兵"。后得知张学良下野拟赴英的消息，立即致电上海《申报》社转告张学良："报载先生来英，不胜骇异。先生负东北边防重任，拱手让人，早已腾笑万邦，本应自杀，以谢国人，如靦然来英，辱国更甚，请打消此议，以维祖国颜面"③，充分表达出他们对张学良"不抵抗政策"的愤慨。一批爱国海员"组织了抗日救国运动，为了救国，曾多次上街游行示威，企图唤醒华侨的爱国心和宣传日本人的暴行"。10 月 4 日，英国各侨团以"英国伦敦各华侨团体总会"的名义发表"宣言书"，呼吁关注世界大事的人们，责令日本政府立刻从中国的土地上撤兵，并赔偿中国的损失。④

　　1931 年底，法国巴黎华侨和留学生集会通过"坚持谈判开始以前日军限期撤尽"，国联调查团的"任务以监视日本撤兵及编制中国损失详册，以便索赔为限"，"倘国联未有满意办法，请中国代表团拒绝出席理事会，倘至万不得已，即行退出国联"等五条决议案⑤，面呈施肇基上述议案。国联报告书出台后，侨社更是一片哗然。归侨郑螺生、方之帧、王有壬等当即致电国民党中央党部、国民政府各机关及全国各报馆，斥责"国联调查团报告书，谬点难以殚述"，提出十二项全面主张，声明"日本强夺满洲系其传统帝国主义之表

　　① 黎全恩、丁果、贾葆蘅：《加拿大华侨移民史：1858—1966》，北京：人民出版社，2013 年，第 418 页。

　　② 任贵祥：《华侨与中国新民主主义革命——兼论民主革命时期华侨与中国共产党的关系》，北京：中国华侨出版社，2006 年，第 206 页。

　　③ 《南洋情报》1933 年第 1 卷第 9 期。

　　④ 李明欢：《欧洲华侨华人史》，北京：中国华侨出版社，2002 年，第 299 页。

　　⑤ 《申报》，1931 年 12 月 7 日。

现"；"日本军阀之野心与狠毒正想征服世界，绝无亲善可能"等。同时表示，
"亡国甚于毁家，名誉重于生命"，全国同胞要"输财效死，各尽所能，一德
一心，同仇敌忾"。① 郑螺生等对国联报告书的揭露和怒斥，表明华侨对国联
袒护日本的行径极为不满。国内爆发"九一八"事变，比利时华侨闻讯立即
召开代表大会，成立"反日救国会"，电请国民政府"对日宣战"，并表达了
"旅比华侨誓与帝国主义奋斗到底，非到日本撤兵、公理伸张之时不止"的抗
日救国决心。②

地处南半球的澳大利亚华侨也对日本侵华表示了强烈的义愤。1931 年 9
月下旬，日本法西斯侵略东北的消息传来，澳大利亚华侨义愤填膺。墨尔本华
侨抗日救国会派出检查队走上街头，检查抵制日货情况。宣传队、募捐队向商
家及华侨募捐，作为对日宣战的军费。华商组织的香蕉行业公会决定在公积金
内提捐 1 000 镑。华侨商店每日营业额提捐 1/20。许多华侨认捐 100 镑或 200
镑，一共募到 5 000 镑，折合国币 10 万元。③

对于参加抗日的东北义勇军将领马占山等人，世界各地华侨也纷纷捐款援
助。缅甸侨胞得知马占山将军的英勇抗日事迹后，捐献缅币 20 万盾给马占山，
支持其领导的抗日武装斗争。④ 加拿大多伦多加林巴市救国后援会于 1931 年
12 月召开全侨大会，决定分头发动捐款。温哥华"洪门拒日会"特请戏班义
演，筹款慰劳马占山将军。据统计，自 1931 至 1932 年，华侨共捐款达国币
1 700 万 ~ 1 800 万元。⑤ "九一八"事变后三个月时间，马占山就收到海外华
侨捐款达 250 万大洋，到 1933 年华侨寄捐给东北义勇军者仍源源不绝。⑥ 抵制
日货运动也收效显著，从 1931 年 10 月至 1932 年 2 月，日本对南洋的出口额
明显降低，见下表：

① 《归国华侨对报告书批评》，《海外月刊》1932 年第 3 期。
② 《海外义愤　旅比华侨反日运动》，《大公报》，1931 年 11 月 21 日。
③ 黄昆章：《澳大利亚华侨华人史》，广州：广东高等教育出版社，1998 年，第 185 ~ 186 页。
④ 华侨志编纂委员会编印：《华侨志·缅甸》，台北：华侨志编纂委员会，1967 年，第 270 页。
⑤ 《南洋侨报》第一卷第四期。
⑥ 吴剑雄：《九一八事变前后美国华人的爱国运动》，《海外移民与华人社会》，台北：允晨文化
实业股份有限公司，1994 年，第 230 页。

日本对南洋各国的商品出口额（单位：千日元）

时间	菲律宾	暹罗	荷属东印度	马来亚
1931 年 9 月	1 299	405	5 743	1 861
1931 年 10 月	1 914	425	6 362	905
1931 年 11 月	806	266	5 277	756
1931 年 12 月	987	349	4 565	974
1932 年 1 月	893	289	3 037	874
1932 年 2 月	1 056	353	3 611	1 174

资料来源：Japan Ministry of Finance, *Monthly Review of the Foreign*，转引自蔡仁龙、郭梁主编：《华侨抗日救国史料选辑》，福州：中共福建省委党史工作委员会、中国华侨历史学会，1987 年，第 9 页。

　　此外，"九一八"事变发生后不久，美国华侨意识到中国空军力量薄弱，遂组织华侨航空救国会，设立华侨航空学校，购买教练机，训练飞行人员和工程人员，[①] 以增强我空军实力。美国俄勒冈州波特兰成为华侨航空救国的中心，先后办学两期，其中 1932 年和 1933 年的两批华侨毕业生中有 32 人回国参加空军；旧金山华侨创办的旅美中华航空学校 1934 年和 1938 年的两批毕业生中 33 人回国服务。[②]

　　总之，在面对日本制造"九一八"事变之时，华侨愤怒声讨，谴责张学良的不抵抗政策，以各种方式支持东北义勇军抗日，同时揭露国联报告书的荒谬，抵制日货，拉开了华侨早期抗日救国的序幕。

第二节　驰援十九路军抗战

　　日本关东军发动"九一八"事变，轻易占领东北各地，使得日本海军也跃跃欲试。1932 年 1 月 28 日，日本又在上海燃起战火，制造"一·二八"事变。驻守上海的国民政府十九路军在军长蔡廷锴、总指挥蒋光鼐的指挥下奋起抵抗，淞沪抗战爆发。十九路军奋起抗击日军，一洗"九一八"事变以来国

---

　　① 吴剑雄：《九一八事变前后美国华人的爱国运动》，《海外移民与华人社会》，台北：允晨文化实业股份有限公司，1994 年，第 237 页。

　　② ［美］麦礼谦：《从华侨到华人——二十世纪美国华人社会发展史》，香港：三联书店（香港）有限公司，1992 年，第 321 ~ 323 页。

民政府妥协退让带来的耻辱,令海外侨胞振奋和欣慰。事变一发生,各地华侨纷纷发电致函慰问。越南堤岸华侨报纸《群报》发出号外,以特大号标题刊登《蔡廷锴大胜日军》的报道。菲律宾华侨致电蔡廷锴,赞扬十九路军的抗日壮举"开民国以来未有之光荣"①。同盟会元老、新加坡侨商林义顺听闻淞沪抗战,抱病连发十多封电报,号召侨胞起来抗日救国。美国纽约华侨团体及个人亦向蔡廷锴将军致电慰问、祝贺。加拿大蒙特利尔、渥太华等地华侨纷纷向蔡廷锴本人和上海商会拍发声援电。巴拿马中华商会致电国内,"要蒋、蔡两将军继续作战,自当尽力筹饷"②。这些函电既凝聚了侨心,又鼓舞了抗日将士的士气。

海外华侨在大力声援十九路军抗日的同时,还从财物上予以切实的支援。英国殖民地新加坡、马来亚华侨特别组织了"救济上海伤兵难民筹赈委员会",因碍于英日邦交,只好以救济难民为名,支持十九路军抗日,数月内募集善款100多万银圆。菲律宾华侨商界捐款也十分踊跃。菲律宾华侨国难后援会在侨商李清泉带领下,两个月间先后两次为十九路军汇款达25万。据蔡廷锴司令部估计,到1932年9月,该部收到的菲律宾华侨捐款约80万美元。③菲律宾华侨约占海外华侨总人数仅为七八十分之一,但在"一·二八"淞沪抗战的一个月内,菲律宾华侨曾汇回80余万元,竟占全部华侨捐款的1/6。④南洋华侨为十九路军抗日捐款的还有:印尼巴达维亚米商捐1.7万元,三宝垄华侨救国后援会募得白银57 881两、国币7.1万元寄给上海红十字会,越南华侨捐2万元等。⑤

美洲华侨深受十九路军官兵抗日的鼓舞,纷纷开展捐款活动。淞沪抗战爆发后不久,司徒美堂等堂会首领就联合纽约各侨团组织成立了"纽约华侨抗日救国会",开展抗日救国活动。1932年2月初,致公堂元老们在安良堂主持召开干事会,做出三项决定,即:以致公堂名义呼吁支持在上海坚持抗日的中国军队;迅速成立洪门筹饷机构,发动募捐;组织华侨青年航空救国。⑥纽约

---

① 转引自任贵祥:《华侨与中国新民主主义革命——兼论民主革命时期华侨与中国共产党的关系》,北京:中国华侨出版社,2006年,第208页。

② 任贵祥、赵红英:《华侨华人与国共关系》,武汉:武汉出版社,1999年,第123~124页。

③ 吴凤斌主编:《东南亚华侨通史》,福州:福建人民出版社,1994年,第699~700页。

④ 《华侨日报》,1933年5月1日。

⑤ 任贵祥:《华侨与中国民族民主革命》,北京:中央编译出版社,2006年,第283页。

⑥ 政协北京市文史资料研究会、政协广东省文史资料研究委员会编:《回忆司徒美堂老人》,北京:中国文史出版社,1988年,第223页。

致公堂还通过义演筹募军饷，共得美金 1 204 元。该堂会会长李培圣等人邀请华商总会、抗日会筹饷总局、安良工商会、协胜公会、金兰公所代表，同到纽约广东银行视察，将所筹得之款，汇归祖国应需。① 旧金山侨商周崧及其中兴公司员工，先后为淞沪抗战捐款共 12 万元。② 芝加哥华侨舞蹈明星刘科伦女士举行个人义演，筹款数千元寄给十九路军。檀香山华侨也为十九路军捐款 5 万多美元。加拿大维多利亚抗日联合会为十九路军捐款 2 万元。从"九一八"事变至 1933 年，秘鲁华侨捐给国内各抗日武装 226 994.3 银元，其中有相当一部分捐给十九路军。③

据统计，南北美洲华侨为十九路军捐款献物如下：1932 年 2—7 月美国旧金山、纽约、芝加哥等地华侨捐款 174.5 万元；檀香山华侨捐 23.7 万元；加拿大华侨捐 17.8 万元；古巴捐 12.5 万元；墨西哥华侨捐 4 万多元。美洲华侨共捐款 232.5 万元给十九路军。④

据当时蔡廷锴司令部统计，在其收到的捐款 1 068 万元中，华侨捐款有801 万元，占捐款总数的四分之三。⑤

华侨还积极为十九路军抗战捐献军需物资。旧金山华侨听说蔡廷锴等电请募捐 70 万美元的消息，纷纷行动起来，短时间内即募得美金 300 多万。当地华商总会议决，用该款为十九路军购买飞机 30 架。⑥ 越南华侨救国团体发动侨胞筹集 40 多箱衣物、药品，寄往十九路军和上海救济会。十九路军将领翁照垣前往菲律宾，向华侨呼吁捐献飞机、开展航空救国活动，得到当地侨胞的热烈响应。国难后援会及各业商会召开联席会议，决议募捐购置装备一飞行中队的飞机 15 架，并决定筹组航空救国团体。不久，中国航空建设协会马尼拉分会成立，数日间登记会员近 4 000 人，几个月之间即在全菲各地建立分会 35处，募捐折合国币约 300 万元，购机 15 架送给十九路军。马尼拉工商界侨团还为十九路军捐献 2 辆载重汽车。⑦

① 《纽约致公堂汇款救国救民》，《大汉公报》，1932 年 3 月 24 日。
② 《旅美华侨捐款购机》，《民国日报》，1932 年 4 月 18 日。
③ 刘伯骥：《美国华侨史续编》，台北：黎明文化事业股份有限公司，1982 年，第 565 页；任贵祥：《华侨与中国民族民主革命》，北京：中央编译出版社，2006 年，第 283～284 页。
④ 李春辉、杨生茂主编：《美洲华侨华人史》，北京：东方出版社，1990 年，第 716 页。
⑤ 曾瑞炎：《华侨与抗日战争》，成都：四川大学出版社，1988 年，第 17、20 页。
⑥ 《旅美华侨捐款购机》，《民国日报》，1932 年 4 月 18 日。
⑦ 任贵祥：《华侨与中国新民主主义革命——兼论民主革命时期华侨与中国共产党的关系》，北京：中国华侨出版社，2006 年，第 210 页。

十九路军奋勇抗战的表现，也激发了侨胞回国抗日的热潮。淞沪抗战一打响，由北伐军旧部吴越等人发起、约252人组成的华侨抗日救国义勇军迅速开赴淞沪前线。义勇军成员是分别来自马来亚、菲律宾、荷属东印度、泰国、缅甸、越南及日本等地的华侨青年。2月1日，华侨义勇军通电全国："我数千年伟大之民族，行将沦于异族而不复矣。言念及此，惨痛何极"，"痛祖国之沦亡"，决心"挽狂澜于既倒"，"共赴国难"，"小不丧军人之人格，大不失中华之尺土，有死而已，他无所愿"。① 华侨义勇军被编入十九路军61师师部。此外，在淞沪抗战期间，缅甸华侨救国会曾三次派遣子弟回国杀敌：第一次张家馆义勇队19人，第二次仰光青年团义勇队65人，第三次为勃生、渺名二埠合组义勇队54人，合计138人。②

海外华侨在通过各种形式支援十九路军抗日的同时，还纷纷致电国民政府当局及首脑，要求对日宣战，派兵支援十九路军抗日。美国芝加哥、檀香山华侨分别致电林森、蒋介石、汪精卫及国民政府，赞扬"十九路军抗贼救国，中外同钦"，请立即对日宣战。菲律宾华侨国难后援会致电国民政府及蒋介石等，吁请"速接济前敌军需，调海陆空劲旅助战，并速出兵收复东省失地"③。

华侨对淞沪抗战的支援，是其支持东北义勇军抗战的继续，但在规模和程度上都超过了前者，说明华侨抗日救亡运动在不断向前发展。华侨的抗日救亡活动与国内同胞尤其是部分爱国官兵的抗日壮举遥相呼应，"鼓舞和激励了前线官兵舍身抗战的决心和勇气"。

第三节　声援长城抗战

"九一八"事变后，日本占领东北全境，于1932年成立伪满洲国，加强对当地的控制。1933年，日本再度向南侵略，向华北进军。一月，攻占山海关；三月，轻取热河，承德失守。接着，日军进犯长城线上的军事要地喜峰口、冷口和古北口，加紧分割华北。东北军、西北军等中国军队掀起了长城抗战的序幕。长城抗战是"九一八"事变后中国军队在华北进行的第一次较大规模的抗击日本侵略者的战役，在这次战役中，广大爱国官兵进行了近三个月

---

① 《申报》，1932年2月2日。
② 任贵祥：《华侨与中国民族民主革命》，北京：中央编译出版社，2006年，第285~286页。
③ 中国第二历史档案馆藏档案，全宗号二，案卷号2496。

的战斗，给骄横一时的日军以沉重的打击，自己也做出了重大的牺牲。然而，日军实力过强，五月，日军已控制长城各口和冀东，平津告急。

海外侨胞十分关注祖国形势的发展，严厉谴责日本帝国主义的侵略行径，积极声援中国军队的局部抗战。在英国伦敦，华侨"极注意报纸所载与无线电所传之热河战事新闻，皆愿尽力为前敌华军后援"[①]。在美国，芝加哥华侨鉴于日寇蛮横，侵占东北，近更强夺榆关、九门，得寸进尺，肆无忌惮，不胜痛愤，由中国国民党芝加哥分部、抗日救国义捐委员会，会同芝城华侨同声俱乐部剧社演剧筹募，接济浴血杀敌之各路健儿。义演结束后，召集会议，并决议由中国银行汇国币一万元，交辽吉黑义勇军后援会分配，拨给东北各路抗日义军，推派谭赞、郑君泽等四人经手汇沪。[②] 1933 年 2 月 21 日，美国纽约中华公所为反日而召开全侨大会，决议由各侨团、各商号自动筹款，中华公所指导及监督汇款。[③] 纽约华人土生会致函美国外交部和现、前任总统罗斯福和胡佛，要求"裁制日本在我国之暴行"。美洲华侨航空救国义勇团代表李玉聘回国到南京，向侨务委员会委员长陈树人报告："侨胞鉴于祖国飞机缺乏，决将该团已购之飞机十二架，捐助政府，作御侮之用。"并陈该团有擅长飞行技术团员 80 人，"要求返国驾驶杀敌"。[④]

面对国民政府对日侵略不抵抗、不作为的态度，国内的归侨也行动起来。1933 年 3 月，国内华侨组成"华侨救国军"，由原十九路军将领翁照垣担任总指挥。3 月 12 日，翁照垣发表通电："所望国内健儿，共赋同仇之志。海外英俊，同为雪耻之谋，全力以赴，何敌不摧。抑尤有言者，歼敌疆场，将士为先，鼓舞接济，民众是赖。伏愿海内外同胞，鉴其微诚，加以援应，俾战阵有锋利之器，士卒无冰馁之忧。"[⑤] 3 月 25 日，华侨青年救国团第一批团员 21 人，在詹治政的率领下，从南京启程北上，开赴抗日前线。[⑥]

---

　　① 《海外侨胞注意热河战事》，《申报》，1933 年 3 月 3 日。

　　② 《芝加哥华侨捐助义军巨款》，《申报》，1933 年 2 月 16 日。

　　③ 于仁秋：《救国自救——纽约华侨衣馆联合会简史　1933 – 1950's》，香港：三联书店（香港）有限公司，1992 年，第 53 页。

　　④ 《侨胞捐助飞机》，《申报》，1933 年 3 月 25 日。

　　⑤ 《华侨救国军总指挥翁照垣就职》，《申报》，1933 年 3 月 13 日。

　　⑥ 黄小坚、赵红英、丛月芬著，中国抗日战争史学会、中国人民抗日战争纪念馆编：《海外侨胞与抗日战争》，北京：北京出版社，1995 年，第 102 页。

第四节　华北危机中的华侨

　　日本帝国主义侵华，得寸进尺，贪得无厌，其气势咄咄逼人。与之相反，国民政府却一味妥协和退让，先后签订《淞沪停战协定》《塘沽协定》，继而与日达成《何梅协定》，为日本吞并华北打开方便之门。后又迫于日方压力，设立"冀察政务委员会"，主权几乎损失殆尽，华北危机已十分严重。

　　海外侨胞"愈发感觉到无能的领导正在毁灭中国"①。南洋华侨致电南京国民政府，指出《塘沽协定》《何梅协定》等是"亡国协定，属不承认"，如不宣布抗日，"公等可下野"。1935 年 8 月 4 日，新加坡数千华侨在"反对日本灭亡华北""反对国民党出卖华北"的口号下，举行反日反内战大示威，捣毁日本驻新加坡商会。芝加哥华侨致电蒋介石和汪精卫，愤懑地提出"若非叛国之辈，请速即抗拒日本，否则我中华民族亡无日矣"，要求国民政府对日本帝国主义的侵略"速战解决"。就连旧金山中华妇女救国会也致电蒋、汪："倭寇侵我日甚，再不抗，国必亡，请速战，勿割让。同人愤激，愿节衣食助饷，公等勿卖国家。"在美的中国学生致电国民政府："请尊重民意，立即动员御侮。"日内瓦华侨抗日救国会根据"日寇侵略不已，强迫华北独立"的事实，要求国民政府"即派大员北上誓死抵抗，并讨伐汉奸"，"海外侨胞誓为后盾，否则理应引退，以谢国人"②。为此，德国侨胞还成立不少救国团体，创办《反帝斗争》《反帝战线》《尖哨》《海外论坛》《中国出路》《动员》《救亡》《蹶起》《铁血》《呼声》等救国刊物，加强舆论宣传。

　　对于国内益于抗日的事业，侨胞都竭力支持。如 1935 年 1 月，方志敏在与数倍于己的国民党军队交战中因叛徒告密而被俘，美国纽约、旧金山和古巴等地侨胞遂致电驻各国的中国公使馆和南京国民政府，"要求释放方氏及其同志"，美国中外人士组织的"中国人民之友社"等团体也通电援助。方志敏英勇就义时，"各地侨胞多开会追悼"③。1935 年 8 月 1 日，中国共产党发表《为抗日救国告全体同胞书》（即"八一宣言"），号召全国各党各派各军无条件地停止内战，集中一切力量，为抗日救国的神圣事业而奋斗，共同组织国防政府

---

　　① ［美］邝治中著，杨万译：《纽约唐人街　劳工和政治，1930—1950 年》，上海：上海译文出版社，1982 年，第 108 页。

　　② 转引自曾瑞炎：《华侨与抗日战争》，成都：四川大学出版社，1988 年，第 25～26 页。

　　③ 《华侨与方志敏烈士》，《救国时报》，1936 年 1 月 29 日。

和抗日联军，建立抗日民族统一战线，得到了全国人民和海外侨胞的热烈响应。

1935 年 11 月，国民党召开第五次全国代表大会，华侨愤怒抨击其"攘外必先安内，统一方能御侮"的内战政策。美国首都华盛顿全体华侨抗日后援会、纽约华侨抗日救国协会、美洲华侨反帝大同盟等抗日救国团体，分别致电国民党第五次全国代表大会，重申侨胞抗日救国的坚决态度，反对日本策划的华北"自治"运动，敦促国民党顺从全国民意，停止内战，出兵抗日①。纽约工商界侨胞还成立七人节食救国会，将节衣缩食之款项交由会长储存银行，"为接济抗日救国之用，备为抗日救国之军需"②。菲律宾民武会分会发布宣言，提出抗日救国六大纲领，呼吁华侨"组织武装自卫队，回国去参战"，"筹款接济前敌战士"。新加坡华侨闻讯"日贼又在华北五省成立第二个傀儡'满洲国'，愤慨充满胸膛"。11 月 20 日，新加坡民武分会和马来亚和平保障会联合发动了反日反内战大示威运动，沿途散发由中文、英文、印度文和马来文等各国文字印制的抗日传单，高呼"反对卖国贼出卖中国""停止内战""拥护国防政府抗日联军"③ 等口号。他们还到中国驻新加坡领事馆请愿，递交《反日反内战宣言》。所有这些，都表明广大华侨对国民党继续推行内战政策的抗议和谴责，是对抗日民族统一战线进行的有力的拥护和支持。

第五节　拥护抗日民主运动

为挽救中华民族危亡，北平学生在中共领导下，举行了大规模的"一二·九"和"一二·一六"救亡运动，反对华北"自治"，呼吁"停止内战，一致抗日"。以"一二·九"为起点，全国各地学生抗日救国运动迎来新高潮，规模空前，对海外华侨影响甚大。④ 各国华侨纷纷召开大会，发表宣言、通电，进行示威游行，坚决支持北平学生的爱国行动，把海外华侨的抗日救亡运动推向了新的阶段。

随着国内抗日民主救亡运动的掀起，海外华侨的爱国救亡活动再掀波澜。在学界，新加坡、马来亚等地侨校师生成立了类似国内"民先队"和"抗先

---

① 《旅美侨胞纷电五全大会》，《救国时报》，1935 年 12 月 28 日。
② 《侨胞爱国无所不至，在纽约组织节食救国会》，《救国时报》，1936 年 1 月 4 日。
③ 《星洲侨胞反日救国大示威》，《救国时报》，1936 年 1 月 14 日。
④ 《一二·九运动资料》（第二辑），北京：人民出版社，1982 年，第 353 页。

队"的组织，配合国内学生救亡运动。菲律宾华侨学生召开代表会议，决定发动全菲侨胞成立救国组织，以支持和配合国内学生的爱国斗争。伦敦中华学生会发表《为日本帝国主义在华北组织五省自治政府告全国同胞书》，支持"一二·九"学生运动，并向国民政府当局提出"立即停止中日秘密协商""停止内战""准备民族革命自卫战争"的三项要求。纽约中国学生会得知"一二·九"运动爆发并遭到镇压的消息，当即致电国内学生"甚表同情，誓为后盾"；同时致电国民政府，要求"出兵华北，对日宣战，收回失地"，并向世界各国发表宣言，呼吁同情中国的抗日救亡运动。随后又召开特别会议，串联并致电美国各大城市的中国学生会，呼吁海外学界同仁一致奋斗，声援国内学生，奋起保卫祖国，共为民族解放而斗争。① 受此影响，旧金山、芝加哥等地的侨校学生纷纷起来声援国内学生运动。

除学界外，"一二·九"运动也得到侨界的同情和声援。马来亚、荷属东印度、缅甸、越南等国家和地区的侨团或个人，纷纷通电国民政府和北平当局，谴责其镇压学生运动的暴行，呼吁以民族利益为重，一致抵制外侮。菲律宾华侨工商界召开代表会议并发表宣言，号召各界侨胞行动起来，响应国内学生的爱国救亡运动。

德国华侨致电国内一些学校，称赞学生在国破家亡之际做民族革命的先锋；对当局"摧残青年的爱国热忱"，"痛心发指"，表达海外侨胞"对于冰天风雨之中，正在奔走号呼、惨遭牺牲之青年，实深十二万分的敬慰，而尽可能地勉致精神与物质之援助"。② 英国华侨也发表宣言和通电，支持国内学生的爱国民主运动，反对华北"防共"运动。

美国旧金山、费城、芝加哥、纽约、华盛顿等城市的华侨纷纷以各种不同的形式支持国内学生的爱国运动。纽约中华公所、华侨洗衣馆联合会、华侨抗日救国会、"中国人民之友社"等团体分别召开声援"一二·九"运动大会。侨领司徒美堂提议：国内学生为抗日救国遭受媚日政府摧残，本所当致电援助，并致电南京政府加以忠告，促其觉悟。此议引起共鸣，随即侨领吕超然拟电稿四封，分别致电北平学生会、南京国民政府、上海《大美晚报》和香港《大众报》。芝加哥华侨救国会和华侨学生一道发动华侨举行大游行，声援国

---

① 《救国时报》，1936年1月9日，转引自任贵祥：《华侨与中国新民主主义革命——兼论民主革命时期华侨与中国共产党的关系》，北京：中国华侨出版社，2006年，第214页。

② 《学联日报》，1936年2月6日。

内抗日救亡运动。纽约华侨各界、各党派、各社团、各报馆等联合起来，于1935 年 12 月 28 日成立纽约华侨抗日救国会，宗旨是"联合海内外民众，实行武装自卫，反对一党专制，促成国防政府，积极抗日"①。华盛顿华侨抗日后援会则发出通电，表示愿做"全国学生运动的后盾"。

华社对"一二·九"运动的声援，对国内爱国学生是个很大的鼓舞，对镇压学生运动的当局则是个有力的打击。然而，国民政府一意孤行，于 1936 年 11 月将主张开放民主、停止内战、一致抗日的全国各界救国联合会领袖沈钧儒等七人逮捕，制造了震惊中外的"七君子"事件。

"七君子"事件传到海外，广大华侨深感震惊，他们立即和国内各界一道加以声援和营救，对国民政府当局迫害抗日民主力量深表愤慨。新加坡华侨各界联名致电蒋介石、林森、冯玉祥、宋庆龄等人，痛陈国难当头之际，沪市当局竟逮捕救国会领袖，实在是"助敌摧残救国力量，徒使'敌快我痛'，伏恳即行释放，以息侨情"②。

惊闻"七君子"事件的欧洲华侨，一面响应国内冯玉祥、于右任等人组织的营救活动，一面抗议英、法政府允许国民党军警在上海租界逮捕"七君子"。法国华侨在巴黎成立营救"七君子"的专门委员会，一致议决致电国民政府，要求释放"七君子"，向大使馆请愿，联络法国知名人士设法营救，致函上海各界救国会表示慰问等事项。会后，该会派人到中国驻法使馆请愿并递交请愿书，谴责当局迫害民主领袖的行径，要求使馆立即向国内政府转达侨情，使馆人员被迫答应华侨代表的要求③。英国华侨获悉"七君子"被捕入狱及迫害者编造的种种莫须有罪名，当即通电国内予以揭露并反驳说："若主张抗日即为共党，主张联合即为违（危）害民国，则全中国国民皆应为政府阶下之囚，罪亦不在此数人。"④ 通电强烈要求国民政府立即释放"七君子"，开放抗日自由，以示御侮之诚意。

美国华侨惊悉国内突发"陷害爱国领袖"的事件，"侨情极为激昂"。纽约中华公所及华侨抗日救国联合会联合致电国民政府，认为逮捕"七君子"

① 《纽约侨胞抗日救国会成立》，载广东省档案馆等编：《华侨与侨务史料选编（广东）》（1），广州：广东人民出版社，1991 年，第 475 页。
② 《星洲华侨营救救国七领袖章乃器等》，1936 年 12 月 28 日。
③ 转引自任贵祥：《华侨与中国新民主主义革命——兼论民主革命时期华侨与中国共产党的关系》，北京：中国华侨出版社，2006 年，第 216 页。
④ 《英国侨胞援助爱国领袖章乃器等》，《救国时报》，1936 年 12 月 28 日。

是"自毁长城",请立即释放,并"惩办陷害主犯,以示抗日决心"。"左翼"华侨团体衣馆联合会致电国内政府当局,要求释放一切抗日政治犯及各界救国领袖,并通电"全救会"慰问沈钧儒等七人。同时,华盛顿华侨也召开大会,决定致电上海"全救会"慰问"七君子"。

华侨声援"一二·九"学生爱国运动和抗日民主人士"七君子",谴责国民党当局的倒行逆施,表明他们有着鲜明的是非观念和强烈的正义感,反映了国民党当局对日妥协退让、对内镇压抗日民主运动既不得人心,也不得侨心。

值得强调的是,在历经"九一八"事变、淞沪抗战、华北危机等一系列事件后,华侨的团结意识不断加强,华侨抗日爱国团体也如雨后春笋般涌现出来,为之后"全欧华侨抗联会""南侨总会""旅美华侨救国总会"的建立,乃至华侨投身全面抗战打下了坚实的基础。

综上所述,从"九一八"事变到"七七"事变之前,旅居海外的华侨便以空前的爱国热忱投入祖国的抗日救亡运动中。在舆论宣传方面,重点揭露日本侵华真相,反对国民政府的不抵抗主义;响应中国共产党建立抗日民族统一战线的号召,及时报道中国抗战消息,呼吁国际友邦主持正义,制裁日本的侵略暴行。在人力上,组建义勇队奔赴前线,培养航空人才回国服务。在物力上,捐款献物,慰劳前方将士;筹集资金,购置战时紧缺物资交回国内。总之,在全面抗战前夕,广大华侨掀起了波澜壮阔的抗日救亡运动,力所能及地为祖国抗日民主运动做出了应有的贡献,在华侨爱国史上书写下了光辉的篇章。

第三章

华侨抗日救国团体的兴建与发展

　　华侨团体是华侨社会运转的中枢。在平时,侨团起到联谊侨胞、调解纠纷、经济互助、对外交流等诸多功能,充当祖国政府与广大侨胞联系的纽带。在战时,政府有关侨务政策的落实,救国运动的推动,非借助侨团的力量不可。为此,"七七"事变后,为动员海外侨胞支援中国抗战,国民政府和国民党中央制定了许多相关法规和条例,如《非常时期海外各地救国团体暂行办法》等,中央海外部也颁布了《指导海外侨民组织团体办法》,通过侨务委员会、外交部及驻外使馆、国民党海外部等组织机构,加强对华侨救国团体的管理和指导,并通过其对华侨进行大规模的抗日宣传和组织工作。

　　在空前的国难面前,华侨救国组织开始打破姓界、邑界、堂界的隔阂,联合起来,成立大规模、全侨性的救国组织,以整合力量,声援祖国抗战。早在抗战初期,华侨就在海外自发地组织了不少救国团体,支援祖国抗战,其中最具代表性的有欧洲华侨抗日救国联合会、南洋华侨筹赈祖国伤兵难民总会(简称"南侨总会")和旅美华侨统一义捐救国总会(简称"义捐救国总会")。

　　抗战期间,以"南侨总会""义捐救国总会""欧洲华侨抗日救国联合会"三大洲际侨团为核心,全世界共建立了 3 940 多个华侨爱国团体。

第一节　南洋华侨抗日救国团体

　　抗日战争以前,作为华侨聚居地区的南洋,尽管在殖民主义统治下,政治行动受到种种限制,但他们的抗日活动和抗日社团一直十分活跃。不过,华侨团体形成联合抗日的局面则是在全国抗战爆发以后。南洋华侨抗日救国统一组织,是建立在各地普遍设立的华侨抗日联合社团的基础上的。人数众多、范围广泛、宗旨明确的各地华侨抗日救国联合社团如雨后春笋般出现,为南洋华侨抗日救国统一组织的建立做了组织上的准备。

一、新马地区

　　1936 年初,新加坡华侨已经成立了各界抗日救国会。1937 年"七七"事变发生后,马来亚华侨的抗日救国运动就冲破英国殖民当局的禁阻,迅速开展起来。7 月 18 日,柔佛州华侨救济祖国难民总会正式成立。[①]"八一三"事变

---

　　① 许云樵主编,蔡史君编修:《新马华人抗日史料(1937—1945)》,新加坡:文史出版私人有限公司,1984 年,第 74 页。

的爆发，激发了华侨抗日救国运动的高涨。新加坡爱国侨领叶玉堆、李俊承、李光前、陈六使等人联名晋见侨领陈嘉庚，希望他出来领导新加坡的抗日筹赈工作。在他们的劝说下，陈嘉庚挺身而出，承担组织新加坡筹赈会的重任。他一方面通过新加坡中华总商会与殖民地政府疏通，以使当时华侨支援祖国抗战的筹赈会的成立取得合法地位，另一方面积极筹备召开侨民大会，商定救国大计。在陈嘉庚等人的共同努力下，8月15日，新加坡118个华侨社团的1 000多名代表召开大会，成立"马来亚新加坡华侨筹赈祖国伤兵难民大会委员会"（简称"新加坡筹赈会"，由于当时的英国殖民政府担心得罪日本，对当地华侨公开的抗日救国活动不仅不支持，还百般阻挠，为便于开展活动，华人就以"筹赈会"的名义在殖民政府进行注册，方能顺利通过）。接着，马来亚各地也相继成立州级总会。据不完全统计，新加坡先后成立了200多个分支会①，马来亚其他各地的筹赈会也多达207个②。

新加坡筹赈会设委员32名，陈嘉庚被推选为主席。该会的宗旨是"发动华侨以最大牺牲，协助祖国抗战，为祖国的伤兵难民筹赈"。为了支持新加坡筹赈会的工作，并为全马华侨做出榜样，侨领叶玉堆在会议期间捐款国币10万元，其他侨领也纷纷献捐，总计30万元。

鉴于新马各地抗日社团和筹赈运动缺乏总的领导机关，抗日工作既不能一致，筹赈成绩也无法比较，且不利于相互激励和促进，于是，陈嘉庚发起组织各区筹赈谈话研究会，他在会上的建议得到马来亚各区筹赈会的赞同。1937年10月10日，各区筹赈会代表100余人在吉隆坡集会。会议决定成立"马来亚各区华侨筹赈会联合通讯处"，作为马来亚华侨筹赈会的最高联络和指导机关，并代表马来亚各区筹赈会与中国政府联络，陈嘉庚被选为联络处主任。至此，新马地区公开合法的华侨联合抗日组织正式建立，马来亚各地的华侨筹赈活动被协调领导起来，开始有组织地展开活动。

1938年10月10日，南洋各国华侨筹赈祖国难民代表大会在新加坡隆重召开。出席大会的南洋各地168名代表中，新加坡、马来亚的代表有97人。③ 会议历时4天半，收到提案41件111条。大会还收到国内各党派、各省主席及

---

① 黄奕欢：《赤子丹心照汗青》，中国人民政治协商会议全国委员会、文史资料研究委员会合编：《回忆陈嘉庚》，北京：文史资料出版社，1984年，第67～80页。

② 许秀聪：《星马华族对日本的经济制裁》，柯木林、吴振强编：《新加坡华族史论集》，新加坡：南洋大学毕业生协会，1972年。

③ 傅无闷主编：《南洋年鉴·辰部》，新加坡：南洋商报社，1939年，第166～167页。

各战区司令官和群众救亡组织发来的贺电、贺信 100 件，以及林森、蒋介石、孔祥熙等国民政府高官的训词。① 经过热烈的讨论，与会代表一致同意成立南洋华侨筹赈祖国伤兵难民总会（简称"南侨总会"），作为南洋地区华侨抗日救国运动的最高领导机关。大会发表了宣言，并制定了抗日救国的三大任务：①联络南洋各属华侨研究筹赈方法，策动救亡工作；②筹款助赈祖国难民，并倡导集资发展祖国实业，以维持难民生计；③积极劝募公债及推销国货。会议发表了《南侨代表大会宣言》（简称《宣言》），揭露了日本侵华暴行，向南洋广大侨胞发出竭尽全力、支援祖国抗战的神圣号召。《宣言》指出，敌虽占我广大领土，我之物资损失、人员伤亡甚大，但"惟我有无限之资源足以支持，我有无穷之力量足为后盾。忍万屈以求一伸，拼千输以博一赢"；而敌同样遭到巨大损失和伤亡，况敌"资源有限，人力易穷，踬决肘见，百象不安，时间愈延长，危机愈逼近"。故"吾人必须坚抱""最后胜利之属我"的信念。《宣言》认为，"盖国家之大患一日不能除，则国民之天职一日不能卸，前方之炮火一日不得止，则后方之刍粟一日不得停"，吾侨应"各尽所能，各竭所有"，"踊跃慷慨，贡献于国家"；侨胞应倡用国货，"以振兴我国商业，而厚我经济力。更拟组织公司，开发祖国富源，维持难民生计"。《宣言》最后呼吁，全体南洋侨胞要"充大精诚，固大团结，宏大力量，以为我政府后盾"。② 《宣言》是南洋华侨乃至全世界华侨抗日救国运动史上最重要最光辉的文献之一。

大会选举侯西反等 16 人为南侨总会常务委员，候补常委 11 人，推举陈嘉庚为主席，李清泉、庄西言为副主席，议决在新加坡武极巴梭 43 号设立总会办事处。

南洋华侨筹赈祖国伤兵难民总会第一届职员表③

主　　席：陈嘉庚

副 主 席：庄西言　李清泉

财 政 员：林文田

审 计 员：曾纪宸

① 陈嘉庚：《南侨回忆录》，新加坡：怡和轩，1946 年，第 54 页。

② 许云樵主编，蔡史君编修：《新马华人抗日史料（1937—1945）》，新加坡：文史出版私人有限公司，1984 年，第 46 页。

③ 崔丕、姚玉民译：《日本对南洋华侨调查资料选编（1925—1945）》（第一辑），广州：广东高等教育出版社，2011 年，第 357 页。

常务委员：何葆仁　陈振贤　王泉笙　李光前　陈三多
　　　　　李振殿　侯西反　陈延谦　陈肇基　陈占梅
　　　　　梁容南　黄重吉　周献瑞　刘玉水　李孝武
　　　　　黄益堂

　　南侨总会成立大会上，各国各地代表认捐救国捐款，计每月国币400万元。

　　南侨总会是继全欧抗联会之后，华侨跨国跨地区成立的另一个抗日救国联合组织。加入南侨总会的各地筹赈会有80多个，各地筹赈会又设有1 000多个分会。这些分支机构，集合了南洋地区华侨社会的最基本和最主要的部分。参加者有华侨各帮派、各行业、各团体，被选为领导成员者有侨领、社会名流、记者、教师和基层群众代表。南洋各地华侨如此广泛而健全地组织起来，形成抗日救国的统一战线，这在历史上还是第一次。

　　南侨总会将南洋800万华侨首次凝聚起来，它冲破帮派地域观念，不分政治倾向，不分阶级，真正做到"工农商学兵，一起来救亡"。到1940年，南侨总会领导的基层组织达702个。南侨总会的成立是南洋华侨共同抗日救国大团结、大联合的标志。南侨总会由有威望的侨领发起，并经由国民政府批准成立，有严密的组织纲领和组织机构，在国内外具有相当的权威性。从1938年10月成立到1941年12月太平洋战争爆发的三年多时间里，南侨总会积极开展抗日活动，带领南洋广大华侨为支援祖国抗战做出了重大贡献。

1938年10月10日，南洋各属45埠华侨筹赈会、慈善会和商会的代表168人，在新加坡南洋华侨中学大礼堂举行南侨总会成立大会。图为南侨总会主席陈嘉庚在会上讲话

主席陈嘉庚　　　　　　　副主席庄西言　　　　　　　副主席李清泉

新加坡筹赈会是新马地区华侨联合抗日的开端，在它的推动下，马来亚12 个区相继成立了筹赈会，李孝式、梁燊南、刘玉水、张开川、黄益堂、曾水江、郑仓家、陈荣树、马奇杰、吴琼璋等分别被选为各区筹赈会主席。

在新马华侨联合抗日团体中，马来亚华侨抗敌后援会（简称"抗援会"）规模最大。该会的前身是 1935 年成立的马来亚华侨救国会。"七七"事变后，马共提出在新马华侨中建立"抗日民族统一阵线"的口号。于是，一个由马共创立及掌控的半公开的群众组织——马来亚华侨抗敌后援会（原名"抗日后援会"，为适应殖民地环境，便于展开活动而改名）在全马各地先后成立。雪兰莪州的马来亚华侨抗敌后援会设立于今天士拉央（Selayang）双溪多（Sungai Tua）附近的石山脚。抗援会成员大多数是工农劳动群众，拥有广泛的群众基础。凡筹赈会发起的爱国运动，抗援会都全力支援，积极协助。抗援会吸收了赞同联合抗日的各界工会、同乡会等为团体会员。至 1939 年，新马地区自愿接受其领导的华侨社团和工会组织等有 700 多个。该会 4 万多会员都是各界侨团的骨干分子，他们领导的群众约 40 万人[①]。

马来亚华侨社会各方言群体中，海南籍华侨抗日救国团体的建立也很引人关注。1939 年 2 月，日军相继侵占海口、府城、榆林、三亚、崖县，海南岛沦陷。在此形势下，琼籍华侨反应强烈，他们纷纷呼吁团结起来，拯救"被

---

① 《华声报》，1985 年 8 月 27 日。

日人蹂躏的同胞，保卫我们国家的领土，维护祖先们留给我们的田园，实是每一个琼崖同乡的责任，尤其是我们侨居国外的海外同乡，所负的责任更是重大"①。2月12日，琼崖难民救济会在香港成立。在成立会上，确定由发起单位的香港琼胞、英属南洋琼侨和越南琼侨三个团体的执行委员、监察委员及各琼崖轮船之工头为当然委员，另聘琼崖名流为大会委员，即席选举大会常务委员35人，其中南洋琼侨有王兆松等14人。接着，会议以紧急会议及琼侨总会名义联函拍电海外琼崖会馆筹募款项，办理救济事宜等。②

此后，海外琼侨积极响应琼崖难民救济会的号召，各属琼侨纷纷成立琼崖难民救济分会。1939年2月15日，马来亚麻坡琼崖会馆在该馆议事厅召开年度第一次会员大会，议决成立麻坡救济琼崖难民委员会；2月21日，新加坡琼侨在琼州会馆召开大会，成立新加坡琼侨救济琼崖难民会，会议推选韩钊准、陈开国、林衍桥、黄才源、符致逢等162人为委员，郭新、韩勉斋、符致逢、陈开国等21人为常务委员，郭新为常务主席，韩钊准为副主席。③ 会后，拟定了"新加坡琼侨救济琼崖难民会组织大纲"。大纲指出："本会宗旨以联络新加坡琼侨筹赈救济琼崖难民及发动救亡工作。"④ 2月22日，马来亚森美兰琼侨在芙蓉成立森美兰琼崖难民救济委员会，推选黄机轩、唐瑞孚、符树汉等155人为委员⑤。2月27日，槟城琼侨在琼州会馆召开大会，成立槟城琼州会馆救济琼崖难民会。

二、菲律宾华侨抗日组织

抗日战争以前，菲律宾有华侨10万左右。当时，菲律宾尚属美国殖民地，和南洋其他地区相比，菲律宾有相对自由和民主的政治环境，因此华侨的爱国活动不仅源远流长，而且比较活跃和公开。1935年8月，中共提出了建立抗日民族统一战线的主张后，菲律宾华侨学生随即积极响应。同年12月，菲律宾华侨学界抗日救国会成立。该会发表的宣言指出"中国的出路，只有集中

---

① 《星岛日报》，1939年2月13日。

② 《琼崖难民救济会成立》，《星洲日报》，1939年2月13日；《旅港琼侨昨召开紧急会议成立琼崖难民救济会》，《循环日报》，1939年2月13日。

③ 《琼侨救济琼崖难民会选出常务委员》，《星洲日报》，1939年3月1日；《琼侨救济难民会重要职员选定》，《星洲日报》，1939年3月3日。

④ 《新加坡琼侨救济琼崖难民会组织大纲》，《星洲日报》，1939年3月3日。

⑤ 《森州琼崖侨胞成立救乡会》，《星洲日报》，1939年3月7日。

所有的反日力量建立广大民众的反日战线"，希望"全菲华侨工商界都一致起来，振起民族精神，组织全菲华侨抗日救国的机关，统一一切反日力量的联合战线"。① 此后，菲律宾华工也加入了联合抗日的行列，于次年1月3日成立了旅菲华工抗日救国联合会。

1936年春，菲律宾各界华侨成立民族武装自卫会菲律宾分会。1937年5月，马尼拉市13个工会团体组织"劳联会"。"七七"事变爆发后，旅菲华侨成立抗日爱国团体风靡一时，在约半个月时间里即达367个。其中菲华文化界抗日救国会的宣言说："'国家兴亡，匹夫有责'，同时抗日救国是无界限的，不论国民党、生产党、社会党、共产党、洪门会、蓝衣社、国家主义派、中华民族革命同盟，以及其他一切无党无派同胞，只要主张抗日救国，我们欢迎他们同我们合作，共同促进抗日阵线的建立。"②

菲律宾华侨抗日力量的大联合、大合作是在全面抗战爆发之后。"七七"事变后，随着菲律宾华侨抗日救国运动的深入发展，建立统一领导机关就成为华侨抗日力量的共同需要。7月上旬，著名爱国侨领李清泉找杨启泰等侨界知名人士谈话，探讨组织全菲性抗日团体问题。他指出："在这非常时期，侨众都应有壮烈表示，我近年多病，久已摒绝外事，但国难严重，国民天职是不容逃避的，我只得不顾一切，来领导侨众做救运工作。"③ 在各方支持下，李清泉以菲律宾中华总会馆、中华总商会和个人的名义发表通告，发起组织全菲性抗日团体。

7月16日，菲律宾华侨抗日救国最高领导机构——菲律宾华侨援助抗敌委员会（简称"抗敌会"，原称"菲律宾华侨援助抗日委员会"，嗣因日本驻菲总领事向菲律宾政府提出抗议，乃将"抗日"改为"抗敌"）在马尼拉正式成立，由李清泉任主席（1940年逝世后由杨启泰继任），杨启泰、薛芬士任副主席，下设抵制日货、抗日宣传和妇女慰劳前敌将士3个委员会，后来为了支持祖国航空事业，又增设航空建设委员会，由杨启泰任会长。翌日，24名常务委员在李清泉监督下庄严宣誓就职，誓词为"尽心竭力，援助抗战，守职奉公，报效国家"。在抗敌会的推动和领导下，10万菲律宾华侨迈入了抗日救国斗争的伟大行列。各地建立的分会共210个，其中马尼拉就有156个。

---

① 《救国时报》，1936年2月24日。
② 《救亡情报》，载广东省档案馆等编：《华侨与侨务史料选编（广东）》（1），广州：广东人民出版社，1991年，第484页。
③ 《新闻晚报》，1940年12月9日。

抗敌会开展了大量工作。在筹募捐献方面，3 年半期间共得 700 余万比索，而在南侨总会集中汇回国的常月捐中，菲华人士捐款数均占南洋各地首位，在抵制日货方面也成绩卓著。抗敌会同时鼓励华侨青年回国从军，约有100 人回国，多在福建军政部第十三补训班受训。又号召华侨司机回国服务，并组织华侨回国慰劳团等。李清泉多次致电陈嘉庚，倡议成立南洋华侨筹赈祖国难民总会，动员侨胞踊跃捐献。

日军占领菲律宾时期，薛派恭、李连朝、施教锯、苏财安、李福寿等 7 名抗敌会骨干遭杀害，杨启泰等人则被长期监禁，1943 年方获特赦释放。各地抗敌会主席和委员，如八打雁省的蔡及时、达沃（纳卯）市的陈清泉、甲万那端市的庄祖武、碧瑶市的杨辉杉等，亦先后遇害。

菲律宾另一个重要的抗日团体是菲律宾华侨店员救亡协会，简称“店救会”，它是菲律宾华侨商店职工的抗日救亡团体。1936 年由参加中华民族武装自卫会菲律宾分会和华侨工商学业余俱乐部的店员发起筹建，1938 年 4 月 24日在马尼拉成立，主要领导人为许立、尤鸿源、张匡时等。店救会主要从事以下工作：举办夜校及各种学习班（如菲语学习班），开展各种文娱体育活动，以提高会员的文化水平；经常举办时事讲座或座谈会，宣传祖国抗战消息和抗日救亡道理，加强抗战必胜的信心；发动华侨店员参加各种抗日救亡活动，以物力、人力支援祖国抗日战争；争取改善店员的生活条件和减少工作时间（每天 10 小时以下，星期日休息），使店员得以有时间参加抗日救亡活动；积极发展组织，建立地区分会。1939 年底，店救会决定成立菲律宾华侨店员救亡协会总会（简称“店救总会”），并加入劳联会。日本占领时期，店救会积极参加抗日反奸斗争，改称华侨店员抗日反奸协会（简称“店抗”）。“二战”后，以“店抗”为基础，建立菲律宾华侨店员团体联合会（简称“店联会”）。

菲律宾华侨抗日反奸大同盟，是日本占领时期菲律宾华侨地下抗日团体。其前身是菲律宾华侨各劳工团体联合会，与菲律宾华侨抗日游击支队（简称“华支”）和《华侨导报》同属中国共产党系统的 3 个兄弟组织。它于 1943 年3 月在马尼拉成立，主席是许敬诚，秘书长是郭健。属下有由工人、店员、青年、妇女和粤侨组成的各团体，简称“工抗”“店抗”“青抗”“妇抗”“粤抗”。该组织主要任务为支援华支的武装斗争，如调配干部、补充兵员、供应军需药品、建立交通站线，以及各种经济援助工作，并支持《华侨导报》的出版和发行，扩大抗日宣传，巩固和发展统战工作，同敌伪工具——华侨协会进行针锋相对的斗争，揭露其丑恶面目。1944 年下半年，它在华侨社区散发传单，张贴标语，举行纪念活动，协助华支马尼拉中队打击敌探汉奸，并提出"反对强迫劳役，争取米粮配给"的口号，鼓舞侨众的斗争意志。美军重占马尼拉前后，菲律宾华侨抗日反奸大同盟配合华支等友团抢救难侨，维持治安，保护华侨生命财产，并设立难民所，收容难侨数千人。日本投降以后，"抗反同盟"改组为菲律宾华侨民主大同盟，不久停止活动。

华侨战地民主血干团成立于 1942 年 7—8 月间，团长为曾任福建省金门县县长的李海若，该团的活动地点在马尼拉，出版有小报《导火线》和《丹心月刊》，并广泛地进行锄奸活动，抗日期间，其团员牺牲数十人。

华侨青年抗日追击团成立于 1943 年底，其成员在战前是华侨店员救国会的骨干，该团第一任团长为陈培德，继任者为蔡振声。其活动主要是配合华侨抗日武装开展抗日斗争，消灭侨奸，并从事护侨和抢救华侨财产、救济和收容难侨等工作。陈培德和蔡振声等 34 名团员先后在抗日斗争中牺牲。

华侨青年战时特别工作总队成立于 1942 年 4 月，领导人为林作梅。其任务是为美军提供日军情报，协助维持治安，在财力和粮食方面给菲正规军及残余美军以帮助。办有油印小报《先锋》。

菲律宾华侨精神总动员协会，成立于 1939 年 5 月 1 日（国际劳动节），从侧面援助抗敌会事业。同时，以各种措施防止因长期抗战而使华侨产生精神动摇为目的。该协会组织大纲规定，协会由下列人士组成：①致力于国民精神总动员宣传工作者；②节约捐献巨金者；③致力于参加劳动服务者；④致力于新生活运动者；⑤其他致力于国民精神总动员运动者。该会职员包括王泉笙、施逸生、陈三多、颜文初、黄海山、黄晓沧、曾廷泉、史国诠。①

三、缅甸华侨抗日组织

抗日战争爆发之前，缅甸有华侨 30 万人。随着日本侵华战争的升级，各地华侨都有抗日救国的愿望。但最初，缅甸华侨"彼此间没有什么联系，没有什么组织，各做各的，好像一盘散沙，结果没有做出什么成绩来"②。1935年华北事变以后，在抗日民族统一战线政策的影响下，次年 1 月 1 日，仰光华侨青年组织了仰光华侨救亡会。20 日又建立了全缅华侨救亡联合会，这是以

---

① 参见崔玉、姚玉民译：《日本对南洋华侨调查资料选编（1925—1945）》（第一辑），广州：广东高等教育出版社，2011 年。

② 《救国时报》，1936 年 5 月 25 日。

华侨青年为主体的华侨抗日联合团体。

1937年10月2日，缅甸华侨抵制日货总会在仰光成立，它在缅甸各地设有分会，主要负责人为徐四民等。该会宗旨是削弱日本经济实力，打击日寇，支援祖国抗战。1938年8月8日，该会在仰光宁阳会馆举办仇货样本陈列所，向侨胞宣传识别和拒购日货。

1937年，缅甸华侨锄奸团成立于仰光，它是缅甸华侨抵制日货总会统辖下的秘密组织，对外公开名称为"促善团"，目的在于打击、惩戒汉奸及奸商，成员均系缅华国术团体骨干，其计划、任务、行动及惩处方法，概由锄奸团五人小组研究决定并付诸执行。锄奸团曾使亲日派闻风丧胆。

全国抗日战争爆发后，当"卢沟桥之警报到达仰光时，全侨热血为之沸腾"[1]。华侨抗日救国怒潮的勃兴，客观上要求有一个协调各界力量的总机关，于是在当地革命组织的积极发动和组织下，华侨抗日救国的联合组织应运而生。1937年7月25日，各界华侨代表聚会仰光，讨论援助祖国抗战事宜。大家一致赞成设立缅甸华侨救灾总会，作为缅甸华侨抗日运动的最高领导机构。8月1日，缅甸华侨救灾总会正式成立，会址设在仰光。总会设立5个具体机关：抵制日货总会、华侨妇女救灾会、救国公债劝募委员会、抗敌宣传委员会、航空建设分会，负责具体的抗日工作。同时在各地设立130多个分会[2]。总会另外组建有监事会，由中国国民党驻缅总支部、华商商会、兴商总会、福建公司、广东公司、云南公司、华侨教育会、工商总会等团体各派一名代表任监事，监察本部救济工作。缅甸华侨救灾总会作为当时全缅最大的救国侨团，在其带动影响下，缅甸华侨社会出现了前所未有的抗日爱国热潮。

四、越南华侨抗日组织

抗日战争时期，越南称作"安南"。抗战前，华侨主要集中在越南南圻地区。由于法国殖民当局明令禁止华侨从事政治活动，因此华侨的抗日救国活动在抗战前只能秘密地进行。全国抗战爆发后，殖民当局放宽了对华侨的限制，驻越的国民党机关也转入了抗日的轨道，这就为越南华侨抗日救国运动的发展提供了良好的环境。在当地革命组织的积极发动和组织下，华侨的抗日救国运动迅速开展起来。7月下旬，堤岸各爱国社团联合组成了抗敌后援会。8月19

---

[1] 《华侨动员》1938年创刊号。

[2] 《南洋商报》（新加坡），1939年8月29日晚版。

日，薄寮华侨救济兵灾慈善会成立。

各地华侨抗日社团的相继建立，为越南华侨抗日救国统一组织的建立奠定了组织基础。11 月底，由欧洲回国的杨虎城和杨明轩途经西贡，他们利用出席各界欢迎会之机，深刻地阐明了联合抗日的道理。在他们的推动下，各界华侨代表经过反复酝酿，于 1938 年初成立了越南南圻华侨救国总会，这是越南华侨抗日救国的联合组织。总会确定动员侨胞援助祖国、扩大宣传救国运动、促成华侨大联合等 17 项任务，主要包括：①领导侨胞拥护祖国抗战；②组织各界侨胞运用集体的力量做援助祖国与保卫祖国的工作；③劝募救国公债和救国捐款；④推行长期月捐运动和根绝日货运动；⑤击破奸人理论与阴谋毒计，惩罚奸人；⑥扩大宣传救国运动，推行节约和慰劳运动；⑦调解侨胞纠纷，促成各界华侨大联合；⑧训练救亡工作干部，介绍各种专门人才回国服务。[1] 可以说，"这个总会的内部成分包括了整个越南的各阶层各党派的大团体"，"无疑地越南华侨是已经建立了抗日的民族统一战线了"。[2]

该会由张长、颜子俊、陶笏庭、陈肇基、张伟堂等任常务理事，其分会遍及南圻各地以及中圻的芽庄、藩切两市。该会在柬埔寨的金边和马德望、桔井，也建立了分会。北圻的河内虽然没有成立分会，但也经常将募到的义款汇寄救国总会。

五、印尼华侨抗日组织

据 1930 年荷印殖民政府中央统计局的调查，侨居印尼各地的华人有 123 万之多。至 1936 年 8 月，印尼共有各类华侨社团 308 个[3]，其中爪哇 170 个，苏门答腊 92 个，婆罗洲 28 个，西里伯斯 12 个，巴厘 2 个，勿里洞 2 个，松巴岛和帝汶各 1 个[4]。这些社团是团结和组织广大华侨进行爱国斗争的重要组织形式，是印尼华侨建立抗日救国统一组织的基础。

全面抗战爆发后，为了统一印尼华侨抗日救国的步调，加强各抗日组织间的联系并形成集体的力量，印尼中华总商会会长丘元荣和著名侨领庄西言发起组织了印尼华侨的抗日联合领导机关，印尼各地的中华商会积极响应。1937

---

① 台北"华侨委员会"编：《华侨总志》，1953 年，第 471 页。
② 《在救亡热潮中的越南侨胞》，《救亡日报》，1938 年 8 月 4 日，见广东省档案馆等编：《华侨与侨务史料选编（广东）》（1），广州：广东人民出版社，1991 年，第 523 页。
③ 荷属东印度政府中央统计局：《1930 年人口调查》（第 7 卷），巴达维亚，1935 年，第 48 页。
④ 侨务二十五年编辑委员会编印：《侨务二十五年》，台北：海外出版社，1957 年。

年 8 月 2 日，印尼华侨抗日救国的联合组织——巴达维亚（今雅加达）华侨捐助祖国慈善事业委员会成立，由丘元荣任主席，庄西言为副主席。会址设在雅加达中华总商会内。该会下辖 34 个团体会员，分布于印尼各地，从而形成自上而下的遍布印尼各地的华侨抗日救国组织的网络。

抗日民族解放大同盟，也是印尼华侨重要的抗日团体，简称为"民大"，是印尼爪哇岛爱国华侨的地下抗日团体，其前身为 1941 年成立的雅加达文化先锋队和泗水民族先锋队。1942 年日军占领爪哇后，两地组织负责人决定团结全爪哇爱国华侨抗日力量共同抗日。1944 年初组成抗日民族解放大同盟，总部设在雅加达，主要领导人有：杨新容（书记）、洪骏声（组织兼联络）、郑曼如（宣传）、詹培（劳工）、叶骥才（财政）、苏兆源（青年、妇女），下设东爪哇、中爪哇、西爪哇 3 个支部，盟员有数百人，遍布雅加达、万隆、茂物、牙律、井里汶、直葛、北加浪岸、三宝垄、日惹、梭罗、泗水、玛琅、谏义里、勿里达、外南梦、茉莉芬、绒网及艮亭等埠。支部以下以"三三制"组成若干小组，开展学习抗战形势及统一战线的方针政策，筹募抗日救国捐款，收听盟军广播，散发传单，宣传祖国及世界反法西斯战争形势，揭露日本侵略军暴行，发动广大华侨开展各种形式的抗日活动。1944 年 10 月，雅加达一个小组遭汉奸特务告密，陈纪煌、陈裕和、沈望青 3 人被捕，受到严刑拷打，沈望青牺牲于狱中。日本投降后，该组织解散。

苏门答腊华侨抗敌协会，是印尼华侨抗日的又一重要团体，为印尼苏门答腊岛棉兰地区华侨地下抗日组织，1942 年 5 月由陈吉海、陈吉满、王金洲、李金涌、霍警亚等人创办于棉兰。主席为陈吉海，各部门负责人如下：财政部为陈吉满、王金洲；组织部为霍警亚、张扬人（原名张彬奎）；宣传部为黄万生、黄锦江；情报部为伍华鉴、黄文胜、吴清吉；武装部为李金涌、吴福进、王桐杰（即王飘萍）；交通部为许英荣、黄茂盛。后因部分领导人有个人英雄主义和盲动主义倾向，不顾客观条件，主张搞暗杀和武装斗争，造成内部意见分歧，组织上发生分裂。几经改组，最后确立了以陈洪（即李明）为核心的领导机构。协会主要工作有：进行抗日宣传工作，编印油印秘密小报《正义报》，后改名为《解放报》《自由报》，揭露敌人的虚伪宣传，传播中国抗日战争和世界人民反法西斯战争胜利消息，鼓舞华侨的爱国热情和斗志。后来又编印印尼文版的油印秘密小报，分发给可靠的印尼友人阅读。此外，协会设立学习小组，以学习中文、英文或印尼文为掩护，传阅油印秘密小报和学习资料，开办时事、理论讲座等。协会还建立白光篮球队等体育团体，团结爱好体育运动的华侨青年。1942 年 9 月，协会开始与赵洪品、周斌等领导的苏门答腊人民抗敌会（后来改名为苏门答腊人民反法西斯同盟，简称"反盟"）联络，并于 11 月（一说 1943 年 2 月）合并为苏门答腊人民反法西斯总同盟，统一领导苏门答腊抗日运动。在 1943 年"九二〇"事件中，由于叛徒王桐杰的叛卖，该组织蒙受重大损失。1944 年 6 月，改名为苏门答腊新生社。

六、暹罗华侨抗日组织

抗战开始后，暹罗侨胞同仇敌忾，抗日救国热情高涨。为了适应新形势的需要，暹罗华侨各界抗日救国联合会在当地革命组织的推动配合下，也在爱国侨领蚁光炎的支持下，成立了暹罗华侨慈善筹赈会，由蚁光炎任主席，许侠任总务主任。筹赈会以暹罗著名的慈善团体"报德善堂"为掩护，在侨胞中开展抗日筹赈活动。

早在"七七"事变发生前夕，在当地革命组织的推动和组织下，暹罗华侨文化界、工业界、商业界及学生界等分别成立了抗日救国会，并于 1938 年 1 月初（一说为 1937 年冬）组成了暹罗华侨各界抗日救国联合会（简称"抗联"），在广大侨胞中进行半公开的抗日宣传和组织活动，负责人为许一新、李华、黄耀寰、许侠、吴琳曼（吴林满）等，首任主席为许一新。同年春节，"抗联"发动学校组织舞狮队，募捐援助八路军，许一新、许侠、吴琳曼三人因此被捕。"抗联"宗旨是组织人力、物力，支援祖国抗战。为实现这一宗旨，"抗联"广泛进行抗日宣传，征募救国捐，举办义演、义卖，捐募伤兵衣服、药物，推销救国公债，组织回国服务团，发动和输送大批爱国华侨青年回国参加八路军、新四军、琼崖纵队、东江纵队等。参加抗联的单位有华侨工人抗日救国会、华侨学生抗日救国会、华侨妇女抗日救国会、华侨文化界抗日救国会、华侨各界抗日救国会、华侨民族抗日先锋队以及各地方的华侨抗日救国会、后援会等。其组织遍布泰国各地，会员共有 10 万余人，每月征募的救国捐有 20 万铢（按当时币值合 84 700 美元）。1939 年，銮披汶（Luang Phibul Songkhram）政府执行亲日政策，泰国各种抗日活动均遭压制。1941 年 7 月，"抗联"解散，各抗日团体遂分散独立活动。同年 12 月，日军占据泰国后，所有骨干及积极分子分别转至泰国抗日义勇队及其他地下抗日团体活动。

第二节 欧美华侨抗日救国团体

"九一八"事变后，英国、法国、德国、瑞士、苏联、意大利、比利时、荷兰等国华侨便陆续开展抗日救亡运动，自发建立许多抗日救亡组织，但较为分散。1936 年 9 月下旬，因救国联合会代表陶行知、钱俊瑞以及学联代表陆璀等人的大力倡导，全欧华侨抗日救国联合会成立，宣告欧洲华侨抗日救国联合战线正式形成，并发表成立宣言，提出了全欧华侨的政治主张：

第一，在军事上，应当停止一切内战，团结全国军事实力，组织抗日救国军，武装民众，收复失地，保护祖国的主权和领土。

第二，在政治上，应当不分党派，一致合作，确定民主制度，给人民以救亡结社集会议论出版之自由，释放一切政治犯。

第三，在外交上，应当联合英、美、法、苏及一切同情于中国民族解放运动和致力世界和平的国家和民族，共同奋斗；建议与这些国家订立互助公约，确立太平洋集体安全，拥护国联盟约及国际维护和平公约并对侵略者加以严厉抵制。

第四，在经济上，应当厉行缉私，抵制仇货，禁止敌人收买工厂和农产原料，反对减低对日关税，废除苛捐杂税，振兴民族工商业和农业，救济灾荒，改善人民生活，保护侨胞安全和一切权利。

第五，在文化上，应当普遍实施抗日教育，发扬自卫救亡的文化，坚决反对敌人在中国实行奴化教育。①

美洲华侨派系众多，长期隔阂。但在"九一八"事变后，各派深受日本侵华刺激，开始捐弃前嫌，走向团结。"七七"事变之前，美国各地华侨纷纷组织救亡团体，当时在纽约就有美洲反帝大同盟、纽约华侨衣馆联合会、纽约华侨失业会、纽约中国学生会等救亡团体。1936 年 1 月 19 日，在这些救亡团体的共同努力下，一个不分党派、团结一致的抗日救亡团体，即纽约全体华侨抗日救国会宣告成立，其活动的根本宗旨是"不分党派，联合海内外民众，

① 《全欧华侨抗日救国会成立发表宣言（1936 年 9 月）》，广东省档案馆等编：《华侨与侨务史料选编（广东）》（1），广州：广东人民出版社，1991 年，第 480~481 页。

实行武装自卫，反对一党专政，促进国防政府，积极抗日，扫除一切汉奸"①。该会积极从事宣传中国抗战事业的正义性和艰苦性，争取美国朝野对中华民族抗日斗争的同情和支持。

"七七"事变后不久，纽约华侨成立了纽约全侨抗日筹饷总会，专职在中西人士中募款，支持中国抗日战争。在旧金山，旅美华侨组织了旅美华侨统一义捐救国总会（简称"旅美救总"），由当地著名侨领邝炳舜等人领导，其下辖47个分会，遍布全美大中小城市，加上其他的救亡团体组织，共有95个华侨救亡团体。

特别指出的是，抗战期间美国华侨妇女组织增多，而且也相当活跃。1937年8月16日，檀香山妇女献金会成立，1945年12月自动解散。八年间，入会的华侨妇女有2 700余人。1939年，旧金山成立妇女新生活运动会。随后，洛杉矶、芝加哥、纽约等城市也相继成立同类组织。此外，其他的妇女抗日救国组织还有不少，如女子方圆社、中华妇女救国会、妇女诚志会、妇女协会，萨克拉门托的妇女尚志会，波特兰的妇女协进会，西雅图的少妇会，纽约的妇女志愿服务会、妇女救国会，华盛顿的中华妇女会等。

美国华侨的抗日救国社团经历了由分散到集中的发展过程。美国地域广阔，华侨社团林立，但除个别社团外，各地的抗日团体大都分属四个最高级别的抗日救国组织领导。美国东部的抗日团体隶属于纽约全侨抗日筹饷总会；美国西部的抗日团体由旧金山市旅美华侨统一义捐救国总会管辖；美国中部的抗日社团归芝加哥华侨抗日救国筹饷会统一指挥；夏威夷华侨的抗日团体由檀香山祖国伤兵难民救济总会领导。

为了统一全美抗日救国的步伐，加强团结，争取抗日战争的最后胜利，1943年9月，全美华侨筹饷机关代表大会在纽约举行，出席大会的67位代表分别来自全美36个大中城市。大会选举邝炳舜、梅友卓、刘思初、陈泽民、谭赞为主席团成员，赵鼎荣为大会秘书长。大会总结了美国华侨筹饷运动、国际宣传运动、抵制日货运动和加强自身团结的经验，制定了"严密组织，加强救国力量，加强国际宣传，团结一致，争取胜利"的新方针。会议决定统一全美各埠华侨救国会的名称，并在波士顿、圣安东尼奥、西雅图另外设立执行机关，负责美国东南部、南部和北部华侨的抗日救国工作。会议讨论通过了《旅美华侨普遍捐款细则》，规定美国华侨，不论男女老少，均负有抗日救国

---

① 《上海文化界救国会会刊》，1936年3月28日。

之责，凡 16 岁以上者，均须交纳抗日救国月捐。①

　　值得一提的是，当时美洲华侨中洪门组织势力较大。孙中山在 1904 年赴美动员侨胞支持革命时，见识了当时美国华侨堂会之盛况。他在《重订致公堂新章》中说："凡华人所到之地，莫不有之，而尤以美国隆盛。"② 梁启超也提到，仅旧金山一地便有 26 个堂所，"其挂名列籍于致公堂者，殆十而七八"③。1907 年，冯自由在美国时也看到美国华侨中堂会之昌盛。他说："旅美华侨之洪门团体，号致公堂，总部设于旧金山大埠，他如纽约、芝加哥、波士顿、圣雷士罗省、费城、砵仑、舍路等数十埠，皆设分堂。凡有华侨驻在之地，无处不有之，咸隶于旧金山。华侨列籍堂内者，占十之八九。"④ 抗战期间，洪门领袖如司徒美堂等人积极奔走呼吁，不仅将美国华侨堂会组织动员起来支持祖国抗战，也将整个美洲的洪门人士组织动员起来。当时美洲有洪门机关五百余处，会员十余万人。为组织美洲洪门人士团结抗战，1939 年 7 月，全美洲洪门各堂代表相聚在墨西哥首都墨西哥城，召开全美洲洪门代表大会，重申民族革命之宗旨，宣言维护抗战到底。为统一全美洲洪门组织，以之为抗战后盾，会议决定于纽约成立全美洲洪门总干部。⑤ 这是继南洋华侨筹赈祖国难民总会之后的又一个跨国性华侨救国组织。全美洲洪门总干部把分散在美洲各地华侨堂会的力量统一组织起来，团结在抗日救国的旗帜下，打破各堂会界限，结束了美洲堂会长期堂号林立、互不团结的局面，使美洲华侨堂会的抗日救国工作进入了一个新的历史阶段，奠定了美洲华侨堂会抗日阵线的基本格局。1939 年 10 月，全美洲洪门总干部假座美东致公总堂举行成立典礼。各国洪门机关电函致贺，"如雪片纷纷驰来，可见各国洪门人士热诚维护总干部，团结其伟大力量，重振其革命精神，统一意志，采取集体行动，以全力为祖国抗战之后盾也"⑥。

　　"九一八"事变爆发后，旅加华侨迅速组织起多种形式的抗战团体。蒙特利尔的华侨早在 1931 年 10 月就组建了抗日会。1932 年间，卡尔加里有华侨抗

　　① 黄慰慈、许肖生：《华侨对祖国抗战的贡献》，广州：广东人民出版社，1991 年，第 28 页。
　　② 中国社会科学院近代史研究所、中华民国史研究室主编，陈民编：《中国致公党》，北京：文史资料出版社，1981 年，第 4 页。
　　③ 福建师范大学历史系华侨史资料选辑组编：《晚清海外笔记选》，北京：海洋出版社，1983 年，第 210 页。
　　④ 冯自由：《革命逸史》（六），北京：中华书局，1981 年，第 39 页。
　　⑤ 《国民参政会与政府慰勉美洲洪门人士》，《大汉公报》，1940 年 4 月 5 日。
　　⑥ 《洪门总干部成立纪盛》，《大汉公报》，1939 年 10 月 18 日。

日后援会，维多利亚有华侨拒日救国会，多伦多有安大略省华侨拒日救国会，温尼伯也有一华侨抗战救国团体。"七七"事变后，加拿大各埠先后成立了各种抗日团体，这些团体在组织结构上大致分为几种：一种是在某个大城市唐人街成立总会，各地成立分会；一种是在各地以成立目标为名字，但是互不相关的团体；一种是各埠各侨团自己组织的团体。除了各埠的拒日总会和拒日分会外，加拿大华侨著名的抗日团体还有温哥华华侨外交协进会、驻温哥华加拿大华侨义捐救国总会、温哥华华侨购机抗敌筹款委员会、温哥华航空建设支会、温哥华华侨救国筹饷总局、域多利华侨劝募救国公债支会、域多利洪门拒日协进会、占尾利华侨抗日会、乃磨洪人拒日救国会、多伦多华侨统一救国总会、渥太华洪门救国协进会等等。①

抗日救亡团体不仅在美加蓬勃发展，而且在美洲很多华侨集中的国家和地区也普遍建立起来。古巴有抗日救国总会，墨西哥有拒日救国会，巴拿马有华侨救国总会。据不完全统计，抗战期间美洲的救国团体有 156 个。②

另外，在大洋洲、非洲等华侨人数较少的地区也成立很多抗日救国组织。非洲华侨在"七七"事变以后也纷纷成立抗日救国组织。据国民政府侨务委员会的统计，抗战时期，非洲华侨共成立了 25 个救国团体，计南非联邦 5 个，葡属东非 5 个，法属东非 14 个，毛里求斯 1 个，实际数量则更多。③ "七七"事变后，毛里求斯各界华侨将过去组织而后停顿数年的华侨救国会进行了彻底改组，后来又更名为毛里求斯华侨抗敌后援会（简称"抗敌后援会"）。抗敌后援会号召以捐款的方式支援国内的抗日战争，华侨在"国家兴亡，匹夫有责""有钱出钱，有力出力"等口号的动员下纷纷慷慨解囊。抗敌后援会实际上是华侨各界人士的共同组织，主要由华商总会、护商总会、仁和会馆、南顺会馆、新华学校、培英学校及国民党驻毛里求斯直属支部等组织联合组成，委员有 35 人。抗敌委员会还聘请了当地热心侨务的 20 余人为干事，以国民党直属支部及华商总会"负总管之责"④。

大洋洲华侨抗日救国团体有澳大利亚悉尼华侨抗敌救国后援会、新西兰华侨联合总会等。

---

① 黎全恩、丁果、贾葆蘅：《加拿大华侨移民史：1858—1966》，北京：人民出版社，2013 年，第 416 页。
② 李春辉、杨生茂主编：《美洲华侨华人史》，北京：东方出版社，1990 年，第 712 页。
③ 李安山：《试论抗日战争中非洲华侨的贡献》，《世界历史》2000 年第 3 期。
④ 李安山：《非洲华侨华人史》，北京：中国华侨出版社，2000 年，第 371 页。

总之，在整个抗日战争时期，以"全欧华侨抗联会""南侨总会""旅美华侨救国会"三大洲际侨团为核心，各国华侨在全世界建立了 3 541 个华侨爱国团体（另有说法为 3 940① 个）。具体如表 3 - 1：

表 3 - 1　抗日战争时期世界各地侨团统计表（中国香港、澳门不计算在内）

洲别	救国团体（个）	社会团体（个）	职业团体（个）	合计（个）
亚洲	705	1 586	659	2 950
北美洲	95	125	15	235
南美洲	48	105	51	204
欧洲	3	6	4	13
非洲	25	20	6	51
大洋洲	25	53	10	88
合计	901	1 895	745	3 541

资料来源：《现代华侨》1941 年第三卷第二、三期合刊。

表 3 - 2　海外华侨主要抗日救亡团体序列表

地区	组织名称	成立时间	主要领导人
亚洲	南洋华侨筹赈祖国难民总会	1938 年 10 月 10 日	陈嘉庚　庄西言　李清泉　侯西反　李铁民
	马来亚新加坡华侨筹赈祖国伤兵难民大会委员会	1937 年 8 月 15 日	陈嘉庚
	马来亚华侨抗敌后援会	1937 年 8 月	戴英浪
	中华民族解放先锋队新加坡队	1937 年 9 月	施方平
	菲律宾华侨援助抗敌委员会	1937 年 7 月 10 日	李清泉　杨启泰　薛芬士
	菲律宾华侨各劳工团体联合会	1936 年	许敬诚　郭健
	荷印巴达维亚华侨捐助祖国慈善事业委员会	1937 年 8 月 2 日	丘元荣　庄西言
	缅甸华侨救灾总会	1937 年 8 月 1 日	陈占梅
	越南南圻华侨救国总会	1938 年初	张长　颜子俊　陶笏庭
	暹罗（泰国）华侨慈善筹赈会		蚁光炎　许侠

---

① 参见中国抗日战争史编写组：《中国抗日战争史》，北京：人民出版社，2011 年，第 286 页。

（续上表）

地区	组织名称	成立时间	主要领导人
美洲	旅美华侨统一义捐救国总会（旧金山）	1936 年 4 月 26 日	邝炳舜　何少汉　陈笃周
	纽约全体华侨抗日救国筹饷总会	1936 年 11 月 7 日	司徒美堂　陈光润
	芝加哥华侨救国后援会	1936 年 8 月	梅友卓　李伟泮　谭赞　周宇凡
	加拿大华侨抗日救国筹饷总会（温哥华）		
	墨西哥华侨抗日后援总会	1936 年	
	旅古华侨抗日后援总会（古巴）	1937 年 7 月	朱家兆
	秘鲁华侨抗日筹饷总会		
欧洲	全欧华侨抗日救国联合会	1936 年 9 月 20 日	王海镜　陶行知　胡秋原
	旅英华侨抗日救国会	1936 年	
	法国巴黎中华民众抗日救国会	1936 年 1 月 28 日	
大洋洲	澳大利亚悉尼华侨抗敌救国后援会		
	新西兰华侨联合总会	1937 年 9 月 26 日	
非洲	模里斯（毛里求斯）华侨抗敌后援会		
	马达加斯加华侨抗日救国总会		

资料来源：http：//www.chinaqw.com/node2/node2796/node2882/node2896/node3248/node3255/use-robject6ai240598.html。

第四章

战时华侨对祖国的财力捐输

对于战时的中国来说，坚持长期抗战，需要一定的经济力量作保证。在中国战时财政拮据的情况下，国共两党开展了卓有成效的侨务工作，同时，广大华侨出于强烈的爱国爱乡情怀，慷慨踊跃为祖国抗战捐款，形式多样，对于中国坚持持久抗战，直到取得抗日战争的最后胜利，起到了重要作用。

第一节　捐　款

战时华侨社会开展了广泛而深入的捐款活动。华侨捐款持续的时间长，人数多，范围广，数量大。从时间来看，华侨为祖国抗战的捐款从"九一八"事变时开始，一直持续到抗战胜利，长达 14 年。从人数和范围来看，当时全世界五大洲共有华侨约 800 万人，其中有 400 万人为祖国抗战捐过款，占华侨总人数的一半之多。从数量来看，据当时国民政府财政部统计，整个抗战期间华侨捐款总数为国币 1 322 592 652 元，但这个数据并不能完整反映华侨的捐款数额。实际上，华侨捐款的途径是多元的，有的捐款直接汇寄给各军队，有的交给红十字会，有的寄给侨务委员会。[①]

抗战期间，世界各地华侨无论是孩童、老者、男性、女性、富商、贫民都参加了这场规模庞大的募捐活动。在这场空前浩大的捐赠运动中，侨胞们创造了灵活多样的募捐方式。主要有：①月捐，或称作"常月捐"；②认购债券：包括救国公债、金公债、国防公债、军需建设公债、节约建国储蓄券；③义卖；④义演；⑤特别捐：婚丧费用、筵席费用、伤兵之友捐；⑥寒衣捐；⑦汽车捐；⑧飞机捐；⑨捐献物品：药品、军用物品；⑩难童捐；⑪机工捐；⑫节日捐，七七献金、双十献金；⑬医药金；⑭货物捐；⑮节食捐。[②]

一、马来亚

在马来亚，从 1937 年 7 月至 1941 年，华侨义捐和购债总额为国币 1.612 亿元。其中，南侨总会成立前为 2 000 万元，其后为 1.512 亿元，平均每人义捐 74 元。其中，新马地区的惠州籍华侨就积极捐助抗战经费，赈济伤兵、难民。新加坡惠州籍华侨商议决定，按每户家产的 10% 拨作救国之用，仅两个月就募集国币 10 万元。1939 年 2 月 25 日，南洋惠侨救乡会在吉隆坡惠州会馆

---

① 李盈慧：《抗战中的华侨：开展波澜壮阔的救亡运动》，《社会科学报》，2015 年 9 月 5 日。
② 李盈慧：《抗战中的华侨：开展波澜壮阔的救亡运动》，《社会科学报》，2015 年 9 月 5 日。

召开第二次代表大会，决定在南洋进一步广泛发动义捐，将所捐资金的 40%
献给新四军，40% 献给东江人民抗日游击队，20% 作为惠州难民救济费。会
后，各地分会立即掀起捐献热潮，富者一次捐几百、几千甚至上万元，工人、
店员献出每月工资的 5%～10%，有的家庭妇女捐献出珍贵的首饰甚至订婚纪
念戒指。吉隆坡惠州会馆循人学校全体师生组织义演队举行文娱表演，入场券
5～100 元叻币不等，由侨胞自愿选购，所得收入全部捐献给祖国。据统计，
1937—1941 年间，南洋惠侨救乡会共捐献、筹募国币 3.8 亿元，全部用来支
援祖国抗战。[①]

　　马来亚广大琼侨在其侨领的组织领导下，也积极投入了募捐救国救乡的洪
流。1939 年 2 月 28 日、29 日两晚，新加坡"南星剧团"在新世界戏院演戏筹
赈。演出前，南洋英属琼州会馆执委、常委符致逢等琼侨领袖亲临主持募捐动
员。他提到，"钱是很难赚得来的"，但是"钱花在建设社会事业，干救国工
作，是花得最有意义。我们如无钱也须出力，这次'南星剧团'是'出力'
救国救乡的最好模范"。[②] 与此同时，在南洋各埠举行的"琼侨国民精神动员
宣誓典礼"上，各属侨领都亲自登台演讲，号召琼侨回乡服务，并以身作则
带头募捐。在爱国侨领的带动下，南洋各属琼侨的救国救乡募捐运动富有成效
地开展起来。除了富商巨贾大额捐献外，广大贫苦琼侨也个个节衣缩食，甚至
变卖自己微薄的家财来捐献。据不完全统计，仅 1939 年 4 月至 10 月间，南洋
各属琼州会馆联合会救济琼崖难民会收到马来亚各埠分会救乡捐款就有港币
46 381.75 元、叻币 41 020.18 元、国币 15 000 元[③]。

　　1938 年 12 月，由音乐家夏之秋率领的武汉合唱团去马来亚各地义演，为
祖国募集救灾等款项，陈嘉庚以南侨总会的名义，给予多方面的支持和帮助。
早在"七七"事变后，夏之秋就在汉口和武昌组织起两支歌咏队，进行抗日
宣传活动。这便是武汉合唱团的前身。1938 年，随着战局的变化，武汉也危
在旦夕。夏之秋与队员们几经商议，决定赴南洋一带去宣传抗日，争取华侨对
祖国抗战的支持。在此背景下，武汉合唱团正式成立了。

　　1938 年 12 月中旬，武汉合唱团来到了新加坡。夏之秋拜见了陈嘉庚，受

---

①　引自《惠州市志》（四），广东省情网，http://www.gd-info.gov.cn/books/dtree/showSJBookContent.jsp? bookId = 16145&partId = 102&artId = 74121。

②　《南星剧团在新世界演筹赈戏，符致逢、韩钏准勉励琼侨救济琼崖》，《星洲日报》，1939 年 3 月 30 日。

③　《琼侨联合会报告经收各埠分会义捐》，（新加坡）《南洋商报》，1939 年 11 月 7 日。

到热情接待，陈嘉庚先生表示将大力支持合唱团的活动。为此，他委派了筹赈会的两位秘书潘国渠和黄奕欢照料合唱团的生活和演出。在筹赈会的安排下，合唱团的工作顺利开展起来。

1938 年 12 月 18 日晚，合唱团在"星华各侨团学校"组织的欢迎大会上"首次亮相"，引起轰动，观众和各报交相赞誉。12 月 22 日，他们正式在新加坡的卡必都戏院公演，一连 8 晚，场场满座。在市民的要求下，合唱团在此又加演了 8 场。此后，合唱团在新加坡的"大世界""新世界""快乐世界"三大艺场轮流演出。直到 1939 年 5 月，开始转到马来亚各地巡回演出，除了合唱，合唱团还演出了《放下你的鞭子》《扬子江暴风雨》《三江好》《人性》《雷雨》等音乐剧和话剧。

马来亚华侨对于合唱团的募捐演出，反应非常热烈。无论是在繁华的都市，还是在偏僻的渔港，每当演出完毕，观众捐款都十分踊跃。仅在马来亚巡演的第一站柔佛，合唱团就募得 40 万元。在麻坡的一次义卖演出中，一个花篮曾卖得 20 多万元。该团于 1939 年"七七"之日在吉隆坡演出爱国话剧《逃难到雪兰莪》时，侨胞大受感动，当场捐款共 27 300 余元。

在马来亚各地的巡演，都由当地华侨工商界知名人士带头认捐，演出时以捐款最多的一人之姓名命名为"某某先生之夜"或"某某女士之夜"。

合唱团在演出的一年多时间里，募到捐款有叻币 200 多万元①，折合当时国币近 2 000 万元。

武汉合唱团的南洋巡演，收获的不仅仅是巨额的捐款。在马来亚，曾有一个 6 岁的小女孩，把妈妈给她买午餐的零用钱全部捐给了合唱团，饿着肚子一遍又一遍地听他们演唱。1939 年 7 月，筹赈会举办了纪念"七七"事变两周年的义卖活动，这个小女孩随姐姐一道，拿着花，唱着潘国渠、夏之秋专为这次义卖活动创作的《卖花记号》，上街义卖。歌声在她年幼的心中也播下了热爱祖国的种子。新中国成立后，她毅然回到祖国，后成为一代著名歌唱家，她就是叶佩英。一位名叫黄源尹的华侨青年，闻说合唱团的活动后，独自从印尼苏门答腊家中出走，找到夏之秋，希望加入合唱团。彼时合唱团的活动已将结束，夏之秋便对黄源尹说："要爱国，就要回到祖国去，和祖国人民一道共同奋斗！"黄源尹毫不犹豫地答应了。随夏之秋回国后，他考入上海国立音专学

---

① 《武汉合唱团南来筹赈》，许云樵主编，蔡史君编修：《新马华人抗日史料（1937—1945）》，新加坡：文史出版私人有限公司，1984 年，第 112 ~ 113 页。

习声乐，后也成为一位著名的歌唱家。

马来亚煤炭山华侨欢迎武汉合唱团巡演（1939 年 9 月 11 日）

金山、王莹所率领的新中央剧团为扩大海外抗战宣传，协助侨胞救国工作，曾在中国香港及越南两地举行多次大规模的筹款义演，宣扬抗战，成绩卓著。剧团于 1940 年 6 月来到马来亚，南侨总会与之合作，主持一切义演事宜。剧团足迹达柔佛、马六甲、森美兰、雪兰莪各区大小 20 余地，为期 6 个月，义演 27 次，大小 80 余场，筹得赈款达叻币 700 余万元。

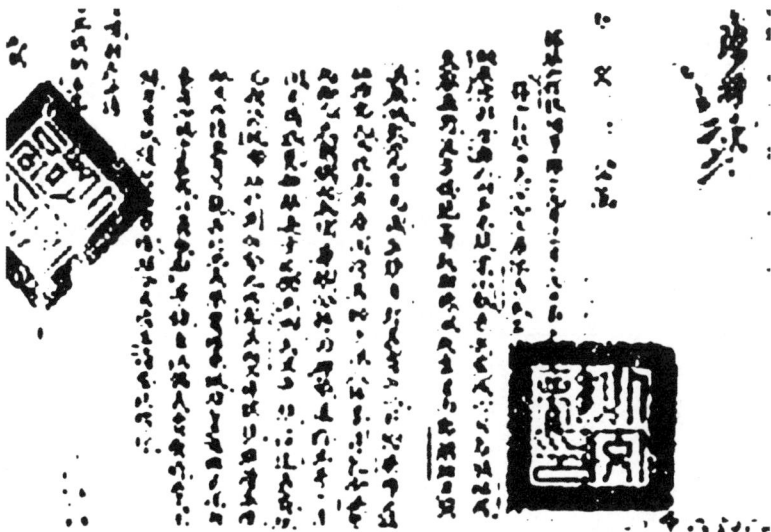

英属北婆罗洲山打根华侨瓜子小贩郑潮炯鬻子献金。图为国民政府褒奖郑潮炯的档案

马来亚华侨为祖国捐款的事迹中，有很多令人感慨万分的故事。马来亚乞丐赖凉，年逾花甲，某天乞得4.4角，除饭费外尚余3角。他手持木杖步行至救难会，把余钱献出后说："余虽行乞，尚能平安度日，较之祖国难民，饥号啼哭家破人亡，则优越得多多亦！"这件事在马来亚华侨中震动很大，赖凉被誉为"伟大的乞丐"。山打根小贩郑潮炯曾多次参加义卖活动支援抗日。1940年，他因经济困难，无法捐款，忍痛将自己的第四个孩子卖给别人，得叻币80元，全部捐给筹赈会。此后，他奔走于15个城镇间，沿途劝捐，筹得叻币2 800元，也全部交筹赈会汇回祖国。[①]

二、菲律宾

在菲律宾，据国民政府驻马尼拉总领事馆1939年7月的统计，自"七七"事变至1939年5月，菲律宾华侨先后汇出的捐款及公债共计菲币784万，约合国币1 710万，当时菲律宾有华侨10万人，平均每人捐国币171元。[②]

菲律宾华侨在抗日救国运动中，在南洋各侨社中，如按人平均，其捐款贡献最大。抗战爆发后，菲律宾华侨积极捐输，其数额参见表4-1：

表4-1 1937年7月至1939年5月菲律宾华侨支援抗战各种捐款统计表

救国公债	3 260 872.05 比索（国币 5 517 550.00 元）
常月捐	2 569 238.47 比索（国币 6 156 313.15 元）
航空建设捐	1 253 720.52 比索（国币 3 598 025.56 元）
慰劳将士捐	
救济难民捐	685 753.81 比索（国币 1 544 653.23 元）
一元捐	83 315.00 比索（国币 257 187.94 元）
港币	159 838.61 元
总计	7 852 899.85 比索（国币 17 103 929.88 元）

资料来源：黄晓沧编著：《菲律宾岷里拉中华商会三十周年纪念刊》（以下简称《商会纪念刊》）（甲编），马尼拉：拉民立印书馆，1937年，第157页。

---

① 陈天绶、蔡春龙：《陈嘉庚之路》，武汉：湖北人民出版社，2005年，第167~168页。
② 《二年来菲岛侨胞捐款概述》，《新闻晚报》，1939年7月6日。

　　航空捐是菲律宾华侨捐献运动中开展得最为热烈的一项。"九一八"事变后，中国航空建设协会在马尼拉设有直属支会，菲岛各省市也都设立分会，专门负责募捐飞机工作。"一·二八"事件发生时，闽籍印尼华侨黄奕住先生（中兴银行股东之一）恰在菲律宾，在菲律宾华侨大倡航空救国时，慨捐 5 万比索，"闻者为之感动"①。中国航空建设协会马尼拉支会理事会主席李清泉，于 1933 年 1 月慨然独捐战斗侦察机一架，约值 2.5 万比索，"以为侨界倡"。在他们的影响下，木商会也同意捐给航空分会 2 万比索。② 抗战爆发后，菲律宾华侨成立以杨启泰先生为领导的中国航空协会菲律宾分会，他所领导的菲律宾华侨铁商会，首捐 20 万比索（当时 10 万比索可购机一架），以为倡导。据统计，抗战头三年间，菲律宾华侨献机捐款达 490 万比索（2 比索合 1 美元）③，足以武装一个空军师。

　　菲律宾华侨的捐款活动较为广泛，遍及整个华侨社会。无论富商巨贾，还是升斗小民、男女老少，都热情地克己捐输。侨领更是以身作则，捐资纾难。李清泉先生尤为表率，甚至在他弥留之际，仍嘱托将 10 万美元送中国政府作为救济难民之用。④ 一般华侨也群起仿效，"爱国面包"的义卖义买活动给人留下深刻的印象。这是由学童杜兴桥的爱国行动激发起来的。1937 年 9 月，14 岁的华侨学生杜兴桥将其多年积攒的 26 比索零用钱全数购买面包，载送华侨妇女慰劳会，请代送前线军人。但因面包不便寄送，妇女慰劳会决定将面包出售，然后将款寄回国内。她们把这些面包命名为"爱国面包"，举行义卖，结果得款 3 000 比索。《华侨日报》盛赞此义举"以 26 元之资而化成 3 000 元之款，侨人好义固可嘉，童子热诚尤足使人兴奋"⑤。在此次义卖义买运动中，侨胞争先恐后购买，"爱国面包"很快被抢购一空。

　　菲律宾华侨踊跃捐献，做出了卓著的成绩，人均捐献数居南洋各侨社之首。菲律宾华侨不论在人口的绝对数方面，还是在人口比重方面，都比南洋绝大多数国家低得多。但以人均捐献数计，在南洋地区甚而全世界各地华侨中，菲律宾华侨却位居前列。

---

　　① 黄晓沧编著：《菲律宾岷里拉中华商会三十周年纪念刊》（甲编），马尼拉：拉民立印书馆，1937 年，第 157 页。

　　② 《华侨日报》，1933 年 1 月 19 日。

　　③ 陈烈甫：《东南亚洲的华侨、华人和华裔》，台北：正中书局，1979 年，第 194 页。

　　④ 阳阳：《华侨巨擘，爱国楷模》，《华声报》，1955 年 2 月 19 日。

　　⑤ 《华侨日报》，1937 年 11 月 11 日夕刊。

就航空救国而言，抗战时期菲律宾华侨航空捐仅次于美国华侨，在南洋地区中则首屈一指。[①] 据《南侨回忆录》记载，1935 年至 1940 年，南洋各属华侨人均捐款数，菲律宾华侨也居前列。

在轰轰烈烈的华侨抗日救国运动中，菲律宾华侨妇女也积极行动起来，充分发挥"半边天"的作用。抗日战争开始，中国妇女慰劳自卫抗战将士会（简称"妇慰会"）成立后，菲律宾华侨妇女积极响应，成立中国妇女慰劳自卫抗战将士会菲律宾分会，推选李清泉夫人颜受敕（福建晋江县多井镇溜江人）任主席，漳州籍侨领杨启泰的夫人任副主席。菲律宾华侨"妇慰会"的领导成员大都是侨界知名人士的夫人，平时很少出门。但是，在祖国处于亡国亡族的危急关头，在轰轰烈烈的华侨抗日救国运动中，她们毅然脱下旗袍和高跟鞋，走出家门，冒着烈日酷暑，走街串巷，挨家挨户，向华侨妇女宣传抗日救国，筹募捐款，组织义卖，抵制日货，赶制寒衣，支援祖国的抗日战争，并取得很大成绩。仅筹募捐款一项，从 1937 年 2 月至 1940 年 6 月，由菲律宾华侨"妇慰会"经手筹募的各种捐款就达菲币 774 314.85 比索，折合当时的国币 1 310 420 元。具体内容如表 4 - 2：

表 4 - 2 菲律宾华侨"妇慰会"经手筹募各种捐款简表（1937 年 2 月—1940 年 6 月）

（单位：比索）

项目	1937 年起	1938 年	1939 年	1940 年 6 月止	小计
中国工合社		44 916.72	84 751.25	16 027.17	145 695.14
救济金	29 291.12	106 233.87	17 597.95	42 126.75	195 249.69
慰劳金		22 407.45	9 674.88	5 438.45	37 520.78
寒衣捐	11 829.40	23 286.64	110 856.63		145 972.67
医药品购入捐	21 529.93	99 286.64	37 576.84	8 262.68	166 656.09
伤兵之友社				22 888.69	22 888.69
其他	10 128.43	36 103.20	5 615.24	8 484.92	60 331.79
合计	72 778.88	332 234.52	266 072.79	103 328.66	774 314.85

资料来源：《福建华侨与抗日战争》，http://www.chinaqw.com/node2/node2796/node2882/node2896/node3248/node3250/userobject6ai251057.html。

---

① 骆明卿：《菲律宾侨团在支持祖国抗日救亡运动中的作用（1931—1941）》，《南洋问题》1984 年第 4 期。

三、荷属东印度

在荷属东印度（印尼），"九一八"事变后，各地华侨开展了各种形式的募捐运动。"七七"事变以后，募捐运动走向高潮。印尼各地华侨到处张贴"节食救国"和"踊跃输将"等标语，号召华侨有钱出钱，有力出力，共赴国难。各地华校师生热情积极，是募捐的主力军。曾任全国侨联主席、当时在吧城八华学校执教的张国基回忆说："记得那时每逢农历年除夕的夜市和元宵节等重大节日，学校师生就上街募捐，用事先准备好的鲜花，向过路行人插花劝募，我们还登门向有钱人家劝募或举行各种义演、义卖等。"[1] 棉兰苏东中学第八附小的小学生谭洪务及林天福等人利用儿童节放假，主动将平日积蓄献出，合买虾饼，然后再去发售，将所得款项支援祖国同胞，其他各个学校都纷纷分组出动募款，共得款 1 089.12 盾，汇回祖国。[2] 坤甸华侨将原来的春祭扫墓活动改为节食助赈，将所得款项用以救助祖国难胞。该埠慈善委员会自 1938 年 3 月 31 日至 4 月 10 日短短 10 天，即收到各方义款 13 318.19 盾。山口洋赈委会很快就募得 12 537 盾。[3] 吧城华侨李健丰、陈维松及汤宗伯在几个月内襄助抗战军费达 2.3 万盾，汤宗伯自己又另捐 3.6 万盾。[4] 泗水华侨成立"土产商赈灾会""青年募捐队"和"工人募捐队"，筹得巨款汇给八路军，这些捐款足可建两三个医院。当时延安一份油印简报就此发了消息，盛赞泗水华侨爱国壮举。苏门答腊南部的小镇丹榕艺林，只有 100 来户华侨，也掀起了支援祖国抗战的热潮。不仅当地侨胞组织了筹赈会，学生们成立募捐队，开展抗日救国工作，当地华侨热情捐款，印尼朋友也把铜币投进募捐箱。[5]

各地侨胞捐款也涌现了许多感人事迹。如坤甸华侨马细旦，足废多年不能行走，更不能工作，终日以手代步，爬行到街上行乞度日。抗战开始后，他见国内同胞惨遭屠杀，深为愤慨。他爬到街上，向侨胞发表演说，痛陈祖国难胞惨状，听者无不动容，纷纷给钱。他将两日行乞所得之 40 盾交到慈善委员会

---

① 张国基：《抗日战争中的华侨》，《中国建设》1985 年第 8 期，第 25 页。
② 《苏岛儿童在庆祝儿童节中不忘祖国战区难民》，《华侨战士》，1938 年 5 月 16 日，第 25 页。
③ 《坤甸华侨救亡动态一览》，《华侨战士》，1938 年 5 月 16 日，第 23 页；《荷属山口洋华侨赈委会印发第一期赈款征信录》，《华侨战士》，1938 年 5 月 16 日，第 22 页。
④ 郑鸿儒：《华侨救国阵容的总检阅》，《华侨战线》1938 年第一卷第三、四期合刊，第 42 页。
⑤ 肖强：《印尼丹榕艺林侨胞爱国抗日记事》，载《汕头侨史论丛》（第一辑），1936 年，第 281 ~ 282 页。

转汇祖国赈济难民，人们赞扬他是一个真正的热血男儿。① 爪哇土生华侨许启兴在抗战初期，曾主办吧城华侨慈善夜市，奔走筹款，并组织救护队回国。

至于华侨将举办婚丧活动、婴儿弥月庆祝所得费用转作抗日费用的事例更是屡见不鲜。总之，华侨不分老幼都动员起来，参加支援祖国抗日的各种活动。

结婚不忘救国，华侨萧丕居将女儿结婚时所受贺礼1.8万余元捐献给祖国抗日

《新报》在1937年8月建立了旨在支援中国抗日的"中国救济基金"，四年内共募得1 715 854盾。② 《新报》职员自动减薪5%～10%用以支援抗日，后因时间持续很长，减薪少了些。

当时的荷印政府不准华侨公开开展抗日活动，于是华侨把原来的抗敌后援会改称"华侨救济祖国灾民慈善委员会"，作为募款义捐的中心，将捐款汇寄贵阳万国红十字会，再转交政府作军费之用。

在南洋各国华侨中，印尼华侨的抗日捐献是很突出的。自1937年7月至1940年2月，海外华侨至少已捐款1亿元，由中国海外事务委员会经办的达6 850万元，其中以英属海峡殖民地和印尼华侨所捐最多，前者捐2 600万元，而爪哇华侨捐700万元，苏门答腊捐350万元。③ 战时华侨捐款的积极性很高，如从1938年11月至1940年12月的两年内，吧城华侨原认捐14 157 250元，结果总计32 535 287元，④ 超过原计划的一倍。

① 《行乞助赈，如马细旦君可谓真正热血男儿》，《华侨战士》，1938年6月16日，第42页。
② 《四年半的中国赈济基金》，《新报周刊专号》，1942年2月13日。
③ 黄警顽编著：《华侨对祖国的贡献》，上海：棠棣出版社，1940年，第190页。
④ 海燕：《太平洋战争中谈南洋华侨》，《解放日报》，1941年12月12日，第3版。

四、越南

20世纪30年代，越南当地华侨人数大约为40万，分布在西贡（包括堤岸）、海防和河内等地，其中以广东籍最多，福建籍次之。"七七"事变爆发以后，侨胞们同仇敌忾，在越南华侨抗敌总会的领导下，从各个方面积极支援祖国的抗日战争。

抗战开始后，侨胞们因职业不同，组织了商会、职工会、妇女会、缩食会、抗敌后援会等团体。在越南华侨抗敌总会的领导下，开展救亡工作。为了帮助祖国抗战，有些侨胞虽然每月只有十元八元收入，但也节衣缩食，抽出钱来捐给祖国。1938年上半年内，侨胞们的救国捐款就达到了300万元。[1] 同年8月，南圻华侨商会捐献7万元，作为慰劳伤兵及救济难民之用。此外，旅越华侨缩食救济兵灾慈善会捐献国币10 000元，购买飞机，以加强我空军力量。[2]

1938年初，越南华侨联合成立了统一的最高组织——越南南圻华侨救国总会（简称"救总"），作为抗日救亡运动的领导核心。在"救总"的领导下，越南华侨抗日救亡运动进入了更高的阶段。在南圻"救总"等几十个救亡组织和中圻顺化华侨救济会、北圻海防、河内华侨缩食会等的组织领导下，救亡运动普及并深入全越南华侨社区。在捐款活动中，华侨工商业界特别是街边小贩积极参加义卖捐献。华侨中小学生穿街过巷，自扎纸花向市民义卖。西贡的华侨老板、店员、工友每日节约20%的伙食费作救国捐款。尤其感人的是，在监牢中的侨胞也参加缩食捐献。从抗战起至1939年底，"救总"和各抗日社团共捐款130多万元，[3] 按当时全越南40万华侨算，除去没有工资收入的一半人，平均每人约捐7元（当时一般工人月薪仅约10元，记者编辑收入略高，但也只有30~40元）。

"救总"除发动侨商自行义卖、各戏院剧团义演和侨胞义捐外，另在堤岸借用了侨商一间新建成尚未开张的公司，开办了一个义卖场，各商号把各种商品送来后，由"救总"干训班的3位学员负责义卖，开办了一个月，并发动西贡的中小学生自制纸花义卖。"救总"在1938年10月到1940年初被迫停止

---

① 《新华日报》，1958年8月28日。

② 《新华日报》，1958年4月2日。

③ 华侨革命史编纂委员会编纂：《华侨革命史》，台北：正中书局，1981年；华侨志编纂委员会编：《华侨志·总志》，台北：海外出版社，1956年，第745~748页。

活动的 15 个月期间，共向“南侨总会”上交常月捐 156.4 万元国币。[1]

1938 年 10 月 10 日，“南侨总会”成立。在总会号召下，越南华侨代表提出每月捐献 20 万元（其后增加到每月 25 万元）。据 1941 年统计，在日军侵占越南前的 26 个月内，越南华侨共捐 650 万元。[2] 1942 年，越南失陷，当地华侨义捐才宣告停止。

越南华侨对祖国抗战的财力支援，总数在 1 000 万元以上。

五、缅甸

在缅甸，仅 1937 年 7 月至 1938 年 10 月，华侨抗日捐款就达国币 600 万元。南侨总会成立后，每月平均捐输国币 54 万元。缅甸华侨在整个抗日战争时期的捐款数字，迄今尚无完整的精确统计。仅据缅甸华侨救灾总会于 1939 年 9 月 30 日公布的资料，抗战头两年经由该会汇寄祖国的捐款，约为当时的国币 297 万余元。[3] 这一捐款数字，显然不够精确和全面：

第一，不含该会成立以前汇送祖国的款数。缅甸华侨救灾总会成立于 1937 年 7 月 23 日，但在此之前，即 1937 年 5 月，缅甸华侨抗日救国后援会（后改称为“缅华文化界救亡协会”，后又再改称为“缅华文艺界抗日救亡联合会”）为了响应陕北公学向海外募捐基金的号召，曾直接汇出两批捐款，虽然数目不详，但确系汇交香港廖承志同志收转。此外，“七七”事变第十天，缅甸华侨中学学生自治会（简称“华中学治会”）即发起捐款支援奋起抗敌的卢沟桥抗日将士。[4]

第二，不含该会之外其他一些抗日救亡团体汇回祖国的款项。如缅甸华侨

---

[1] 现有几篇文章根据陈嘉庚《南侨回忆录》，认定捐款为 650 万元国币，似乃误解陈氏原意。查该书两次原文是：“安南每月原认 25 万元，26 个月共应 650 万元。而汇出据报为 156.4 万元。”（第 313 页）“法属安南华侨 40 余万人……承认常月捐国币 20 万元，及至回去之后，逐月列报不能满数，用后则更形降减，甚至不上国币 10 万元。”（第 340 页）作者认为陈氏所云“26 个月”，可能是根据 1938 年 10 月“南总”代表大会后至 1940 年 12 月 8 日日本发动太平洋战争这段时间估算的。而实际上，自 1939 年起，由于越南法殖当局的压制，越南华侨抗日运动已逐步受到限制，捐款日少，至 1940 年初“救总”已被迫停止活动，也停止了上交月捐。故其上交月捐时间实际只有 15 个月，而非 26 个月。而每月上交“甚至不上 10 万元”，确是符合当时实际情况的。可是陈氏说的“26 个月共应”这个估算数和不肯定词，现在似被误解为实际数和肯定词了。

[2] 陈嘉庚：《南侨回忆录》，新加坡：怡和轩，1946 年，第 313 页。

[3] 陈孝奇：《缅华四十年（1911—1950）大事记》，第 32 页。

[4] ［日］井出季太和：《南洋与华侨》，东京：三省堂，1941 年，第 216 页。

公债劝募委员会、缅甸华侨红十字会、中国航空建设协会仰光支会、福建省省债劝募委员会缅甸劝募队、缅甸粤侨筹赈会、缅甸闽侨各属筹赈会等抗日救亡组织募集汇寄祖国的义款，或全部或部分未计算入缅华救灾总会公布的捐款之内。

第三，不含缅华各社团义募捐赠的缅币数额。当时缅甸华侨本着"有什么货币捐献什么货币"的精神，在义捐时竞相多捐缅币。据有案可查的数字，抗战前期缅甸华侨捐献缅币267万余盾，国币439万多元。应当指出的是，按当时兑换率，缅币高于国币，故缅币捐款约与国币捐款数大致相等。

1937年"七七"事变后至1939年10月，缅华各个社团汇寄国内义捐款数综合列表如下：

表 4-3　缅华抗日救亡组织汇寄义款一览表

年份	捐募单位	捐献金额		备注
		国币（元）	缅币（盾）	
1937—1939	缅甸华侨抗日救国后援会	3 046.14		①援助陕北公学基金；②共汇寄两次，均由廖承志收转
1937—1939	缅甸华侨救灾总会		1 802 950	①常月捐推行小组委员会募款100万盾；②缅华各途商筹赈会募款16.609 2万盾
1937.8—1939.9	缅甸华侨公债劝募委员会	2 790 805		①由香港中国银行转汇两次，共计2 716 960元；②由驻仰光领事馆转汇73 845元
1937.10—1939.9	缅甸华侨红十字会		167 707.72	
1937.8—1939.10	中国航空建设协会仰光支会	1 437 000	305 636.4	其中140万元是与救灾总会联合募捐，为购机14架款项

（续上表）

年份	捐募单位	捐献金额		备注
		国币（元）	缅币（盾）	
1937.11—1939.9	缅甸华侨救灾特别委员会		340 000	
1937.7—	缅甸粤侨筹赈会	100 000		
1937.8—	缅甸华侨妇女救灾会		28 070	
1938.5.18—	闽侨各属筹赈会		26 000	
1939.3.15—9月底	福建省省债劝募委员会缅甸劝募队	61 500		该会曾大规模募捐两次，表内仅为首次募捐款数。第二次1939年10月14日开始募捐数已失查
总计		4 392 351.14	2 670 364.12	

资料来源：肖泉：《抗战前期缅甸华侨献金捐物运动》，《东南亚研究》1987年第3期。

另据统计，1937年8月至1938年8月，缅甸华侨各团体向祖国捐款金额如表4-4：

表4-4　1937年8月至1938年8月缅甸华侨各团体向祖国捐款简表①

（单位：元）

救济总会	1 574 000（包括7 000英镑）
救济各支会	274 000
妇女救济会	21 000
公债委员会	1 213 000
红十字会	109 000
航空协会仰光支会	78 000
各团体及个人	138 000
合计	3 407 000

① 原表见崔丕、姚玉民译：《日本对南洋华侨调查资料选编（1925—1945）》（第一辑），广州：广东高等教育出版社，2011年，第369页。

由于缅华广大侨胞慷慨解囊，无私捐献，故募捐行动都取得了超预期的成果。例如，南侨救灾总会成立时，缅华各界派遣 6 名代表与会，他们在会上代表缅甸 30 万侨胞认捐国币 30 万元，人均 1 元，然而劝募结果却得国币 100 万元左右，人均约 3.5 元，超过原认捐总额的两倍半。

据表 4 - 3 所示，华侨捐款缅币 2 670 364 余盾，若按当时兑换率 1 盾（缅币）比 2 元（国币）折兑的话，当合国币 5 340 728 余元，再与原募国币 4 392 351 相加，那么所得捐款总额应为国币 9 733 079 余元，以缅华人口 30 万计，则人均捐款为 32.4 元。因此，无论从捐款总额还是人均数来看，缅甸华侨这一捐募数字都是处于南洋各国前列的。

六、暹罗

在暹罗，华侨冒着被捕坐牢和被逐出境的危险，秘密捐资助战，仅抗战爆发后的第一年，汇回祖国的捐款就有国币 700 余万元。

根据当时国民政府财政部、侨务委员会、筹赈会三机关发表的统计，泰国华侨的汇款金额有 7 000 余万元，各地方华侨的捐款额如表 4 - 5：①

表 4 - 5　泰国各地方华侨捐款总表

清吻：45 万元	南邦：20 万元	纲帕：10 万元
程逸：10 万元	竹攀杏：10 万元	程娘：5 万元
万麦：10 万元	北览坡：45 万元	大城：8 万元
北标：5 万元	景溪：3 万元	呵叻：20 万元
是刹吉：5 万元	孔敬：20 万元	乌汶：38 万元
佛统：8 万元	佛丕：8 万元	叻丕：10 万元
素攀：20 万元（全港约 30 万元）		万磅：20 万元
洛梗：3 万元	北碧：2 万元	廊坑：6 万元
北柳：5 万元	万佛崴：15 万元	是拉差：3 万元
巴真：2 万元	金湖北览：10 万元	

---

①　参见崔丕、姚玉民译：《日本对南洋华侨调查资料选编（1925—1945）》（第一辑），广州：广东高等教育出版社，2011 年，第 70 ~ 71 页。

　　另据有关数据，从 1938 年 10 月至 1940 年 12 月，泰国华侨抗日月捐总额达国币 3 150 万元，每月捐 160 万元。[①]

女侨胞卖花筹款救国

南洋华侨学生卖花筹款救国

荷印华侨小学生义卖冰淇淋筹
款支援祖国抗战和救济难民

新加坡 94 岁的华侨捐款 50 元国币救国

────────────

① 陈嘉庚：《南侨回忆录》，新加坡：怡和轩，1946 年，第 344 页。

表4-6 南侨总会经收华侨捐款总表

(单位：国币元)

地区	华侨人数	时期：1938.11—1939.10	时期：1939.11—1940.12
		捐款总数	捐款总数
暹罗	2 500 000	3 200 000	—
英属马来亚	2 000 000⁻	30 459 000	32 567 000
英属婆罗洲	80 000	1 146 000	2 070 000
英属缅甸	310 000⁺	4 035 000	3 995 000
荷属东印度	1 500 000⁻	12 775 600	18 068 000
法属中南半岛	390 000⁻	1 564 000	—
美属菲律宾	100 000⁺	7 526 000	7 354 000
总计	6 880 000	60 705 600	64 054 000

资料来源：1938.11—1939.10 的统计是根据杨建成主编：《南洋华侨抗日救国运动始末》，台北："中华学术院"南洋研究所，1983年，第25~39、52~67、72~73页的记载另行统计而得，该书的记录是采用"南洋华侨筹赈祖国难民总会"的报告。1939.11—1940.12 的统计是根据李恩涵：《东南亚华人史》，台北：五南出版社，2003年，第510页。说明：华侨人口数基本上是根据《十年侨务特刊》第62~67页的记载。暹罗无筹赈总机关，因此其捐款数只是概数。转引自任贵祥、李盈慧：《华侨与国家建设》，南京：南京大学出版社，2015年，第309页。

表4-7 1938—1940 年南洋各属华侨捐款比较表

地区	认捐（万元）	华侨人数（万人）	实汇总额（万元）
英属马来亚	133.7	235	8 543
英属婆罗洲	2.4	未详	331.3
荷属东印度	54.4	160	3 153
美属菲律宾	50	14	1 488
英属缅甸	30	45	803
安南	25	45	156.4

资料来源：陈嘉庚：《南侨回忆录》，新加坡：怡和轩，1946年，第313页。

表4-8 抗战三年来南洋各属华侨义捐比较表

地区	华侨人数（万人）	月捐总平（万元）	人均数（元）
美属菲律宾	14	70	5
英属马来亚	235	420	1.75
英属缅甸	45	54	1.2
荷印	160	160	1.0
安南	45	20+	0.5
英属婆罗洲及暹罗	500+	10+	

资料来源：陈嘉庚：《南侨回忆录》，新加坡：怡和轩，1946年，第344页。

世界各地华侨在财力方面对祖国抗战的贡献，据初步和不完全的统计，总共约国币50亿元。1939年8月，美联社发表的《海外华侨救国捐款统计》指出，截至1938年，海外华侨捐输祖国、充实国库之抗日救国捐，共达12亿元。[①] 1940年7月11日，路透社发表了国民党中央海外部部长吴铁城关于华侨抗日救国捐款情况的消息。吴指出：过去3年间（指1937年至1940年），华侨汇达祖国之战费，共计国币20亿元。[②]

太平洋战争爆发以后，华侨的义捐和侨汇受到严重的影响，但并没有完全断绝。从1941年下半年至1945年8月日本投降期间，仅国民政府财政部核收的华侨捐款就已达国币9.5亿元。所以，在八年抗战期间，包括义捐和救国公债在内，华侨对祖国捐资助战的总数达国币50亿元之说是可信的。而另据当时国民政府统计，抗战期间，海外华侨捐款总计超过13亿元，侨汇达到95亿元，占到当时中国军费的43%。[③]

七、美洲等其他地区

捐资助战，赈济伤兵难民，是美国华侨支持祖国抗战的主要方面。美国华侨抗日社团在领导华侨抗日救国的运动中开展了大量的组织动员工作，美国华侨为祖国抗战捐款成绩的取得是与华侨团体对其成员的组织动员工作分不开

① 《华侨日报》，1939年8月19日。
② 《印尼商报》，1940年7月12日。
③ 《侨办副主任：战时华侨捐汇总额占当时中国军费43%》，中国新闻网，http://www.chinanews.com/shipin/2015/08-25/news593868.shtml。

的。以当时的美国华侨堂会为例，全面抗战爆发后不久，美东致公总堂宣传部就发表《洪门人士抗日救国之郑重宣言》：

> 在此国危势亟、寇深祸急之时，我洪门人士谨以万分诚意，切实郑重声言我四万万同胞兄弟姊妹之前，誓愿再接再厉，集中我五洲洪门全体义士，一心一德与我全国海内外爱国同胞一致，合力抵抗日寇，共救中国，一贯我洪门人士二百余年革命救国之主张。全国同胞，幸垂鉴之。①

1937 年 8 月 27 日，美国致公堂总部也发表《筹款救国宣言》：

> 我洪门人士，义当奋起，为抗敌后盾。溯我洪门团体，为中国数百年之革命始祖，爱护国家，向不后人，当本其革命救国之真精神，大声疾呼。望各地洪门团体，从速发起筹饷，以助军糈。事势急迫，不容少缓。且我本堂曾奉香港中央总部通告，筹集救国军费在案，此事亟宜及早进行。②

在组织堂会人士捐款捐物、支持中国抗战时，堂会积极利用洪门五祖、陈近南先师、万云龙大师等诞辰或起义结盟日，或是"九一八"事变、"七七"事变、"双十节"等纪念日，或是堂会恳亲会、新会员加盟仪式、春宴等场合，或是祖国政要来美宣慰洪门华侨时，组织堂会成员聚会，出席演讲。集会上，堂会领袖多以堂会革命历史教育堂会成员，加强堂会成员的组织认同感，激发堂会成员的抗日热情，并勉励其积极为祖国抗战献金。如 1941 年 9 月 21 日晚，纽约致公总堂召开洪门大会，招收新进会员。入会者当中有不少青年才俊、热心爱国之士。其中有留学生、博士、硕士等专门人才。司徒美堂总监督及吕超然部长对新会员发表演讲时说："洪门反清复汉，为民族革命之始祖，以忠诚救国、义气团结、义侠除奸为信条，创自康熙甲寅年间，迄今二百六十八年之久。历次革命，皆为主动，不惜重大牺牲，艰难奋斗，前仆后继。辛亥一役，克达目的，功在民国。芦沟难发，我国抗战四年，海内外洪门人士，许

---

① 美东致公总堂宣传部：《洪门人士抗日救国之郑重宣言》，《大汉公报》，1937 年 7 月 30 日。
② 《美国致公堂总部筹款救国宣言》，《大汉公报》，1937 年 8 月 27 日。

多亲赴前线杀敌，壮烈牺牲。后方民众，我洪门人士出财出力，亦居多数。又勉励各会员今后努力发展会务报务，多做抗战建国工作。"① 1943年2月，美东致公总堂假座礼堂举行春宴，各会员依时出席。会长梅友启"乃藉此良机召集叔父昆仲交换救国意见，切实努力迈进，以继续我洪门民族革命团体未竟之工作，以期促进抗战胜利建国成功"②。1944年4月，美东致公总堂开宴会庆祝洪门先师陈近南诞辰。堂会借此机会重温陈近南创盟立会、首倡民族革命，以及洪门人士两百余年之长期奋斗、推翻清王朝、建立中华民国的革命历史，重申洪门人士之政治立场，并在日本入寇中原，全民长期抗战之秋，秉承洪门立会结社之宗旨，牢记革命先烈之遗训，继续奋斗，驱逐倭奴，争取胜利，践行忠诚救国之信条。③ 可见，在这些场合，堂会组织也通过民族革命的话语叙述，一方面动员其成员积极支持中国抗战，另一方面将自身打造成革命老党，获取其在战时华侨抗日救国动员中的资本，以争取其在侨社抗日救国动员中的领导权。

在组织和动员华侨捐资的团体中，"旅美救总"的成绩显著。1939年9月26日，国民政府致电"旅美救总"，要求紧急捐助一批棉衣和100万美元，该会仅用一个月的时间就筹足款项汇回国内。至1941年止，该会救亡的捐款已达1 500万美元之多。到1945年抗战胜利前夕，该会将最后募集到的一笔捐款2万多美元悉数汇回广东。抗战八年，仅由"旅美救总"主席邝炳舜在旧金山发动组织的支持抗日的捐款总数就超过500万元。

美国华侨在抗日救国运动中，创造了许多灵活多样的筹款形式，除一日捐、一月捐、新年捐、"七七"献金、"双十"献金之外，还有棉花捐、游艺捐、劳军捐、演戏捐、卖花捐、"一碗饭"捐、劝售纪念章捐、航空献机捐等。如1938年，旧金山侨胞将春节拟用的"爆竹制造费2万元，捐作中国战费。同时将元旦龙灯游行大会之举，改为捐款运动，作为援助中国伤兵及难民之用；其新年跳舞会之收入，亦一律捐为中国救济难民费用"④。加州士作顿（Stockton）市华侨救国委员会从"七七"事变到1943年8月的六年中，"连救国公债、美金义捐、航空救国捐，及救济款项，数达美金30余万元"。其方式就有"一碗饭运动2.17万元，救济箱0.31万元，学生卖花、结婚、满月、

---

① 《纽约洪门大会志盛》，《大汉公报》，1941年9月22日。
② 《纽约致公总堂春宴》，《大汉公报》，1943年2月22日。
③ 《纽约洪人之纪念会》，《大汉公报》，1944年4月22日。
④ 《新华日报》，1938年2月1日。

寿辰、出葬、商店开张或重修，'七七'纪念献金（三年计）1.72 万元，妇女尚志会周年纪念影画筹款（两次）0.77 万元"等①。

月捐是美国华人最基本的捐款形式。华侨团体一般规定 18 岁以上的华人，每人每月捐 3～5 美元。广大华侨认为，按月交纳月捐，是自觉履行抗日救国义务的具体表现，这样做，"并非拜金以领爱国，实为增大难而筹集巨款"。为此，他们提出了"逃避义捐，非我族类，捐而不力，不算爱国"的口号。美国各地华侨抗日组织还纷纷制定华侨捐款奖罚条例，凡按期按额交捐者，登报表扬；凡拒而不捐款者，除加倍罚款外，还要永远追取。美国华侨的月捐坚持了八年。在 1940 年 5 月以前美国个人捐款统计中，80% 以上的款项是 100～500 美元，而且是分期或按月缴款，它是由那些日夜操劳在餐馆厨房、洗衣馆、农园和各个工厂、商店里的侨胞普遍捐集而来的。②

"一碗饭运动"是由美国医药援华会和旅美华侨团体于 1938 年在美国发起，旨在美国民众和华侨中募集捐款，购买医药和医疗设备，以募款支援中国抗战的运动形式。其举办方通过在美国多地进行展览、演说等形式的宣传，反映侵华日军的残暴、中国战区难民的惨状以及中国抗战的战绩，鼓励各族裔声援、支援中国抗战。《申报》于 1938 年 7 月 17 日对该运动进行了详细报道：

中国平民救济协会前于六月十七日，在美国各大城市举行一碗饭运动，藉以募集捐款，救济中国难民，结果至为美满。据该协会会长罗斯福上校宣称：全国四十八州中，共有二十城市举行此项运动，参加者一百余万人。美国境内为人道主义而举行之运动，当以此次规模最大，今后仍当赓续进行。参加者当有数百万人之多，至募集款项多少，因尚未汇以，目下无从确知，但其数必有可观。则可断言，此笔捐款，一俟收齐后，即当汇交上海美国顾问委员会主席巴塞特少校。而由该委员会酌量情形，分配各难民救济机关，以救济中国六千万难民。至各城市之举行此项运动者，以旧金山城最热烈。该地系华侨荟萃之地，参加者自较他处为多。据《旧金山纪事报》访员史密士称：是日，前往唐人街参加者，不下二十万人，各处通衢，人山人海，拥

① 广东省档案馆等编：《华侨与侨务史料选编（广东）》（2），广州：广东人民出版社，1991 年，第 178 页。

② 黄慰慈、许肖生：《华侨对祖国抗战的贡献》，广州：广东人民出版社，1991 年，第 47、76～77 页。

挤不堪。各项车辆均无法通行。警察亦束手无策。多数出口轮船，亦因之临时延期驶出。一日之中，共募得五万美元。其他各城市参加者人数，纽约有三万余，本雪文尼亚洲萨兰登城有二千五百余，亚拉巴玛州白明汉城有一万余。华府方面，是由社会党与各工会在中心区大饭店举行跳舞会募捐，参加者亦甚众。主特基州路易维尔城美国劳工联合会，与工业改进会所属各工会领袖，共同主持此项募捐运动，成绩极佳。①

"一碗饭运动"发源于旧金山，后在全美多地产生联动效应，掀起支援中国抗日的浪潮。"一碗饭"的呼声后来还传至哈瓦那、伦敦、中国香港等地，衍生出各式各样的支援抗战的形式，构成一条主战场外的抗战国际阵线。

华侨中的工人、店员、职员、教师等，收入低微，为了支援祖国抗战，也节衣缩食，将自己的血汗钱捐了出来。据《台山文史》第 18 辑载，一位在旧金山侨居 50 年的伍姓老华侨，原是一位洗衣工，年已七旬，儿孙绕膝，生活优裕。为了支援抗战，他毅然再度回到洗衣馆重操旧业，把所得工资全部献给祖国。有位叶姓女华侨，是个寡妇，把自己的全部首饰和多年积蓄共 3 万多美元送到"抗日义捐救国总会"，自己到圣母院当修女。华侨工人颜广礼，战前每天抽雪茄烟十多支，抗战开始戒绝吸烟，八年如一日，把买烟钱悉数捐给祖国救济难民。

在美国中部的圣路易斯，"七七"事变后，安良工商会主席周鍊梓（Joe Lin）号召圣路易斯华侨为祖国抗战捐款。尽管圣路易斯华侨大多数是洗衣馆和餐馆的工人，经济拮据，但为祖国抗战这个神圣事业捐款的热情却很高。当时圣路易斯共有 350 位华侨，大多数比较贫穷，然而所有人都尽力而为。圣路易斯安良堂 1944 年的记录显示，它在战时共筹集了 35 000～50 000 美金支持祖国抗战。很多人捐款数为 500～1 000 美金，而当时大多数华侨每月才 30 美元薪金。② 1943 年 5 月在波士顿召开的全美安良工商会恳亲大会，也以努力救国为中心。经代表讨论，大会决议汇国币 155 万元，指定为救济祖国各地难民及慰劳之用，并鼓励各会员服从所在地抗日筹饷救国捐输议决案，加倍努力，

① 《美人伟大同情 二千城市举行一碗饭运动 募捐救济我难民成绩良好》，《申报》，1938 年 7 月 17 日。

② H. Ling, Governing "Hop Alley": On Leong Chinese Merchants and Laborers Association, 1906 – 1966, *Journal of American Ethnic History*, 2004, 23（2）: pp. 50 – 84.

努力捐款。①

秉公堂是美西的一大重要堂会。抗战期间，该堂凡有活动，无论大小宴会必节约支出，捐款救国。会员在互祝健康的同时，祝愿抗战早日胜利是当时宴会必不可少的结语。"七七"事变后，秉公总堂就开会决定，根据秉公堂第六届恳亲大会议决的办法捐款救国。当时的会议记录载："现因倭寇肆虐，迭侵我国，蹂躏我城市，惨杀我同胞，并我东北四省，继犯我平津，压迫我淞沪。凡有血气之伦，莫不义愤填膺，灭此然后朝食。惟是战端一开，军需为重。我人旅居海外，未能效命前线，尤当尽匹夫之责，议决根据民国十四年列届恳亲大会议案办理，由本埠总堂及各埠支堂在月结部尾存款项下，无论若干，提出五成（存款一元即捐五角），用美洲秉公堂名义捐救国军费，以纾国难，而尽国民天职。"② 会后不到一个月的时间，即同年 9 月 18 日的秉公总堂例会记录中，便可看到总堂对捐款救国行动和战事的焦虑与急切。会议记录写道："国难当前，凡属国民应尽一己之义务，议决在总堂和支堂月结部尾存款项下提出五成捐助军费，亦即通告各支堂查照办理在案。查当时各部尾存款统计为一万二千余元，提出五成，当有国币二万元，是以用美洲秉公堂名义认购救国公债二万元，聊尽国民天职。惟是现在各支堂已将部尾存款寄到者为数无几，而国难严重，岂宜迟滞，特于是日召集会议磋商筹款办法，议决暂由四、五、三房所存之款二千余元移借应用外，未敷之数由各叔父挪借，先行呈缴统一救国会。"③ 该堂于 1938 年 2 月至 3 月间两次开会讨论捐款襄助祖国空军购买飞机一事。该堂负责人黄君迪总理等人认为："购机为救国之要务，义不容辞……莫论各社团认捐多少，本堂势必认捐过额，以表爱国热诚。"④ 1940 年 8 月，陈庆云将军奉蒋介石之命，赴美推动华侨航空救国运动，秉公总堂为航空救国捐款之事再次集议，并一致通过，认捐美金一万元，以为之倡。⑤

截至 1941 年 8 月，旅美侨胞男女老幼合计，为数不及八万人，统计各项捐输，已逾美金一千万元，照现在汇率计算，折合国币的两亿元之巨，平均每人捐美金一百二十五元。若除去妇孺老弱及失业无力捐输者不计，有捐输能力者四万人，则平均每人捐美金两百五十元。此种捐款，系一般侨胞辛苦工作血

---

①　《美安良工商会恳亲大会汇救济费百五十五万元》，《大汉公报》，1943 年 5 月 10 日。
②　美洲秉公总堂编：《美洲秉公堂》，旧金山：美洲秉公总堂，2012 年，第 37 页。
③　美洲秉公总堂编：《美洲秉公堂》，旧金山：美洲秉公总堂，2012 年，第 37 页。
④　美洲秉公总堂编：《美洲秉公堂》，旧金山：美洲秉公总堂，2012 年，第 38 页。
⑤　美洲秉公总堂编：《美洲秉公堂》，旧金山：美洲秉公总堂，2012 年，第 39 页。

汗所换来的。各地成年侨胞，均须按月捐输，视各地救国会所定数额不一，大抵每人每月须照额捐献美金五元，经济优裕者量力捐输，捐而不力者，设有评捐委员会，酌为评定其指额，使其照捐；贫病无力捐输者，使准减免。以洛杉矶为例，该地华侨以营业为生者，约两千三百余人，作战以来，捐献数在五十万美金以上。其中有救国公债十四万美元，难民赈款三万美元，救护车六十四辆，合计六万五千美元，航空救国捐十一万美元，寒衣捐三万美元。华侨大半从事洗衣业或开饭店，并非豪富，其爱国热忱，"足为世法"①。

据统计，旅加华侨从 1937 年到 1945 年，共为祖国抗战事业捐献 500 万元（加币），其中多伦多 63.9 万元，维多利亚 75 万元，温哥华 10 万元，蒙特利尔 40 万元，温尼伯 13 万元，其他如萨斯喀吞等埠人口虽少，但捐献数也很可观。②

美洲其他地区华侨也捐款不少。据统计，八年抗战中，美洲约 23.5 万名华侨共捐款 6 915.6 万美元，人均捐款近 300 美元。③

"七七"事变后，全欧华侨抗联会通知各团体在所在地区积极开展和"扩大劳动募捐运动"。法国巴黎华侨募集法币三四万方（一法郎等于 100 方），里昂华侨筹捐法币八千余方。1937 年 8 月 10 日至 1938 年 2 月底，巴黎中国妇女慰问分会捐助 1 099 602 元。1939 年"七七"抗战两周年，旅法华侨 181 人即捐得国币一千四百元（银圆），计合法郎七千七百。在荷兰，"七七"事变发生后至 1939 年 7 月 17 日止，旅荷华侨救国后援会共捐抗日救国款荷币445 637盾，另有 1 863.6 英镑。可歌可泣的是，旅欧华侨在捐款支援祖国抗战的运动中，也涌现出不少动人事例。如英国伦敦华工吴耀如，竟把十余年所积存的 3 800 英镑倾囊捐助祖国难民；侨居荷兰阿姆斯特丹埠的海员侨胞，每月捐献工资收入的 20%，成为按月长期认捐的模范；侨居海牙的侨胞文枝君献出了自己三个月的血汗工资共 100 盾，连自己佩带了九年的一枚金戒指也捐了出来。④

战时新西兰华侨救国捐款有两种：一为长期救国捐，一为临时献金。临时献金在新年、"双十"节、"七七"纪念日举行。长期救国捐是在 1937 年新西兰华侨联合会第一次全属代表大会通过施行的。它规定东主每星期捐十先令，

① 《美洲各地华侨捐输成绩优异》，《申报》，1941 年 8 月 12 日。

② 沈毅：《抗日战争中的加拿大华侨》，《辽宁大学学报》（哲学社会科学版）1990 年第 1 期。

③ 李春辉、杨生茂主编：《美洲华侨华人史》，北京：东方出版社，1990 年，第 718 页。

④ 章志诚：《欧洲华侨支援祖国抗战的活动与贡献》，《八桂侨刊》2005 年第 5 期。

工人每星期每镑工金捐二先令。新西兰华侨救国团体还规定了惩戒抗捐分子的办法，即将各抗捐分子在本会所属各报长期登载，以实施经济绝交；欠捐之侨胞不得享受总会一切权利。自 1937 年 8 月 3 日至 1944 年 7 月 31 日，新西兰华侨汇寄国内的长期捐款和临时捐款总数为纽币 177 694 镑 1 先令 8 便士。[①]

在远离祖国的非洲，全面抗战后，华侨也纷纷成立救国组织，以各种方式支援抗日战争。以南非华侨为例，"七七"事变后，南非侨胞也积极投身到援助祖国抗战的大业中。南非华侨在约翰内斯堡、伊丽莎白港、埃滕哈赫和弗雷尼京等地成立了抗日后援会，在约翰内斯堡、纳塔尔、东伦敦等地成立了妇女协会。大部分市镇都成立了中国战争救济基金会。最为突出的是德兰士瓦华侨妇女协会（即"杜省华侨妇女协会"）和伊丽莎白港的东省中华会馆。德兰士瓦华侨妇女协会于 1937 年 9 月成立，"以具体行动来表示爱国之热诚，四处奔走劝募筹款，源源汇款国内"。会员以极大的爱国热情，利用业余时间，募捐计 54 次之多，共计 3 万英镑。[②]

据统计，1939 年 7 月至 1940 年 11 月 21 日，非洲华侨捐款 2 764 794.16 元。根据国民党中央海外部 1941 年的报告，非洲华侨为"伤兵之友"捐款数为 68 123 元。1937—1943 年，南非华侨将 9 000 英镑寄送中国。留尼汪岛华侨的捐款达 921 828 法郎、1 250 英镑。马达加斯加华侨捐款没有完整数字，几笔大的捐款为：1944 年 5 月捐款 524.5 万法郎；1944 年 9 月汇款 3 350 英镑；1945 年 12 月 1 日汇往中国驻法使馆 163 万法郎；桑巴瓦一区自 1937 年 8 月 15 日至 1944 年底一共汇回祖国约 246.5 万法郎。[③]

另外，根据当时侨务委员会发表的统计数字，自"七七"事变爆发的 1937 年 7 月至 1940 年 10 月，海外华侨通过各政府机关及中国银行的捐款共计 294 396 357 元，大体上近 3 亿元。详细情况参见表 4-9：

---

① 谢国富：《抗日战争期间的新西兰华侨》，《华侨华人历史研究》1992 年第 2 期。
② 李安山：《试论抗日战争中非洲华侨的贡献》，《世界历史》2000 年第 3 期。
③ 转引自李安山：《试论抗日战争中非洲华侨的贡献》，《世界历史》2000 年第 3 期。

表4-9 各地华侨捐款金额表（1937年7月—1940年10月）①

（单位：元）

地名	捐款额
新加坡	125 768 002.61
荷属东印度	37 569 755.04
纽约	36 743 489.21
菲律宾	26 584 356.55
旧金山	14 235 613.38
泰国	10 429 090.94
印度、缅甸	9 885 248.07
法属印支	7 390 870.66
澳洲	7 606 579.98
伦敦	5 366 707.28
其他	716 754.91
合计	282 296 468.63

资料来源：李德明：《华侨与中国战时经济》，《中美日报》（The China Weekly Review，March 1），1931年6月16日。原表见姚玉民、崔丕、李文译：《日本对南洋华侨调查资料选编（1925—1945）》（第三辑），广州：广东高等教育出版社，2011年，第261~262页。

据国民政府侨务委员会以财政部捐款资料所做的统计，抗战时期，由财政部经收的华侨捐款，历年捐数如表4-10：

表4-10 抗战时期华侨捐款总数

（单位：国币元）

时间	捐款数量
1937年	16 696 740
1938年	41 672 186
1939年	65 368 147

① 本表未计香港、澳门华侨捐款额。如计香港（11 842 169.08元）和澳门（257 769.98元）捐款额，则各地华侨捐款总数为294 396 407.69元。

（续上表）

时间	捐款数量
1940 年	123 804 871
1941 年	106 481 499
1942 年	69 677 147
1943 年	102 206 536
1944 年	212 374 205
1945 年	584 251 331
合计	1 322 532 662

资料来源：华侨革命史编纂委员会编纂：《华侨革命史》（下），台北：正中书局，1981 年，第660、705～906 页。

　　各地华侨的捐款，是抗日战争期间国民政府财政经济的主要补充，是国家外汇的主要收入之一，是中国抗战取得最后胜利的重要财源。据 1940 年国民政府军政部部长何应钦在国民参政会的报告，1939 年的军费支出共 18 亿元，同年华侨的义捐和侨汇共达国币 11 亿元。陈嘉庚曾经指出，按照世界银行适例，有 1 元外汇的基金就可以发行纸币 4 元，如果以当年侨汇和义捐 11 亿元为基金可以发行纸币 44 亿元，除了发还给侨眷赡养费约 10 亿元外，还有 34 亿元可以作为军政费和各项建设费用。华侨的侨汇和义捐，还可以用来向外国购买武器和其他抗战必需品。

　　可见，在各地华侨抗日社团和侨领的组织领导下，旨在捐资助战的各地华侨抗日筹赈运动轰轰烈烈，为支持祖国抗战，做出了巨大的贡献，创造了辉煌的成绩。海外华侨捐款对祖国抗战的重要性非常明显。诚如当时美联社的评论所指出："这笔巨款（指华侨的抗战义捐），在新中国之奋斗史上，建下许多不灭之功绩，尤其于维持中国之外汇上，更增莫大之力量。"[①]

第二节　购买国债

　　在国难当头之际，为了解决中国在军事和财力等方面的巨大困难，国民政

---

① 《华侨日报》，1939 年 8 月 19 日。

府向海外发行救国公债、国防公债、金公债和储蓄券，号召海外华侨社会各界为抗战购债。抗战爆发时，国民政府成立战时公债劝募委员会，以政府最高军事首脑蒋介石为主任委员，著名侨领和侨界知名人士陈嘉庚、庄西言、陈守明、胡文虎、李国钦等被聘为常务委员。1937 年 8—9 月，国民政府先后颁布《救国公债条例》《救国公债募集办法》《修整救国公债募集办法》和《购募救国公债奖励条例》，规定"本公债自战事结束后第三年起，由国库指拨基金，分二十年还清"，并规定："凡侨胞团体承购救国公债 200 万元以上至 500 万元或劝募救国公债 500 万元以上至 1 000 万元的，则明令褒奖并颁给匾额；凡侨胞个人承购救国公债 1 万元以上至 200 万元或劝募救国公债 5 万元以上至 500 万元者，则明令褒奖并颁给勋章或给予奖章。"

国民政府号召和发动国内外各界为抗战购买公债。广大华侨积极响应祖国政府的号召，他们在海外各地成立了华侨公债劝募委员会，在踊跃捐款的同时，掀起了广泛的购债运动。整个抗战期间，国民政府发行 6 期公债，总额约 30 亿元。政府每次发行公债，华侨都踊跃认购，且认购数额相当巨大。如，国民政府发行第一期救国公债 5 亿元，海外各地侨胞就认购了半数以上。1937—1939 年，华侨认购的各种公债包括：救国公债 51 150 346 元，国防公债 6 265 138 元，金公债 2 915 880 元又 22 924 金镑；除此之外还有储蓄券，马来亚各地华侨购买了 240 余万元。[1] 到 1941 年夏，华侨购债总额为 6.82 亿元[2]。至 1942 年，华侨购债总额为 11 亿元[3]。按 1942 年华侨购债额算，约占国民政府发行公债总数的 1/3。不难看出其数量和比重之大。

在菲律宾，当地华侨积极开展救国捐献，捐献种类包括救国公债、常月捐、义捐、航空建设捐、救济难民捐等。1938 年度，菲律宾华侨购债总额为 550 万元。1937 年 7 月至 1939 年 5 月，菲律宾华侨支援抗战各种捐款中，救国公债达 3 260 872.05 比索（国币 5 517 550.00 元）。著名侨领李清泉先生，1933 年已独捐战斗侦察机一架。抗战时在认购救国公债中，他又带头购买救国公债 40 万元。弥留之际，他嘱托将 10 万美元送中国政府作为救济难民之用。[4]

---

①　陈树人：《四年来的华侨爱国运动》，《现代华侨》1940 年第 1 卷第 8 期。

②　《解放日报》，1941 年 8 月 4 日。

③　《华侨抗战的真实写照——中国人民革命军事博物馆抗日战争侧记》，《华声报》，1985 年 8 月 20 日。

④　阳阳：《华侨巨擘，爱国楷模》，《华声报》，1955 年 2 月 19 日。

在缅甸，当地侨社专门组成了缅甸华侨公债劝募委员会，由各界知名华侨150 人任委员，在全缅各地成立 51 个劝募处。仰光安溪会馆、南安公会两侨团，首先变卖会所产业购买救国公债。"此议一起，和者日众，变产购债，已成全缅华侨之美谈矣。""全缅华侨，凡私人喜庆馈赠，亦提倡购买公债一以代礼品。"特别是他们实行"公债连锁"办法，推销公债，一时蔚为风尚，公债销数大增。1937 年 8 月 1 日至 1939 年 9 月底止，缅甸华侨公债劝募委员会就曾捐汇国币 279.080 5 万元。[①] 为了劝募抗日义款，缅华各类筹募组织采取了多种内容和多样方式的捐募活动。征募名目繁多，诸如公债、赈灾、济难、劳军、捐助等等。而在筹集抗日捐款方式方面，除有"常月捐""临时捐"外，还有"特别捐"。所谓"特别捐"，是带有强制性质的一次性献金，例如1939 年开始实行的"救国公债"及"金公债"，就以此类方式征募。尤其令人感动的是，为了踊跃认购"救国公债""国防公债"和"金公债"，不少缅华侨团和个人甚至不惜毁家纾难，变卖资产、首饰，全部无偿地购买债券。除了前文提到的仰光安溪会馆、南安公会，缅华侨胞也先后将"温陵会馆""惠安会馆""三山会馆"等馆所，全部变卖以购公债。粤侨叶秋莲女士则把仰光十三条街一幢私宅连同她自己的金银首饰拍卖，捐献给了祖国。

在荷属东印度，"九一八"事变后，各地华侨开展了各种形式的募捐运动，包括长期的月捐、义卖（卖花或演剧等）、还债、救济及献金等运动。文岛华侨何维书、何维添及何震球等兄弟三人，将家乡的产业田园全部变卖，共得 1 290 余万元，全部送国防公债劝募会，捐助政府作为空防建设之用。[②]1938 年，巴达维亚的客属总义祠、广肇会馆、福建会馆三大侨团带头购债共47 万元，之后，全印尼 46 个侨团纷纷购债，共购债 250 万盾。1938 年 10 月，南侨总会在新加坡成立后，全印尼华社不久共成立 46 个分会，它们以赈灾会、公益社及慈善事业委员会等名义出现，活动内容包括：筹募救国义捐、救国公债、救济伤兵难民的赈款、献金购置武器、抵制日货及拒绝为日本人服务等。一共募得义捐 450 万盾，购买公债 350 万盾。[③]

1937 年 8 月，国民政府发行第一期救国公债 5 亿元。新加坡华侨得知消息后，由侨领陈嘉庚专门召集劝募公债侨民大会，宣传购买公债的重大意义，

① 华侨革命史编纂委员会编纂：《华侨革命史》（下），台北：正中书局，1981 年，第 699 页。
② 许侠夫：《华侨抗敌后援的动态》，《华侨战线》1938 年第 1 卷第 11、12 期合刊，第 42 页。
③ 陈直夫主编：《华侨与中国国民革命运动》，香港：时报有限公司，1981 年，第 182 页。

动员和号召广大华侨积极认购。他本人带头购债 10 万元，与会的侨胞随之认购二三十万元。新加坡华侨起到了购债的首倡和表率作用，马来亚华侨继之而起。初期马来亚侨界的购债方式是先由侨团配额分担，继由各筹赈会负责认购，但效果不佳。后遂改用连债信的方法推销：即某甲购债后函告某乙，乙购债后再将该函传丙，如此辗转循环，连续不断，一人购债，其亲人好友连带购买，效果明显。据统计，至 1938 年底约一年半的时间里，新马华侨共 2 105 895 人，购买公债 12 864 105 元，捐款 19 901 721 元，人均购债捐款 15 元①。可见新马华侨购债方法好、效果佳、数量大。

著名民主爱国人士黄炎培先生曾以战时公债劝募委员会秘书长身份，多次去南洋各地劝募公债，在陈嘉庚等的支持、协助下，取得良好成绩。1938 年春，陈嘉庚在新加坡主持召开侨民大会，阐明购买救国公债对祖国抗战的经济意义，侨胞当场认购公债二三十万元。到同年秋，马来亚华侨购买公债 1 500 万元，其中新加坡一地就买了 500 余万元。槟城华侨冯女士，登万元公债征婚启事："从登报日起，谁先购买万元公债者，即愿与之为终身伴侣。"新加坡侨胞李俊承倾力购买 10 万元救国公债。

在越南，"不能为祖国出力，也得为祖国出钱"，是当地华侨捐款、购债时流行的一句口号。越南某旅社的一名华侨店员月薪仅 12 元，他坚持按月拿出 4 元购债。战时越南华侨捐款购债合计 1 000 多万元。

名扬海外的华侨爱国巨商胡文虎，为在国内设立残疾军人疗养院和阵亡将士遗孤教养院，一次就捐款 200 万元。首次购买 20 万元救国公债后，1937 年 10 月，他写信给新加坡中国银行经理，谈到自己认购公债的意义和认识："强邻压境，国势阽危，毁家纾难，此其时矣，文虎远离南邦，责不敢忽，除前已购救国公债 20 万元外，兹恳再认购 30 万元，聊尽国民天职。"1938 年 9 月，他将存于国内各银行的建校余款 200 万元移购了救国公债，前后三次共计 300 万元，并且说："他日还本与否，尚未计及，苟得归还，即吾祖国复兴之时，届时仍将一本初志，将该款举办国家公益事业。"

---

① 蔡仁龙、郭梁主编：《华侨抗日救国史料选辑》，福州：中共福建省委党史工作委员会、中国华侨历史学会，1987 年，第 448 页。

华侨踊跃认购国民政府发行的各种救国公债。图为华侨精心保存的抗战时期救国公债

认购公债也是美国华侨支持祖国抗战的又一重要形式。在八年抗战期间，美国华侨救国团体帮助中国政府推销了 1937 年和 1938 年第一、二期救国公债，而且华侨每次认购都争先恐后，如广东开平籍侨领周锐一人认购 1 万美元，是全美华侨中认购公债数额达 1 万美元的三人之一。抗战期间，仅广东新会籍旅美华侨认购的救国公债、航空公债就高达 3 630 万美元。①

加拿大各埠华侨也踊跃购买公债。当时的华文报纸如《大汉公报》也在此方面做了大量的宣传动员工作。该报头版头条刊登过《林主席报告国防公债与金公债意义》《华侨抗日之责最要努力购公债》《救国要购公债》等报道和社论，向侨胞宣讲购买公债对支援抗战的意义。为劝导华侨购买公债，加拿大温哥华华侨于 1937 年末、1938 年初特成立公债推销会。该会的章程要求温哥华华人社区的每个成年男子至少购买国币 50 元（约合 16 加元）的中国战时公债，未购者将在华文报纸上公布姓名。凡希望返回中国者，必须首先向中国领事馆证明，他们至少已按要求购买过最低限额的公债。②

新西兰华侨也积极购买公债。抗战期间，新西兰华侨向国内购买节约建国

---

① 潮龙起：《美国华人史》，济南：山东画报出版社，2010 年，第 184 页。

② ［加］魏安国：《从中国到加拿大》，上海：上海社会科学院出版社，1988 年，第 293 页。

储蓄券13.7万镑,购买十年期储券面额3 000余万元,购买公债券国币7万余元。①

总之,在全面、多样、规模庞大的华侨募捐活动中,就华侨购买公债而言,抗日战争期间,国民政府发行有22种之多的公债,包括救国公债、金公债、国防公债、军需建设公债、节约建国储蓄券等,都有华侨认购。按1942年华侨购债额算,约占国民政府发行公债总数的1/3。②

表4-11 海外华侨认购公债额(1939年末)

	地域	金额		地域	金额
救国公债 (单位:元)	亚洲	31 103 329	美金公债 (单位:美元)	亚洲	16 328
	欧洲	239 470		欧洲	1 805
	澳洲	1 509 424		澳洲	80 000
	美洲	16 861 619		美洲	2 817 647
	非洲	439 495		非洲	—
	合计	50 153 337		合计	2 915 780
国防公债 (单位:元)	亚洲	4 767 324	英镑公债 (单位:英镑)	亚洲	4 805
	欧洲	13 005		欧洲	1 710
	澳洲	164 160		澳洲	5 920
	美洲	1 229 658		美洲	1 080
	非洲	61 054		非洲	9 409
	合计	6 235 201		合计	22 924

资料来源:姚玉民、崔玉、李文译:《日本对南洋华侨调查资料选编》(第三辑),广州:广东高等教育出版社,2011年,第259页。

据统计,抗战期间国民政府共发行六期公债,每期5亿元,总额为30余亿元,第一期救国公债,海外各地侨胞就认购了半数以上。③从抗战爆发到1940年,华侨就认购了国防公债6 265 138元,美金公债2 915 880元又22 924

---

① 谢国富:《抗日战争期间的新西兰华侨》,《华侨华人历史研究》1992年第2期。
② 李盈慧:《抗战中的华侨:开展波澜壮阔的救亡运动》,《社会科学报》,2015年9月5日。
③ 华侨革命史编纂委员会编纂:《华侨革命史》(下),台北:正中书局,1981年,第686页。

英镑。1940 年 9 月至 12 月，华侨还购买了节约储蓄券 1 000 万元。[1] 从 1937 年至 1942 年，华侨购债总额已达 11 亿元之巨，约占国民政府发行公债总额的 1/3[2]。国民政府颁布的《救国公债条例》规定："本公债自战事结束后第三年起，由国库指拨基金，分二十年还清。"但是，由于战后国币严重贬值，国民政府又忙于打内战，国库空虚，根本无力偿还。侨胞购买的公债和债券成了一张废纸，本是有偿债券变成了无偿的义捐。

---

① 诸葛达：《华侨对祖国抗战经济的贡献》，《浙江师范大学学报》（社会科学版），2005 年第 6 期。
② 黄小坚、赵红英、丛月芬著，中国抗日战争史学会、中国人民抗日战争纪念馆编：《海外侨胞与抗日战争》，北京：北京出版社，1995 年，第 227 页。

第五章

战时华侨对祖国的物力支援

据国民政府侨务委员会委员长陈树人统计，从 1937 年至 1940 年初，华侨为祖国抗战捐献的各种物品总数为 3 000 批以上，平均每月 100 批左右。华侨的物资捐献，从飞机、坦克、各种车辆到被褥毛毯、冬夏服装，乃至各类药品、金银首饰，可谓品种齐全，方式多样。[1]

第一节　南洋地区

南洋地区华侨最多，其物力捐输也最大。据国民政府侨务委员会委员长陈树人统计，从抗战爆发到 1940 年，南洋华侨捐献的各种棉衣为 700 余万件，夏装 30 万套，军用蚊帐 8 万床，另有寒衣捐款 400 万元。

"七七"事变爆发后的不到半年时间里，海外华侨捐药棉 5 600 公斤又 40 箱。设在新加坡的南侨总会委托侨领侯西反等为国内前线捐赠阿司匹林药片 350 万粒。据统计，广大侨胞在抗战头三年，就捐献飞机 217 架，救护汽车 1 000 余辆，坦克 23 辆。国内各地都可以看到飞机、汽车上醒目的标志"某某华侨号""某某华侨精神号"或"某地华侨捐献"等字样。

为祖国抗战军民捐献冬夏服装，是战时华侨物资捐献的一项重要内容。1939 年 9 月下旬，宋美龄以全国妇女慰劳会的名义致电南侨总会主席陈嘉庚，希望南洋华侨为国内抗战将士募捐棉大衣 30 万件、棉背心 20 万件。陈嘉庚收到电报后，立即发布《南洋华侨筹赈祖国难民总会通告第二四号》，指出："值此严冬候届，将士无衣，忍冻受寒，辛勤为国，实堪轸念"，望"我各属各埠筹赈团体，热心侨胞踊跃响应"。[2] 通告对南洋各侨居国华侨的捐献数额作了分配。各地华侨筹赈团体接到通告后，迅速行动起来，广泛动员，深入发动，仅月余即募捐 500 多万元，超额完成任务。各地捐衣数额如下：新马 12 万，婆罗洲 2 万，缅甸 1 万，印尼 6 万，菲律宾 4 万，越南 1 万，泰国 2 万，香港 2 万。南侨总会在两年内就募缴寒衣 700 余万件，暑衣 30 万套及蚊帐 8 万床，分赠各地新兵、伤病将士及难民难童。后因衣物寄运不便，改募寒衣捐款汇回祖国。

---

[1] 任贵祥：《华侨与中国民族民主革命》，北京：中央编译出版社，2006 年，第 335 页。
[2] 陈嘉庚：《南侨回忆录》，新加坡：怡和轩，1946 年，第 128～129 页。

一、马来亚

马来亚南侨总会发动所属侨团，募款购赠飞机，加强祖国空军力量，仅新加坡华侨就集资购买滑翔机 100 架。霹雳州华侨召开全体大会，决议捐机 1 架。

献车是一项更为广泛的捐输运动。1940 年，南侨总会先后两次捐献崭新的美国"加米西"牌和"道奇"牌汽车共 200 辆，组成"华侨先锋运输第一大队"和"华侨先锋第二大队"回国服务。1939 年 4 月，新加坡华侨发动献车运动，原定捐募卡车 30 辆，但十多天内竟献出 40 多辆。

南洋华侨机工回国服务团 30 人，将平时节省下来的 69 元全部捐作八路军医疗费。他们在给八路军负伤将士的信中说："这区区之数，也许只能算杯水车薪，但是这是我们这一群海外归来的工人，对于你们热情的慰问，是表现着海外千万侨胞和全国广大劳动者是和你们站在一起的。"马来亚一所中华学校的教师和侨童，专门成立了一个救济会和一个《新华日报》读报组，把八路军的抗战新闻，及时广播给华侨学生及侨胞，他们还将捐款叻币 7 元寄给《新华日报》社转交八路军。

1939 年初，南洋惠侨救乡会在吉隆坡召开第二次代表大会，决定把华侨募捐的 40% 献给新四军，40% 献给曾生等领导的惠宝人民抗日游击总队（东江纵队的前身之一），20% 作为惠州难民救济费。经宋庆龄转交给惠宝人民抗日游击纵队的华侨捐款，一次就达港币 20 万元。新加坡华侨开展援助琼崖抗日游击队运动，一次就捐出叻币 1 万多元。为了接送捐款、军用物资和人员等，华侨还组织了从海南经广州湾、香港到南洋的地下航线，战胜重重艰难险阻，完成了接送任务。

马来亚柔佛华侨汽车司机回国服务团到达重庆，赠送八路军汽车 8 辆、药品数车。马来亚森美兰华侨特购救护车 1 辆，直接捐赠给八路军。八路军重庆办事处开始只有 1 辆旧卡车，后来马来亚华侨温康兰（后加入中国共产党）捐赠了 1 辆救护车，加上新加坡华侨的捐赠，办事处共有了 3 辆救护车和 4 辆卡车，其中 2 辆直接送到延安。

1936 年秋，新马华侨捐献购机款 130 万元，购机 13 架给中国政府。1940 年初，马来亚雪兰莪侨领陈永捐叻币 4.1 万元购买飞机 1 架。"七七"事变后，沙捞越诗巫华侨先后 8 次共捐款叻币 6 万多元，购买"诗巫号"飞机 1 架给祖国抗战。

从 1937 年冬开始，沙捞越诗巫华侨筹赈会在侨胞中发起募捐旧衣活动。捐献前，筹赈会发布募衣启事，要求：献旧衣者要首先洗濯干净、折叠整齐后交来；捐衣件数由筹赈会发给收据并登报表扬；捐献时间为上午 8 时至 11 时，下午 1 时至 4 时径交本会①。侨胞们看到启事后，热烈响应，纷纷捐献，较短时间内就募集衣物 2 万多件，由筹赈会安排人员昼夜整理包装发送。1938 年 10 月，诗巫华侨筹赈会再次募捐秋冬服装，并专门成立了募寒衣委员会，分 4 个小组分头到各地城乡挨户劝募，历时 3 个月，募捐服装 11 878 套。1939 年秋，全国妇女慰劳会领导人宋美龄发起向海外华侨征募寒衣给祖国抗战将士时，诗巫华侨筹赈会立即开会响应，决定从"双十"节晚起举行两天的全市募衣运动提灯大会。10 日至 11 日晚，各界华侨组织的提灯队、音乐队、高跷团、舞狮团列队表演游行，爆竹轰鸣，鼓乐阵阵，演讲声声。仅两个晚上即募得国币 11 万多元，购秋冬服装 11 600 套捐给祖国。诗巫华侨筹赈会上述三次捐献活动，共为祖国募捐服装 4.3 万套。

除了直接捐献药品外，华侨还开展各种形式募捐作为购药专款。马来亚华侨曾响应国内发起的"伤兵之友"运动，各尽所能地捐献购药款。1940 年，新加坡闽侨会馆发起召开游艺会，募得叻币 13 万元（约合国币 86 万元）购药。

1939 年春，国内某大剧团到新马宣传演出之际，当地华侨除大量捐款外，还捐献各种首饰 400 多件。

新马地区著名华侨商人胡文虎也捐献大量的战需物资，支援祖国抗战。"七七"事变前几个月，胡文虎拨款 8 000 元，从英国购置大批纱布，存放于香港永安堂分行。"八一三"抗战爆发后，即将这批纱布运沪，由宋庆龄交给何香凝所办的抗日救护队使用。同年 9 月，他再次从美国购买纱布数万筒，药棉 7 000 余磅，绒布 8 大捆，共计 74 件，运至香港，然后转发给江苏、上海、北平、天津、福建、广东等地救护团体使用。抗战中，胡文虎把大量虎标良药捐赠给祖国的各个慈善机构和救护团体。1937 年底，胡文虎还捐献新式六轮救护车 2 辆，由中国红十字会转交给长沙救护当局。1938 年春，又捐车 2 辆给福州卫生处。同年 5 月厦门失陷后，福建缺粮严重，他立即组织在海外购米，运往漳州、泉州平粜，合计一共运去大米 10 万余包。

---

① 《现代华侨》1941 年第二卷第六、七、八期合刊。

二、菲律宾

在菲律宾，华侨献物种类计有飞机、汽车、寒衣、麻袋、救伤袋和医药等。

淞沪战事期间，菲律宾华侨发动向十九路军捐献麻袋的活动，怡朗一地华侨就献4.2万多条。[①] 在1940年给祖国难童捐献寒衣活动中，南洋各地华侨共捐得30万件，其中菲律宾华侨占4万件。[②]

菲律宾华侨成立了以侨领李清泉为主席的菲律宾华侨援助抗敌委员会（或称"菲律宾华侨各界抗敌后援会"），在全菲各地建立分支机构35处，会员有4 000多人。至1933年，旅菲华侨捐献购机款达30万元，购买飞机30架捐给十九路军，其中李清泉自己捐献1架。"七七"事变后，全菲华侨掀起向祖国捐献飞机的高潮。马尼拉华侨铁商会、木商会、杂品商会、屠宰商会及其他商会的华侨都开展捐款献机活动。华侨妇女捐"妇女号"飞机1架，旅菲侨校中小学生集捐10万元献机一架，命名为"学生号"，小杂货店员献机1架，屠宰业华侨献机1架。至1941年底，全菲华侨捐机款约500万元，可购飞机50架。其爱国义举得到国民政府嘉奖。[③] 妇慰会菲律宾分会于1937年12月24日，向总会捐赠救护车2辆、运输卡车2辆、车胎4个等。其他如救伤袋，仅妇慰会菲律宾分会一处便捐赠了10万个。妇慰会菲律宾分会也一次就捐1万元汇给八路军，作购制雨具之用。菲律宾华侨劳工联合会等24个团体成立了菲律宾各界为陕北公学募捐筹备委员会，并向陕北公学校长成仿吾发电报说："募捐已发动，目的万元，第一期6月底完成。"不久，他们便向陕北公学汇来第一期捐款1万元。

菲律宾华侨捐献防疫浆苗100万剂、救伤袋10万个及许多防毒面具。他们也为祖国赈济大米250万包，低价卖米5 000包。

三、缅甸

缅甸华侨为了支持祖国的抗战，除了积极献金之外，在捐献物资方面也尽

---

① 杨荣标：《菲律宾华侨救国运动史》，马尼拉：菲律宾华侨救国运动史编纂社，1935年，附录部分。

② 陈嘉庚：《南侨回忆录》，新加坡：怡和轩，1946年，第218页。

③ 《华侨动员》第16期；华侨革命史编纂委员会编纂：《华侨革命史》（下），台北：正中书局，1981年，第696页。

到了自己的职责。

1937 年 9 月中旬，缅甸华侨救灾总会接中国红十字会和中国妇女慰劳抗敌将士总会公函，为"利抗战工作进行"，请求代征"救济伤兵难民药品、物品"。缅甸华侨救灾总会一方面立即通知所属单位着手征募，另一方面，为使征募工作持久、扩大，乃着手建立缅甸华侨红十字会，"以责专成"。这一工作一开始就不仅得到各界侨胞的积极响应，而且还受到印缅各籍社会贤达的赞赏和支持，所以捐献十分踊跃。稍后，缅甸华侨红十字会与缅甸华侨救济灾童委员会合并，征募工作则有进一步成效。据 1937 年 10 月至 1939 年 9 月的统计，缅华侨胞通过缅甸华侨红十字会运回祖国的物品计有：单夹衣裤 813 捆，每捆 4 万件，共 32.52 万件；新棉衣 29 捆，每捆 400 件，共计 1.16 万件；新旧麻袋 360 捆，每捆 500 条，共计 18 万条；各类药品 69 箱。① 此外，缅甸华侨还于 1938 年和 1939 年通过中国航空建设协会仰光支会，先后向祖国购献两批共 14 架战斗机，后被编为"缅甸华侨号"。1939 年夏，"缅甸华侨号"翱翔西南，捍卫祖国领空，与敌激战，功绩卓著，缅华侨胞无不击掌相庆。② "双十"日再度捐献飞机 10 架。其中全缅 214 所华侨学校师生捐出积攒的零花钱合缅币 49 191 盾，购买"缅甸华侨学生第一号"和"缅甸华侨学生第二号"飞机 2 架。战时缅甸华侨共捐献飞机 19 架。1941 年 9 月 6 日，国民政府军政首脑蒋介石、林森签发嘉奖令，向发动侨胞捐机做出贡献的中国航空建设协会仰光支会颁发金质奖章。③

日寇相继占领我沿海地区和越南之后，作为西南国际交通主干线的滇缅公路，便成为我国对外联系和获得外援的"生命线"。为了确保军事行动的需要及物资运输的及时供应，1940 年 2 月，缅甸华侨救灾总会在仰光举行捐献百辆救护车典礼活动，当时参加捐献的侨校有 15 所，募捐缅币 145 000 盾，购救护车 10 辆，编为"缅华学生第一号至第十号"。1941 年，全缅华侨用一个多月时间捐缅币 30 多万盾购买新式卡车 150 辆给西南运输处。捐献车辆活动深入各界华侨之中，各侨团合购"缅甸华侨号"卡车 27 辆，救灾技术委员会捐献 10 辆，缅华学生会捐献 12 辆，仅高聪敏一人就独捐 2 辆。

应该指出，以上所献物品尚不包括缅甸华侨妇女救灾会、缅甸粤侨筹赈

① 华侨革命史编纂委员会编纂：《华侨革命史》（下），台北：正中书局，1981 年，第 699 页。
② 黄珍吾：《华侨与中国革命》，台北："国防研究院"，1963 年，第 349 页。
③ 黄珍吾：《华侨与中国革命》，台北："国防研究院"，1963 年，第 349 页。

会、缅甸闽侨筹赈会等侨属民众组织征募的大量衣、物、药品、器材、救护车以及其他实物在内。

缅甸华侨捐献的物品、药品，参见表5-1：

表5-1　缅甸华侨捐献物品、药品一览表[①]

年份	捐物单位	品名	数量
1937—1939	缅甸华侨红十字会	衣服	325 200 件
1937—1939	缅甸华侨红十字会	新棉衣	11 600 件
1937—1939	缅甸华侨红十字会	新旧麻袋	180 000 条
1937—1939	缅甸华侨红十字会	药品	69 箱
1937—1939	缅甸华侨妇女救灾会	衣物	一批
	缅甸华侨募捐难民棉衣会	棉花、线碌、布料等	一批
1938—1939	中国航空建设协会仰光支会	战斗飞机	14 架
	缅甸粤侨筹赈会	药品	一批
1938—	缅甸华侨义勇救护队		救护车5辆、医疗器械及药品各一批
1940	各侨团、侨校	运输车	110 辆

由于缅华广大侨胞慷慨解囊，无私捐献，他们任何一次捐募行动都取得了超预期的成果。例如，南侨总会受命征募冬衣时，曾按人数和财力情况，规定缅华应缴冬衣1万件，但因缅华侨胞竞相捐赠，劝募数字远远突破此数，计为1.6万件，超过原劝募定额的60%。缅甸华侨募捐难民棉衣会还发动全体华侨妇女劝募布匹棉花等自缝棉衣，捐赠祖国难胞。

四、荷属东印度（印度尼西亚）

在印度尼西亚，当地华侨也捐献了大批物资。为救助因抗战受伤的祖国将士民众，海外侨胞一面组织医疗救护队回国救护伤员，一面在侨居地为祖国捐款购药，解决战争急需的各种药品。金鸡纳霜（即奎宁）是产于印度尼西亚治疗疟疾的特效药，印度尼西亚华侨得知国内各地疟疾流行，遂多次捐献这种

① 原表参见肖泉：《抗战前期缅甸华侨献金捐物运动》，《东南亚研究》1987年第3期。

药品。1937 年下半年，印度尼西亚华侨即募捐金鸡纳霜 1 900 万粒，此后爪哇华侨又捐 5 000 万粒。1940 年，巴达维亚华侨捐助祖国慈善事业委员会捐献奎宁丸 1 300 万粒，并代印度尼西亚其他各地华侨慈善会购运 1 900 万粒。当年春，该会致函全国慰劳总会说："荷属侨胞深知国难严重，继续捐款，努力不懈，前以祖国时届春夏之交，瘟疾流行，战区军民，需用奎宁丸为数甚巨，经发起捐购奎宁丸药品运动，各埠同侨，闻风响应，纷将寄由本会代购寄付。"① 1941 年 10 月，该会再捐金鸡纳霜 2 895 万粒，可供 130 万人服用。据初步统计，印度尼西亚华侨在抗战期间共捐金鸡纳霜 1 亿多粒，够 500 万人服用，基本解除了我国抗战时治疗疟疾及防止其传播的困扰。

1939 年冬，陈嘉庚和庄西言率领南洋华侨回国慰劳视察团，到祖国各地慰劳抗日将士，爪哇华侨另组救济队回国服务，他们都带去了大批药物等物资，慰劳团在 10 个月内足迹遍历各地。

"七七"事变前夕，印度尼西亚华侨曾捐款 13 万元用于祖国防空，后南京首都航空工厂用这笔款制造飞机 1 架，命名为"爪哇号"。

五、南洋地区其他国家

在越南，侨胞们捐献大量物资。1938 年，寓居海防的华侨募捐新棉衣 5 000 多件，旧棉衣数千件，还有大批其他慰问品，② 这批物资寄给云南省政府收转。1939 年 10 月，重庆妇女慰劳会发起难童寒衣捐，越南华侨积极响应，捐献冬大衣 10 000 件，每件冬大衣折合国币 15 元，所捐款项汇寄重庆妇女慰劳会。③ 越南侨胞缩食委员会购买轻型铁甲车，献给祖国。

1938 年初，泰国华侨冲破亲日政府当局的种种限制，秘密发动捐米活动，一星期之内捐献大米 10 万包，用船运回国内。泰国华侨还捐衣 620 包。当地华侨妇女筹赈会还将 3 400 多元的捐款悉数资助八路军抗战。曼谷的侨胞积极捐款给延安的陕北公学。而泰国中华总商会主席蚁光炎曾经托人运送两部救护车和大量药品给八路军和新四军。

---

① 《荷属侨胞捐大量奎宁丸慰劳总会复电致谢》，《中央日报》，1940 年 6 月 1 日。
② 《新华日报》，1938 年 2 月 21 日。
③ 陈嘉庚：《南侨回忆录》，新加坡：怡和轩，1946 年，第 128 页。

抗战期间，新加坡著名侨商胡文虎（左）向祖国抗日军队捐赠了大批款项和药品。图为胡文虎与抗日将领李宗仁合影

第二节 欧美地区

美国华侨通过各种途径捐献中国抗战急需的医药器材和军用物资。华侨侯总榜等人在纽约建立中美药厂，专门制造中国缺乏且急需的贵重药品。1938年，美国华侨根据国民政府有关部门开列的药单，共捐药品一千"单位"以上，足够50万伤兵1个月的用药。[①] 据1939年《新宁杂志》载，纽约华侨发动购献运输车一百辆运动，"拟将车呈献政府以增厚抗战力量。现已集得美金廿万余元，刻仍继续捐输"。

飞机和坦克是驱敌卫国的重要武器。为了增强国防力量，美国华侨多次掀起捐款购机高潮。在抗战头4年，华侨捐款购机达630多万美元，献机63架，其中还不包括1938年为支持广东抗战，美国和古巴粤籍华侨捐赠广东家乡的战斗机15架。1941年，美国加州北部20个华侨社团又购置美国陆军运输机8架，派往中缅战场服务，各机被命名为"北加州华侨精神号"。[②]

---

① 许肖生：《华侨与祖国民族解放运动》，广州：暨南大学出版社，1992年，第101页。
② 许肖生：《华侨与祖国民族解放运动》，广州：暨南大学出版社，1992年，第101页。

  1933 年 4 月成立的纽约华侨衣馆联合会（简称"衣联会"）在抗战救国活动中的表现也值得一提。1937 年全面抗战爆发以后，衣联会首先在纽约发起捐款救国，发动每一个会员在自己衣馆的柜台上面，放置一个有封条的救济箱，上面用英文书写"救济中国难民"等字样，以便顾客捐款。另外还有印好的英文宣传纸，宣传抗战的必要性和正义性，放在洗好的衣裳中，顾客取回去可以慢慢阅读。这样做也收到一定的效果，不少美国人都乐于捐款。衣联会还租赁大厅，举办晚会，向中西人士筹捐抗日救济款，效果可观。衣联会遂即用各项筹款购买了四辆救护车、大批医械药品，随后又买了大批棉衣，运回国内。1939 年，衣联会和其他进步人士一起，办起《纽约华侨日报》。该报曾以进步言论教育华侨，揭露了国民党反动派制造"皖南事变"的事实，谴责国民党反动派的罪行，呼吁以抗战为重，不要内战。①

  参与抗战捐献活动的华侨来自各个阶层。很多侨领不但带头捐赠，还全身心组织华侨捐款捐物。据《台山文史》第 18 辑载，致公总堂侨领阮本万捐资 30 万美元，他不顾年迈，到各埠宣传发动，募捐了 600 多万美元购买飞机支援祖国抗战。芝加哥华侨抗日救国后援会委员长梅友卓带头捐款 10 万美元，并向其他侨胞募捐了 300 多万美元为军费以及救济难民之用。旧金山商会长邝炳舜除捐助军费 10 万美元和捐赠医院解剖仪器 10 副（价值 15 万美元）外，又到各埠募集 15 万美元，并向美国有关部门申请拨款 44 万美元，开办"中国飞机厂"，把生产的飞机和机件送回祖国抗战。

  在英国，"七七"事变后，英国援助中国委员会每星期都有大批药材、衣服等物品经香港转运到中国大陆。1937 年 10 月，该委员会还把 1 800 码消毒布、224 磅的棉毛织品和大批绷带直接运交宋庆龄。次年 10 月，伦敦中外人士还以跳舞会、绘画展览会、演剧等形式发动募捐，"把售票及募捐所得直接寄到中国"。英国对华救济基金委员会于 1938 年募捐 152 万英镑，衣物数十件，以支援中国抗战。②

  在荷兰，1937 年 12 月 5 日至 1938 年 12 月 30 日，旅荷华侨救国后援会发动华侨募得寒衣 2 111 件。其中，阿姆斯特丹 689 件、鹿特丹 657 件、海牙 503 件、乌得勒支 94 件、希尔佛逊 61 件、亚尔内姆 58 件、莱顿 49 件。阿姆

---

  ① 陈厚文：《纽约的华侨衣馆联合会》，全国政协文史资料委员会编：《文史资料存稿选编》（第 25 辑），北京：中国文史出版社，2002 年。

  ② 章志诚：《欧洲华侨支援祖国抗战的活动与贡献》，《八桂侨刊》2005 年第 5 期。

斯特丹市与鹿特丹市还分别把1938年11月26日与1939年3月4日定为"募捐援华运动日"。①

可见，抗战时期海外华侨的物资捐献，从飞机、坦克、各种车辆到被褥毛毯、冬夏服装，乃至各类药品、金银首饰，可谓品种齐全，方式多样。据统计，从1937年下半年至1940年初，华侨捐赠的各种物品，总数在3 000批以上，平均每月100批左右。②

作为华侨支持中国抗战所捐献的重要战略物资，飞机在抗日战争中具有强大的战斗力，我们可由此看到战时广大侨胞捐款捐物所发挥的重要作用。《申报》于1939年6月22日对此进行了详细报道：

> 日机于六月十一日，对重庆成都二地之轰炸，现查明为华方击损之日机，达十七架之多。至于蓉地摧毁之日机，究有多少，现尚未能完全知悉。闻在中国空军战绩中，成绩最著名者，多为海外华侨所捐之飞机。如最近重庆上空与日机作战之华机十五架，多为由华侨捐款中所购置者。在最近数次空战中，价值每架在法币一百万以上之日机，为华侨飞机击落者，无虑有八架之多。闻此十数架华侨飞机中，两架为古巴华侨所捐者，三架为缅甸华侨所捐者，两架为暹罗华侨所捐者，一架为香港华侨所捐者，三架为旧金山华侨所捐者，一架为纽约华侨所捐者，一架为加拿大华侨所捐者，三架为广东军民所捐者。又于此十数架华侨飞机中，战绩最光荣者，为黄天明（译音）所驾之"暹罗第二号"，梁天成（译音）所驾之"纽约"号，周金索（译音）所驾之"加拿大"号，皆曾击落日机。闻各华侨机之名称，多以所捐地之国名地名为名称。③

华侨的大批赠物，在一定程度上缓解了抗战时期物资紧缺的状况，赈济了战区和后方部分伤兵难民，提供了抗击日本帝国主义的重要物质力量。

---

① 章志诚：《欧洲华侨支援祖国抗战的活动与贡献》，《八桂侨刊》2005年第5期。

② 李景光：《华侨对中国抗日战争的贡献》，http://www.zg.org.cn/zthd/2015nzt/jnkz70zn/dbnr/201506/t20150602_23938.html。

③ 《轰炸渝蓉之日机被击坏十七架 华侨捐赠飞机最合作战之用》，《申报》，1939年6月22日。

第六章

亲赴祖国抗日战场

"七七"事变后，成千上万海外华侨怀着"国家兴亡，匹夫有责"的满腔热血，抛家舍业、历尽艰辛，毅然回国参军参战，或到后方为战争服务。仅从南洋回国参加抗战的粤籍华侨就有4万余人。美国、加拿大、菲律宾等国航校回国参战的大批华裔学员中，仅美国就有200人左右。全国歼击机飞行员中华侨占3/4，成为中国空军作战主力。由南洋各地华侨子弟组成的"南洋华侨机工回国服务团"，先后从各个地区回到了祖国，奋战在条件险恶的滇缅公路上，为保证国际援助物资及时运到祖国前线，以解抗战燃眉之急，作出了极大的牺牲。菲律宾华侨青年成立抗战服务团回国报效，缅甸、吉隆坡等地侨胞组织华侨义勇工程队、救护队、回乡服务团等参与战地救护并配合作战。众多华侨青年回国报考军校，毕业后奔赴前线杀敌报国。以上华侨回国亲赴祖国抗日战场，是战时侨胞支持祖国抗战的重要方面，同样为祖国抗战的最后胜利做出了巨大贡献。

第一节　美国华侨航空救国运动

中国人民的抗日战争是在敌我双方军事力量悬殊的情况下进行的，空军更是如此。抗战伊始，中国空军能派上用场的飞机只有320架，而日军仅在东南一隅的飞机就有500多架。尽管如此，中国飞行员士气高昂，常常以寡敌众，也打过一些漂亮的空战，其中就有美国华侨飞行员的功劳。在美洲地区回国参加抗战的华侨中，美国华侨占首位，共有618人。[①] 其中有医务人员、机电人员、青年学生等，但从人数和影响来看，要数航空人员。训练和输送航空人才回国参加抗战，这是美国华侨回国抗战的一大特点，是美国华侨支持国内革命的有效行动。早在1900年到1920年，美国夏威夷和旧金山地区一些华人飞行员就返回中国进行飞行或者创建航空公司，其中就包括著名华侨飞行家冯如。

冯如，广东恩平人，生于1884年1月，8岁入私塾时，追慕《封神榜》中飞人，且天生聪颖，擅长手工，其制作的风筝双翼能吊两只小木桶升空，令故乡人惊奇不已。1895年，冯如随表亲赴美，其时年仅12岁。19世纪末之美国，工艺发达，科技日新月异，令初至华人目不暇接。在旧金山，冯如白天在一耶稣教会做杂工，夜晚则入补校学习英文，如此三四年后，与当地人沟通已无障碍。1899年，他尊父命回国完婚，娶乡女梁三菊为妻。翌年再度出洋，

---

① 华侨革命史编纂委员会编纂：《华侨革命史》（上），台北：正中书局，1981年，第639页。

先后在纽约造船厂、发电厂及机器制造厂做工，不仅能熟练掌握多种技艺，而且能制作发电机、抽水机、打桩机等。1903 年冬，美国莱特兄弟自制飞机，并在北卡罗来纳州试飞成功，为世界载人动力飞机之嚆矢。1904 年，日俄为争夺在我东三省之权益爆发战争，使我同胞饱受蹂躏。此二事对冯如刺激颇大。他曾对友人说，日俄战争大不利于中国，当此竞争时代，飞机或将成为军事上重要利器，值此足以固吾国而慑强邻矣。于是，为壮国体、挽利权，冯如决心研制飞机。

1908 年，冯如自纽约返旧金山筹款，于翌年 5 月在奥克兰东街 359 号租借房屋，成立广东制造机器厂，并与黄杞、张南、谭耀能等人参考航空技术资料，开始研制飞机。经过年余努力，冯如制成载单人飞行的动力飞机，并于 1909 年 9 月 21 日在奥克兰南郊一家农场首次试飞。此飞机为双翼，翼长 7.63 米，宽 1.92 米，发动机为一台 6 马力的内燃机。冯如驾机升空，作椭圆形绕空飞行，后因螺旋桨突然停转，坠落时致使起落架变形，自己被抛出，幸无大碍。此次飞行高度为 3.1~4.6 米，航程则约 804 米，比 1903 年莱特兄弟首次飞行的航程 260 米还多 2 倍。冯如不仅为华人争光，而且掀开了中国航空史之首页。

试飞成功后不久，冯如将广东制造机器厂扩充为广东制造机器公司，并以该公司试办飞船名义招股。数月后即获一期股金 5 875 美元，股东 67 人。是时任侨商黄梓材为总经理，而冯如则出任总机器师。出任总机器师期间，冯如在旧金山共造飞机 7 架。前 6 架以美国莱特机型为蓝本，业内称"冯如一型机"；而第 7 架虽参考莱特机型，但以法国的花曼飞机为蓝本，故名"冯如二型机"。一型机不理想，二型机装有一台 75 马力的发动机，时速 105 公里，航程 35 公里，飞高为 110 米，已达当时世界飞行器最高水平。[1]

冯如曾多次在奥克兰驾机作飞行表演。1911 年 1 月 31 日至 2 月 5 日，孙中山为鼓吹革命和筹款事宜在旧金山逗留，期间曾前往与旧金山一湾之隔的奥克兰观看冯如的飞行表演，对他勉励有加，并称"吾国大有人矣"。

为壮地方声威，时任两广总督张鸣岐曾电召冯如回国，并委时在美考察游历的商务印书馆编译所长张元济从中劝说。1911 年 2 月 21 日，旧金山的广东制造机器公司更名为"广东飞行器公司"，拟迁回国内发展航空事业。第二天，冯如即率公司技术员朱竹泉、司徒璧如、朱兆槐并携飞机两架，乘船取道

---

① 冯汉纲：《冯如研究》，广州：广东省中山图书馆、恩平：恩平县政协文史资料研究委员会，1991 年，第 33~36 页。

日本回国。3 月 22 日抵达香港时，张鸣岐曾派"宝壁号"军舰前往迎接。[1]

冯如回国当年，革命党人义举不断，清室正处于风雨飘摇之中。先是比利时飞行家云甸邦在广州燕塘作飞行表演时，华侨志士温生财刺杀前往观看的广州将军孚琦；继而又发生"三二九"起义。武昌起义成功后不久，广州光复并成立军政府。稍后，广东革命飞机队成立，冯如为飞机长，朱竹泉为飞机次长，司徒璧如、朱兆槐为飞行员。

1912 年 4 月间，冯如曾在广东台山县城南门附近作飞行表演，观者二千余人。[2] 此前秦国镛虽在北京南苑驾机升空，但此飞机为从国外购入。国人驾驶自制飞机在神州大地上空飞行，冯如实为第一人。

为普及航空，1912 年 8 月 25 日，冯如在广州市郊燕塘大操场作飞行表演。飞机凌空而止，高约 40 米，东西飞行 8 千米，数千观众鼓掌喝彩声不绝于耳。正当冯如欲使飞机继续攀高时，由于操作有误，飞机头高尾低，突然坠落，致使其身受重伤，后被送至北校场陆军医院救治无效而亡。[3] 冯如殉职后葬于广州黄花岗，与七十二烈士相伴。广东军政府陆军司表彰其首创中国航空功绩。1912 年 11 月 16 日，临时大总统袁世凯还发布命令，着陆军部按少将阵亡例拨款一千元抚恤其家属，并将其事实宣付国史馆。

此后，美国的中国国民党人积极集资组建航空学校和航空社以培训人才，如 1916 年旧金山的民强航空学校、芝加哥的民智航空社等。许多华侨青年学成回国后加入孙中山领导的政权，直接参加打击军阀的斗争，如 1920 年广东讨伐军阀莫荣新之役，就有美国华侨杨仙逸、陈庆云等驾机参战。

被称为"中国空军之父"的杨仙逸为夏威夷华侨，祖籍香山，是早期航空救国运动的杰出代表，中国近代航空先驱。杨仙逸早年加入同盟会，1918 年响应孙中山的号召回国。杨回国后即着手组建飞行队，后又赴海外募款购机。其父杨著昆出资购机四架。1919 年援闽粤军飞行队成立，杨仙逸任总队长。在讨伐莫荣新之役及以后与陈炯明的战斗中，杨仙逸多次率领飞行队参战，战功卓著。孙中山曾高度评价他对中国航空事业的贡献，先后为其题写"天下为公""志在冲天"的条幅。1923 年杨仙逸不幸牺牲，孙中山痛心疾首，以大元帅名义追认他为中将，并为他题写墓碑，并定其殉难之日，即每年

---

[1] 《冯如小传》，（广州）《时事画报》，1912 年 9 月号。
[2] 《百岁老人自述》，《恩平文史》1986 年第 10 期。
[3] 《冯如小传》，（广州）《时事画报》，1912 年 9 月号。

的 9 月 20 日为航空节。

　　在孙中山"航空救国"的号召下，投身祖国航空飞行事业的人士众多。1931 年，"九一八"事变后，美国华侨的爱国热情日益高涨。美国旧金山侨胞"以抗日救国，匹夫有责，不数日即已筹得美金 300 余万"，"购机 30 架"，汇交十九路军，支援抗战。[①] 除捐款捐物外，还有一支由 250 多人组成的华侨抗日义勇军奔赴淞沪抗日前线，组编为华侨义勇军第一总队。归侨飞行员、军政部航空第六队副队长黄毓荃，在淞沪抗战的空战中英勇善战，先后击落日机多架。在 2 月 5 日的空战中，不幸遭数架日机的围攻，壮烈牺牲，时年 28 岁。这是中国空军抵御外侮英勇献身的第一人。[②] 华侨对淞沪抗战的各种支持，对于增强十九路军的实力、鼓舞士气具有积极意义。

　　"九一八"事变后，美国华侨认识到航空救国的重要性，加快了航校建设的步伐。1931 年底，纽约华侨反日救国会发起、创办了航空学校，拟于最短时间内培养航空人才三千名，"并四处筹款，向当地定购新式战斗机，聘请美国富有经验的航空教员为教授"。波特兰、旧金山、洛杉矶、檀香山等地华侨，"变卖产业为国输将者有十余人之多，而自愿加入航空学校为决死队者共计有五千余人"[③]。为了发展中国的航空力量，中国国民党甚至在旧金山地区建立了一家航空学校用来招收华裔青年，同时派出一些年轻人到纽约的柯蒂斯航空学校进行培训。

　　由此可见，20 世纪 30 年代美国华侨航空救国的活动已发展到了新阶段。美国华侨创办的航空学校中，较为突出的有波特兰的美洲华侨航空学校和旧金山的旅美中华航空学校。1931 年 10 月 10 日晚，波特兰的华侨举行集会，演出爱国话剧《万宝山惨案》，并邀请赴美募款的黄兴夫人徐宗汉女士讲演，遂于当晚成立了美洲华侨航空救国会，并于第二天开始筹建美洲华侨航空学校。该校的宗旨是：训练航空人才，对外为巩固国防，尽力杀敌；对内为发展航空事业，永不参加任何政争内战。课程有航空理论、航空技术和国耻史等，并购有教练机，聘请美国航空师为教练。美洲华侨航空学校于这一年的 12 月 13 日开始招生，前后办过两期，共有学生 36 人。旧金山的旅美中华航空学校有教练机数架，课程设有机械原理、航空原理、空战战略、国耻史等。此外还有初级

---

①　《广州民国日报》，1932 年 4 月 18 日。

②　国家教委基础教育司主编：《记住这段历史：日军侵华罪行和中国人民抗战实录》，成都：四川人民出版社，2005 年，第 23 页。

③　《广州民国日报》，1932 年 1 月 7 日。

飞行术、高级飞行术、夜间飞行术、军事飞行术等，并通过实际操作，使学员熟练掌握这些技能。该校于 1933 年 7 月创办，1941 年初解散，八年间共举办三期。1934 年春，第一期学生 20 人毕业；1937 年初招收第二期，13 名学员均为高级班；1938 年招收第三期，其中飞行生 30 名、机械生 22 名。

美国华侨对这两所航校给予了很大支持。波特兰的美洲华侨航校创办不久，林若泉医生即捐献教练机一架，后来俄勒冈州华侨救国统一会又多方集资 10 万美元，购置了战斗教练机三架，命名为"民族""民权"和"民生"号，供学员训练之用。旧金山的旅美中华航校也是如此，华侨不仅捐资购机，而且踊跃为航校输送人才。以第三期为例，其学员分别来自旧金山、洛杉矶、西雅图、芝加哥、纽约、夏威夷等十余个城市和地区。除上述两所航校外，芝加哥三民飞行学校、底特律航校的中国学生班、匹兹堡航空侨校、洛杉矶华侨航空学校以及波士顿、纽约、凤凰城的航空救国会等组织，也先后培养了一批华侨飞行技术人员。

美洲华侨航空学校和旅美中华航空学校的学员毕业后，大部分分批回国。如波特兰美洲华侨航校前两期毕业的 36 名学员中，回国服务的有 32 人，其中有 4 人后来担任中国空军大队长。美国华侨飞行员回国后，绝大部分加入中国空军行列，他们与国内飞行员一道，保土卫空、喋血疆场，战功卓著。例如，被人称为"空军虎将"的黄泮扬、陈瑞钿，同是毕业于波特兰美洲华侨航空学校第一期的学员。黄泮扬曾任空军大队长，因击落 8 架敌机而名震四方。陈瑞钿回国后先任笕桥航校教官，后参加对日空战，击落敌机 1 架。在保卫武汉的空战中，他用自己的飞机直撞敌机，使敌人魂飞胆裂，在窜逃中粉身碎骨。1939 年，在昆仑关战役中，陈瑞钿因机座被击中而身负重伤。[①]

在抗日战争后期，美国退休飞行教官陈纳德在中国创立的"飞虎队"，打得日本侵略者魂飞魄散。在这支威震四方的"飞虎队"中，有九成左右的飞行员为美籍华裔。威震沙场的"飞虎队"，在 31 次空战中，以 5～20 架可用的 P－40 型战斗机共击毁敌机 217 架，自己仅损失了 14 架。这支中国空军美国志愿援华航空队以插翅飞虎队徽和鲨鱼头形战机机首闻名天下，其"飞虎队"的名字也家喻户晓。1943 年，志愿航空队改为第 14 航空队。此后，"飞虎队"越战越勇，不仅在中国的天空中打击日军，而且远赴南洋和日军作战，还飞越喜马拉雅山，开辟了著名的"驼峰航线"，把大量军用物资从印度送到中国。

---

① 方雄普：《美国华侨的航空救国活动》，《华侨华人历史研究》1988 年第 2 期。

至抗日战争结束，第14航空队共击落敌机2 600架，击沉或重创223万吨敌商船、44艘军舰、13 000艘100吨以下的内河船只，击毙日军官兵66 700名。

值得一提的是，一些华侨妇女也加入航空救国的行列。美洲华侨航空学校第二期学员中就有两位华侨女青年，她们是李月英和黄桂燕。1932年2月，她们随男学员一道回国。李月英先后在杭州的航空署图书馆和上海虹桥机场任职，后返回波特兰当民航驾驶员，在一次航行中失事殉职。黄桂燕则在航空器材科当打字员，不久随航空署迁往南昌，最后病故在那里。还有一位是1936年被蔡廷锴将军称作"女界之光"的张瑞芬。张瑞芬1931年进入林肯航空学校，1935年取得国际飞行执照，从而成为第一位获得美国飞行执照的中国女性。"七七"事变后，张瑞芬驾驶飞机从洛杉矶出发，先后飞抵旧金山、芝加哥、圣地亚哥等市，还举办航空图片展览，激发侨胞的爱国热情。当时，旧金山的华侨曾捐款7 000美元，购买了一架教练机，赠予张瑞芬，作为她回国办航空学校之用。

这些华侨子弟飞行员，在抗日战争的历次战役中，表现出以身殉国、英勇杀敌的大无畏精神，并建立了不朽功勋。不少人在空战或执行战时任务时，献出了宝贵的生命。

美国华侨的航空救国运动，造就了一批飞行技术人才，为中华民族取得抗战的伟大胜利和后来中国航空事业的发展，作出了巨大贡献，其光辉业绩彪炳千秋，其英雄气概永垂青史。

第二节　滇缅公路上的南侨机工

华侨亲身效命祖国抗战，爱国之心可昭日月，南侨机工的事迹更是可歌可泣。

1938年10月，广州、武汉沦陷之后，抗日战争进入艰苦的相持阶段。当时，华北、华中和东南大部分已沦于日寇魔爪，我国对外的水陆交通大部分被截断，滇缅公路成为运送援华物资的交通命脉。而这条交通线是新开辟的，崎岖难越，需要技术较高的司机，但国内非常缺乏这方面的人才。为此，设在昆明的西南运输处主任宋子良电请南侨总会支持解决。1939年2月7日，南侨总会根据西南运输处的要求，在报上发布南侨总会第六号通告，并另发公函给各地的筹赈会，征募回国机工。

下面是南侨总会发出的第六号通告内容：

南洋华侨筹赈祖国难民总会第六号通告（征募汽车修机驶机人员回国服务)①

为通告事，本总会顷接祖国电委征募汽车之修理人员及司机人员回国服务，（修机者按数十人）凡吾侨具有此技能之一，志愿回国以尽其国民天职者，可向各处华侨筹赈会或分支各会接洽，并注意下列各条方可：

（一）熟悉驾驶技术，有当地政府准证，识文字，体魄健全，无不良嗜好，（尤其不嗜酒者）年龄在40以下20以上者。

（二）薪金每月国币30元，均由下船之日算起，如驶机及修机兼长者可以酌加，须在工作时，审其技术而定。

（三）国内服务之地，均在云南昆明，或广西龙州等处，概由安南入口，旅费则由各地筹赈会发给。

（四）凡应征者，须有该地要人或商店介绍，知其确具有爱国志愿者方合。

……

事关祖国复兴大业，迫切注意办理是要，此布。

南侨总会招募机工第六号通告

---

① 《南洋华侨筹赈祖国难民总会第六号通告》，1939年2月7日，参见蔡仁龙、郭梁主编：《华侨抗日救国史料选辑》，中共福建省委党史工作委员会、中国华侨历史学会1987年刊印，第381页。

　　南侨总会一声号召，马来亚各地的华侨热烈响应。陈嘉庚直接领导的新加坡筹赈会行动最迅速，第一批回国机工从动员、集训到整装出发，仅用了1个月的时间。3月8日，新加坡第一批华侨机工207人告别了亲友，乘"丰祥轮"经越南西贡回国。3月下旬，第一批回国机工就在西南运输线上开始服务了。

　　槟城筹赈会接到南侨总会的通告后，立即行动，成立了"槟华筹赈会征募机工委员会"，专门负责机工回国的组织和审查工作。为了选送最优秀的华侨机工回国，征募委员会授权槟城司机工会按条件推荐、检验和选送司机，聘请体育教员管亮工为回国机工进行入伍前的军训，并请来3位文化教员给机工补

第二批南侨机工归国服务团归国前在新加坡的集体留念照

习文化；与此同时，发动裁缝店为每位回国机工赠送1套中山装、1套短便装，动员橡胶厂赠送每人1双球鞋，百货店赠送每人1条毛毡。4月3日，槟城筹赈会在紫罗兰酒家为回国的100名机工举行送别宴会。第一批机工送走后，槟城筹赈会又继续招募第二批机工100名，并于5月15日启程回国。

　　雪兰莪、柔佛、马六甲、巴生、霹雳等地的筹赈会亦闻风而动，为祖国招募了一批批回国抗战的华侨机工。3月27日，新加坡和马来亚各地的第三批回国机工597人汇集在新加坡，从新加坡乘船回国。新加坡华侨数千人到码头送行，南侨总会主席陈嘉庚主持了送行仪式并给回国机工订立了十条回国公约。①

　　从1939年3月8日，新加坡第一批华侨机工启程回国，到1939年8月8日，最后一批机工600多人被送上归途的这5个月时间内，由南侨总会征募回

---

① 《南侨总会主席望机工坚厉志行》，《南洋商报》，1939年8月9日。

国抗战的华侨机工共 15 批 3 192 人①，他们被统称为"机工"或"南侨机工"。其中，大多数是新加坡和马来亚各地抗敌后援会的成员。

表 6-1 马来亚各区征募机工人数表②

(单位：人)

区别	第一期人数	第二期人数	区别	第一期人数	第二期人数
槟城区	203	34	马六甲区	60	67
新加坡区	613	219	彭亨区	43	70
巴生区	34	14	雪兰莪区	127	297
霹雳区	382	249	吉兰丹区	10	23
丁加楼区	13	11	森美兰区	50	127
柔佛区	250	177	玻璃市区	2	10
吉礁区	76	74	两期总计	3 225	

南侨机工在乘船离开南洋启程回国的时候，满怀激情高唱《运输救国歌》。这首歌的歌词是这样写的：

> 同学们，别忘了我们的口号，
> 运输救国，安全第一条。
> 车辆的生命，同样地（的）重要。
> 好好保养，好好驾驶。
> 快把运输任务达到，
> 再把新的中国来建造。
> 同学们，别忘了我们的口号，
> 生活要简朴，人格要高超，
> 不许赌钱不许嫖，快把烟酒齐戒掉。

---

① 南侨机工的人数，一般认为是 3 192 人。但也有其他说法，如 3 226 人之说：第一批 80 人，第二批 400 人，第三批 400 人，第四批 480 人，第五批 503 人，直到第九批回国抗战的华侨共 3 226 人。参见：《南侨机工翁家贵：国家兴亡匹夫有责》，中国侨网，http://www.chinaqw.com/node2/node2796/node2882/node2896/node3248/node3251/userobject6ai240349.html。

② （香港）《星岛日报》，1939 年 6 月 24 日。

听呵，哪怕到处敌机大炮，

宁愿死，不屈挠，

努力保家，忍苦要耐劳，要耐劳。

同学们，别忘了我们的口号，

唤醒着同胞，团结着华侨，

不怕山高，不怕路遥。

收复失地，赶走强盗，

把民族的敌人快打倒，快打倒。

南侨机工除大部分来自新马地区外，还有很多来自南洋其他地区，其中有不少是越南华桥。滇缅公路的运输，很大程度依靠了南侨机工。除此以外，还有一批华侨司机到桂越边境运输物资。1939 年 10 月，南宁沦陷时，有 6 000 多吨物资收藏在广西响水、上金及宁明的荒山上，有的藏在河里。驻扎在同登的 15 大队的越南华侨司机，趁日军由南宁撤退的机会，集中到龙州一带，不分昼夜地把这批物资经越南的复和、广渊，运到广西靖西的岳圩，再由岳圩经靖西县城运到田东。[①]

根据档案记载，民国二十九年（1940）二月，来自越南西贡的华侨司机有徐润鸿、区容、梁楷、叶锡、黄尧、杜根、杨华、蔡珠、曾昌、杨耀、徐平、张柏、麦伟、芦藤，共计 14 人。[②]

来自暹罗的华侨机工梁明、黄有福、张德泰、范华金先后于民国二十八年（1939）3 月、4 月和 11 月回国服务。此外，暹罗华侨机工回国服务团有 100 余人。

从"七七"事变到广州沦陷这一年左右的时间，从菲律宾马尼拉回国抗战的华侨爱国青年就有四批：第一批是汽车司机和修理工，共 15 人；第二批是华侨学生童子军，共 22 人；第三批是华侨救护队，共 27 人；第四批是华侨飞行员，共 16 人[③]。

---

① 慕予：《宋子良与西商运输处》，《广东文史资料》（第 11 辑），广州：广东人民出版社 1963 年。

② 《南侨机工知多少》，中国国殇墓园网，http://www.chinagsmy.com/China/nanqiaojigong/FFDF3FB6.htm。

③ 《华侨动员》1938 年第 15 期。

南侨机工中，有印度尼西亚华侨陈武烈、林亚龙及叶贵芳等人。①

南侨机工为祖国抗战的胜利做出了巨大的贡献。陈嘉庚曾赞扬他们："自愿抛去原有的优美生活以及父母妻子"，"均系抱抗战热情而来，可以说没有一个是无工作无办法借此返国而求生活者。"②

很多南侨机工的事迹感人至深，甚至气壮山河。其中，李月美女扮男装参加南侨机工的故事，尤其令人印象深刻。

李月美，又名李月眉，1918年生于马来亚槟城一个华侨家庭，原籍广东台山。父亲李荣基是一位华侨商人，为人豪爽正直；母亲梁凤蝉，善良贤惠。李月美自幼在当地华侨学校读书，接受中华优秀传统文化的熏陶，学习成绩优异。

"七七"事变后，中华民族面临空前的危难，侨居海外的中华儿女忧心如焚。在爱国热情的驱使下，李月美和同学们热血沸腾，积极行动起来，组织宣传队进行义演，上街卖花，抵制日货。她们还组织女子篮球赛，将募捐的款项交给筹赈会，支援祖国抗日救亡。

1939年2月，南侨总会发布招收回国机工的通告，号召华侨青年回国服务。南洋广大华侨青年闻风而动，踊跃报名参加，掀起了抗日救国的热潮。

李月美被这股爱国热潮所鼓舞，也兴致勃勃地前往筹赈会报名，却被拒绝，原来南侨总会不招收女机工。怎么办呢？李月美心里不服气。她想起在华侨学校读到的中国古代"木兰从军"的故事，自古就有女扮男装上战场的巾帼英雄，建功立业，千古流芳，难道不值得后人效法吗？最终，她穿上弟弟李锦容的衣服，女扮男装到另一处埠头报名应征，结果姐弟俩双双入选机工服务团。李月美没有把回国的事告诉家人，她悄悄离开家，踏上抗日救国征途。

临行前，她留下了一封家书，写道："亲爱的父母双亲，别了，现在什么也不能阻挠我投笔从戎了，此去虽然千山万水，未卜安危，但是在祖国危难时刻，正是青年奋发效力的时机，自己能为祖国做点事，我感到此生无负于祖国。"

1939年2月，李月美一行经过海上几天几夜的颠簸，在安南上岸，又经过陆上几天几夜的颠簸，乘火车到达祖国大西南重镇——昆明。在昆明接受军训后，被分配到总部设在贵州的"红十字会"当司机。李月美既有男子的粗犷，又有女子的细腻；既有男子的豪爽，又有女子的精明。因此，在各种各样

---

① 蔡若水：《南侨技（机）工回国服务团部分调查史料》，《泉州华侨史料》（第2辑），泉州：泉州市归国华侨联合会、泉州市侨务办公室，1985年，第161～162页。

② 林少川：《陈嘉庚与南侨机工》，北京：中国华侨出版社，1994年，第355页。

的场合里，都没有让同伴怀疑"他"是个女子。李月美在感情深处，更以一个女性的全部温柔表现在救死扶伤的行动中。在战场抢救伤病员，在军运线上抢运医药、武器，到处都有她的足迹，到处都有她的声音。在红十字会里，谁都认识"他"、赞扬"他"，但谁都没有想到"他"竟然是女扮男装！

1939年2月，马来亚槟城机器行回国服务机工队回国参战，中排左六为女扮男装的李月美

　　在1940年的一次抢运中，李月美因在滇缅公路一个急转弯处不慎翻车，身负重伤，脑部震荡。幸亏过路的海南籍南侨机工杨维铨及时发现，奋力把她从压扁了的驾驶室中搭救出来，马不停蹄地送往医院急救，并留下来悉心照料她的饮食起居。李月美被深深感动了，并对杨维铨产生了爱慕之心，她把秘密告诉了他。伤愈后，身还女儿装的李月美与杨维铨双双回到部队，李月美改当护士，成为一名白衣天使。李月美的神奇姻缘被海内外华侨传为佳话，她被机工们称为"当代花木兰"。

李月美照片（右为女扮男装的李月美）

1945 年 8 月 15 日，日本帝国主义无条件投降，中国抗日战争胜利结束了。为表彰李月美，国民政府"侨务委员会"特颁发了奖状，文为："华侨机工李月美，热心爱国，敌忾同仇，抗战军兴，应募服务，前后七载，备致（至）勤劳，应予嘉奖……""军事委员会"战时运输管理局也发给荣誉证明书，内容是："兹证明：李月美于抗战期间，由南洋回国，在公路运输服务，颇著勤劳……"

李月美和丈夫杨维铨的合影

廖仲恺夫人、著名社会政治活动家何香凝女士为表彰其爱国精神，特地题"巾帼英雄"四个大字，赠李月美作永久纪念。这面红绸锦旗，李月美一直珍藏在身边，视为至宝。

1954 年，当中华人民共和国国务院总理周恩来访问缅甸时，李月美作为华侨代表参加了座谈会，受到周总理的亲切接见。当缅甸侨团介绍她是当年女扮男装回国抗日的"花木兰"时，周恩来总理连连称赞："巾帼英雄！"周恩来总理还叮嘱李月美："要注意培养下一代，让孩子们到祖国读书吧！"[1]

在南侨机工名单中，共有 4 位女性，除了李月美，还有 3 位，分别是白雪娇、陈侨珍（陈娇珍，槟城福建女校教员）、朱雪珍。

侨居马来亚槟城的华侨女青年教师白雪娇，决定参加南侨机工回国抗日，但怕父母不同意，就瞒着父母用化名报了名，到临别时才给父母留下告别信，成为当时轰动槟城的一封抗战家书，并刊发在马来亚中文报纸《光华日报》。

白雪娇，又名白雪樵，祖籍安溪龙门镇，曾就读于厦门大学中文系，后回到槟城，在协和华侨学校当教师。知道南侨总会的通告后，她瞒着父母，化名施夏圭报名应征，临行前才给父母留下告别信。在信中她写道："家是我所恋的，双亲弟妹是我所爱的，但是破碎的祖国，更是我所怀念热爱的。所以虽然几次的犹疑踌躇，到底我是怀着悲伤的情绪、含着辛酸的眼泪踏上征途了。虽然我的力简直够不上沧海一粟，可是集天下的水滴汇成大洋。我希望我能在救

---

① "二战"后，李月美随丈夫移居缅甸，共同经营咖啡店，两人育有 10 个儿女。为了响应周恩来总理的嘱托，为了把儿女培养成材，夫妇将 8 个孩子送回中国读书，李月美后来又告别丈夫，一人回到广州就近照料儿女。"文革"期间，因遭受批斗迫害，1968 年 8 月 28 日李月美含冤自杀辞世，殊为可叹！1979 年，"李月美冤案"获得平反。

亡的洪流中，竭我一滴之微力。"信中流露出深沉的爱国心。

1939 年 5 月 18 日，新一批华侨机工在槟城集中准备出发。尽管出发前，白雪娇的父母还是知道了她的秘密，也曾加以阻止，但是见她意志坚决、行动急切、语言感人，便同意她回国，白雪娇含泪告别父母，登上"丰庆轮"前往新加坡汇合回国。

白雪娇等南侨女机工回国后，多次要求上前线抗战，但都没有得到同意。后在邓颖超的建议下，白雪娇转到四川成都就读于齐鲁大学，参加大学生抗日宣传队，从川北徒步沿途宣传抗日，最后抵达陕西省。[1]

登载白雪娇给父母告别信的马来亚槟城《光华日报》1939 年 5 月 19 日版面

[1] 抗日战争胜利后，白雪娇回到槟城父母身边，在一所华文学校当校长，并参加当地反对英国殖民主义的革命活动。1949 年 10 月 1 日，中华人民共和国成立后，白雪娇心情无比激动，她带领华校的教师，参照报纸的资料，做了一面五星红旗，在华校的上空升起，这是槟城上空升起的第一面五星红旗。然而，正是这个举动，让英国殖民当局认为她是中共嫌疑分子，将其逮捕坐牢，并于 1951 年把她驱逐出境。经过 7 天 7 夜的海上漂泊，白雪娇再次回到祖国，被安排在广州师范学院中文系工作，她梦寐以求为国效劳的时刻终于来到了。她勤勤恳恳工作，由于表现突出，不久便被批准加入中国共产党。作为归国华侨的白雪娇，她对祖国怀有深厚的感情，她将自己的经历写成一篇回忆文章——《祖国情思》，记述着她一生难忘的情思。她在文中写道："抗日的烽火燃烧起来了。我要与祖国患难与共。山河破碎，我的心也碎了。但我充满信心与希望，因为自古以来，多难兴邦。" 2014 年，98 岁的白雪娇在广州病逝。

青年白雪娇

晚年白雪娇

其他南侨机工的事迹同样感人至深。

刚刚新婚不久的刘瑞齐为了不让家人担心，悄悄开车到另一个城市的筹赈会报了名。按规定，他随大家一起进行了体检、驾驶考核，直到启程的头一天，他才回到家中。到家门口时，他犹豫了。因为第二天要上前线，他剃了一个光头。光头亮亮的，怎么向家人交代呢？他想了一下，在门口买了一顶帽子，戴着进了家门。新婚妻子看见从不戴帽的丈夫头上戴了一顶毡帽，十分好奇，便趁他不注意，一把掀开了帽子。岳父和小姨妹们看见他那颗光溜溜的头不由得哄堂大笑起来。细心的妻子从他的举动中看出了端倪。夜里，妻子悄悄问他："你是不是想回国？"他非常想把实情说出来。但是，为了次日能顺利启程，他还是摇了摇头。妻子放心地熟睡了。夜里，刘瑞齐起身把自己的手表、结婚戒指及写给妻子的信包好，放进妻子的大衣柜里，把钥匙放在梳妆台上，深情地看了妻子一眼，默默地离开了家门。

年仅21岁的蔡汉良居住在泰国。招募机工的消息传到泰国时，这位既是司机又是机修工的年轻人激动了。为了不让家里人担心，他偷偷跑到离家90里外的筹赈会去报名。在路上，他遇到了父亲的一位好友。一向喜欢他的老人在得知他想去应召时苦苦挽留，并提出将女儿许配给他，送他一个店铺经营橡胶生意或任他挑选自己的16辆汽车经营客运公司。老人的好意使他感动，但为了报国，他还是谢绝了老人的好意。在即将离开泰国时，他才给家里的亲人写了 3 封信。当亲人们追到马来亚槟城时，他已经离开了槟城。

南侨机工中约有百人是南洋各国的外籍人士，他们有印度人、马来人、越南人、缅甸人。据档案史料，南侨总会主席陈嘉庚曾为第三批回国机工中的王亚能（印度籍）和马亚生（马来亚籍）致函西南运输处求情："两位外籍人均能采中国语言，又能粗识中国文字。因其从幼即与当地华侨一地生长，对中国抗战切表同情，故此次亦愿参加华侨青年回国服务。经由该地筹赈机关详细调查，除同情中国抗战外，并无其他企图，如不许以前往，未免使其失望。"

来自马来亚太平埠的王亚能，原名达拉星（Dara Singh），印度锡克族人，曾读华文小学，从英文学校读到九号（大学预科）毕业后，在当地开巴士车。因为爱开快车，许多人怕乘他的车，结果被车主解雇了。他的好友王亚能报名参加南侨机工回国服务团，但家人不让回国，达拉星就冒名顶替了王亚能。此后，他便成了"王亚能"，娶中国太太，子女也用中国人的姓——王。王亚能在西南运输处是一个才干突出、功绩卓著的领导者，从少尉一直晋升至少将，盟军中国战区统帅蒋介石还接见了他。

1943 年的王亚能的照片

在史迪威将军的鼓励下，王亚能与声音甜美的电台播音员（中国姑娘）结为伉俪

南侨机工抵达昆明，经短期军训后，被编入第 11、12、13、14 四个大队，并组建了"华侨先锋运输队"第 1 和第 2 两个大队。全部由华侨机工组成的运输队就是上述的 6 个大队。此外，还有混编在第 1、3、5、9、15 五个大队。

至于机修工人，则被分配到沿途主要车站以及昆明、贵阳、重庆等地的汽车大修厂。当年，在滇缅公路从事运输的共有 17 个大队约 3 000 辆汽车，而 6 个由华侨机工组建的运输大队驾驶的汽车就占了 1/3，有 1 100 余辆。

滇缅公路，南至缅甸的腊戍，北抵中国的昆明，全长 1 146 千米，这是云南 20 万民工从 1937 年 12 月至 1938 年 8 月，用大半年的时间修筑的一条中国西南对外交通大动脉。1938 年 8 月 31 日，《云南日报》在发布通车报道时，甚至称这条公路是继"长城、运河之后的又一巨大工程"。不过在这条公路行车并非像坐车兜风那么潇洒，而是要冒极大的危险，要闯过四道难关：第一道是路段险情关。滇缅公路要翻过高黎贡山和大王山这些大山，跨过怒江、澜沧江、漾濞江等大河，单程七八天的路程，约有 1/3 的路段是贴着悬崖，路宽不过 2 丈，狭窄的地方仅能容一辆车通过，稍有不慎就车毁人亡。第二道是雨水泥泞关。由于当时的公路并未铺设柏油，雨季行车，满路泥泞、坑坑洼洼，寸步难行。第三道是瘴疟威胁关。西南气候潮湿，蚊虫猖獗，瘴疟流行，许多人得了恶性疟疾。第四道是日机轰炸关。为了切断这条交通线，日寇飞机经常进行轰炸偷袭，从而给行车造成很大的威胁。

1940 年初，关心南侨机工工作、生活情况的陈嘉庚先生在听到机工们的反映后，立即派南侨总会的刘牡丹先生专程前往滇缅公路进行实地调查。在经过一个多月的调查后，刘牡丹先生回南洋向陈嘉庚先生作了详尽的汇报，在报告中他说："所经各站设备极其简陋，所遇各华侨司机等多面无血色，带病多泪，目不

华侨机工在运输途中

忍睹。"陈嘉庚先生听后心急如焚。经过思考，他作出在滇缅公路上设立 7 个停车站、每站建几个停车场的决定。同时，南侨总会还给每位机工赠送蚊帐、毛毯、工作服、卫生衣、运动鞋、奎宁等日用品及药品，并两次致电西南运输处，建议在沿途设立机工宿舍、医疗站和停车场。

南侨机工沐雨栉风、披星戴月，历尽千难万险，确保了这条抗日生命线的

畅通，被誉为"粉碎敌人封锁战略的急先锋"①。

　　南侨机工对祖国抗日战争的贡献是巨大的。从 1939 年 3 月至 1942 年 5 月，他们与国内的机工一道，不仅运送 10 万中国远征军入缅作战，而且抢运 45 万吨军火，此外还在西南运输线上抢修了上千辆军民用车。同时，南侨机工也付出了很大的牺牲。1942 年 3 月，日军在缅甸仰光登陆，4 月底腊戌沦陷，随后日军占领云南腾冲等地，滇缅公路被切断，机工辗转各地，生活十分艰辛。抗战胜利后，当年 3 200 余名南洋机工，约有 1 000 人复员返回南洋，1 000 人留在国内，而 1 000 多人则为国捐躯。

　　为了永久纪念南侨机工抗日救国的光辉事迹，在 1989 年 5 月，即南侨机工回国参战 50 周年之际，云南省人民政府在昆明滇池之滨竖立一座气势磅礴的"南洋华侨机工抗日纪念碑"，碑座正面镌刻着"赤子功勋"四个大字。

　　2005 年 1 月 20 日，"畹町南洋华侨机工抗日纪念公园"正式开工奠基，并于当年 11 月 12 日完成一期主体工程，"南洋华侨机工抗日纪念碑"主体碑文由著名书法家启功先生手书。2009 年 12 月 17 日，云南省畹町市政府主办"南洋华侨机工回国抗战 70 周年纪念活动"，来自缅甸、新加坡、马来西亚、印度尼西亚等国以及国内海南、广东、广西、四川、重庆、黑龙江、云南等地的南侨机工后代、侨联、侨办等政府部门代表，超过 300 多人参加了此次活动。纪念活动包括举办"南洋华侨机工回国抗战图片展"，通过数百幅珍贵历史照片，按照时间顺序和相关主题，详细介绍了南侨机工的英雄事迹和光辉历史。此外，纪念活动还包括成立"华侨机工回国抗战历史研究会"。

昆明西山公园的南洋华侨机工抗日纪念碑，于 1989 年 7 月 7 日建成揭幕

　　在海外，1946 年 7 月 7 日，马来亚槟榔屿建起了一座"槟榔屿华侨抗战殉职机工罹难同胞纪念碑"，碑上一面刻有"浩气长存"，另一面刻有"忠灵不朽"。1947 年 11 月 30 日，马来亚雪兰莪华侨筹赈会曾在吉隆坡的广东义山亭为殉难机工建立了一座纪念碑。

　　2015 年 9 月 26 日及 29 日，马来西亚华社分别在吉隆坡和槟城两地举行了

---

① （新加坡）《南洋商报》，1939 年 12 月 4 日。

《南侨颂》交响合唱、独唱及朗诵艺术表演，以纪念抗战胜利 70 周年，歌颂英勇爱国的南侨机工战士。马来西亚全国各地的南侨机工后裔受邀免费观赏。参加《南侨颂》演出的艺术团体不仅有马来西亚本地的，还有来自中国云南省的昆明聂耳交响乐团、云南省文化馆聂耳合唱团等。《南侨颂》演出节目分 8 个乐章呈献，分别是反映日寇入侵的《卢沟桥》，民族呐喊的《海风》《告别南洋》《滇缅路上》《还我河山》，尾声《南侨颂》，以及《梅娘曲》《长城谣》。吉隆坡场的演出由马来西亚华社七大乡团主办，"二战"历史研究会、剧艺研究会及紫藤集团联合协办；而槟城场则由槟城孙中山协会、槟城海南会馆、槟城音乐社联办。

2015 年 11 月 11 日，在马来西亚槟城，当地各华团、乡团、政党、文化团体等在"槟榔屿华侨抗战殉职机工暨罹难同胞纪念碑"前举行公祭活动，中国驻槟城总领事首次献花致祭。

截至 2015 年 11 月，在全球范围内，仍健在的南侨机工只剩下 12 位。[1]

第三节　东江华侨回乡服务团

东江华侨回乡服务团（简称"东团"），是 1939 年 1 月在南洋惠侨救乡会和香港惠属爱国团体的共同努力下，由南洋、香港和东江地区的爱国青年汇合组成的华侨抗日救亡团体。

一、东江华侨回乡服务团成立过程

1938 年 10 月 12 日，日本南侵军在惠阳大亚湾登陆后，第二天就入侵惠阳城，在惠阳城疯狂地烧、杀、抢、掠及强奸妇女。日军同时在最繁华的商业区水东街和塘下街纵火，使惠阳城变成一片火海，商店和居民住宅的财物化为灰烬，整个惠阳城成为一片废墟。

日本侵略军铁蹄蹂躏惠阳城的消息传到海外，南洋各埠华侨义愤填膺，南洋惠阳籍华侨抗日救国救乡的热情高涨。为了救援桑梓，10 月中旬，新加坡惠州会馆发出召开南洋惠侨代表大会，共商救乡大计的倡议，并派出黄适安（何友逊）等赴各埠进行联络。倡议得到惠属同侨的热烈响应，雪兰莪惠州会

---

[1] 《槟城抗日战争胜利 70 周年及南洋殉职机工暨罹难同胞公祭　全球仅存 12 名机工　戴炳川首次返槟祭英魂》，《光华日报》，2015 年 11 月 11 日。

馆率先提出召开惠州同侨救乡代表大会，并主动承担筹备工作。10 月 30 日，南洋英、荷两属惠州同侨第一次代表大会在雪兰莪首府吉隆坡惠州会馆举行，"惠属同侨，莫不悲愤填膺，毅然奋起，举行英、荷两属惠州会馆代表大会于马来亚雪兰莪首府之吉隆坡。出席者计有新加坡、槟榔屿、马六甲、吉隆坡、彭亨、霹雳、森美兰、怡保、棉兰九个单位，代表四十余人"①。正式成立"南洋英荷两属惠州同侨救乡委员会"（简称南洋惠侨救乡会），推举黄伯才为主席，戴子良、孙荣光为副主席，官文森、黄适安、丘满、郑为信、钟醇生等为委员，总部设在吉隆坡会馆，各州设立分会，大会决定"消极赈灾与积极救乡两大原则"②。大会结束后，爱国侨领黄适安、钟醇生、黄赫群等往东江，"从事调查灾情、施衣赠米、拯救灾病等工作"③。

　　黄适安、钟醇生、黄赫群等人在香港、东江地区与各阶层人士商讨整个救乡计划。他们在香港设惠属同侨组织——南洋英荷两属惠侨救乡总会驻港施赈办事处，并先后与惠阳青年会、海陆丰同乡会、余闲乐社等团体负责人商议协同开展大规模家乡民运救乡工作，大家认为"非有统筹机关及集中训练与指挥不可"，于是由钟醇生等协同三团体负责人负责筹备成立"东江华侨回乡服务团"，服务团成立的宗旨是"在于动员东江民众协助正规军及游击队向日寇作战，并拯救伤兵难民及辅导民众组织各种救亡团体"，至 12 月中旬便筹备就绪。

　　1939 年 1 月中旬，由南洋惠侨救乡会组织的"东团"在惠阳淡水正式成立，由叶锋任团长、刘宣任副团长。1939 年 2 月 25 日，在马来亚吉隆坡惠州会馆召开南洋各埠惠州同侨第二次代表大会。大会听取了回乡代表团的工作汇报，讨论进一步开展救乡事宜。会后，由爱国侨领黄伯才、张郁才联资组建，并以他们的名字命名的"东江华侨回乡服务团两才队"（"两才"指黄伯才、张郁才），与侨领官文森独资组织的"东江华侨服务团文森队"以及"吉隆坡队""加影队""双莪队""士毛月队""星柔队"等，于 1939 年 4—6 月先后回国，参加抗日救国斗争。

　　由南洋惠侨救乡总会及三团体选派代表 11 人组织总团部委员会，在香港

　　① 《东江》1939 年创刊号。
　　② 中共广东省委党史研究委员会、中共广东省委党史资料征集委员会编：《广东华侨港澳同胞回乡服务团史料·东江华侨回乡服务团》，广州：中共广东省委党史资料征集委员会，1985 年，第 4 页。
　　③ 中共广东省委党史研究委员会、中共广东省委党史资料征集委员会编：《广东华侨港澳同胞回乡服务团史料·东江华侨回乡服务团》，广州：中共广东省委党史资料征集委员会，1985 年，第 49 页。

设立办事处,办理总团部日常事务及指挥各县服务团工作。总团部成立后,各县服务团亦相继组织、改编成立。① 在总团部的策划组织下,先后建立了惠阳、海陆丰、博罗、紫金、河源、龙川、和平7个分团以及东江流动剧团,总人数500多人,活动地区遍及东江的梅县、陆丰、紫金、和平、连平、龙川、河源、增城、博罗、龙门、惠阳、东莞、宝安13个县和惠州市。②

"东团"的队员需经过严格挑选。"东团"在组织纲要中明确规定了四条入团条件:"具有救亡之坚决意志者;身体强壮,能忍苦耐劳及无不良嗜好者;具有宣传、组织、军事、救护等能力或技术之一者;能说华南各地方言(广府话、客家话、潮州话)之一种者。"③ "东团"的队员来自各个阶层,以吉隆坡队为例,队员黄炜然回忆说:"主要是工人,其中包括煤矿、锡矿、印刷工人,橡胶店员,裁缝工人,屠夫;还有自由职业者、教员、记者、学生和邮政职员,少数是小资产者。"④ 这些来自各地、各个阶层的热血青年,汇聚到一个团队中,都是为了一个目的,即抗日救国。

二、东江华侨回乡服务团抗日救亡活动

"东团"成立后,在东江地区展开了如火如荼的救亡工作,大致说来,包括以下几个方面:

社会救济工作。"东团"团员带着数十万元救济款和大批救伤药品、粮食和衣服回到东江地区,发放给同胞,鼓励灾民积极行动起来保卫家乡。在民间医疗救助方面,"东团"的工作十分突出。当时东江地区焦土千里、哀鸿遍野,每到春季,各种瘟疫就酝酿发生。"东团"团员奔走于东江各地,给患病群众免费看病,送药上门。例如,1939年春天,惠阳、博罗、海丰、陆丰一带天花流行,"东团"派出种痘队,在短时间内扑灭了各地蔓延的天花。⑤

抗日救亡宣传工作。1938年12月,"东团"成立了东江流动剧团,巡回

---

① 中共广东省委党史研究委员会、中共广东省委党史资料征集委员会编:《广东华侨港澳同胞回乡服务团史料·东江华侨回乡服务团》,广州:中共广东省委党史资料征集委员会,1985年,第47页。

② 叶锋:《抗战初期的东江华侨回乡服务团》,《广东党史资料》(第3辑),广州:广东人民出版社,1984年,第248~257页。

③ 中共广东省委党史研究委员会、中共广东省委党史资料征集委员会编:《广东华侨港澳同胞回乡服务团史料·东江华侨回乡服务团》,广州:中共广东省委党史资料征集委员会,1985年,第52页。

④ 中共广东省委党史研究委员会、中共广东省委党史资料征集委员会编:《广东华侨港澳同胞回乡服务团史料·东江华侨回乡服务团》,广州:中共广东省委党史资料征集委员会,1985年,第252页。

⑤ 《东江》1939年第12期。

演出。歌剧团行程 2 000 多里（1 000 多千米），演出了 1 500 多场，观众达 12 万人以上。此外，还出版了《东江》《惠报》等刊物宣传抗日。据统计，"东团"在 1 年内出版的抗日专刊和宣言册 2 500 份。①

"东团"深入东江各地城乡，救济灾民、宣传抗日，配合游击队作战。图为"东团"文森队

组建各种抗日救亡团体及武装团体。1938 年 7 月，"东团"在淡水举办武装干部训练班，对 150 多名进步青年进行军事训练。在和平县，"东团"第 3 分团建立了青年抗敌同志会；在增城，"东团"组织了 3 个抗日杀敌队。② 博罗队组织了抗日随军杀敌大队，曾与日军作战多次。③ 拥军、劳军和协助军队作战。1939 年夏收的时候，"东团"各队都组织了割禾队之类的组织，到各抗属去帮忙。"东团"惠阳队派慰劳队到罗浮山去慰劳那里的战士；"东团"东宝队动员老百姓捐募米饼、农产品等去慰劳游击队；"东团"成员在增城帮助军队动员民众运输、挑担、侦探、引路以袭击敌人。在博罗、惠阳，"东团"协助军队组织军民合作站。④

协助政府推行政令。1938 年底，海丰、陆丰两县的"东团"成员对当局严缉走私予以积极配合，海丰的"东团"成员还协助当局破获了一宗打劫案。⑤ 1939 年，惠阳团员自己拿起锹铲并且号召民众行动起来执行政府掘毁公路的命令。在河源的"东团"成员协助政府举办青年训练班。⑥ 在博罗服务的

---

① 丁身尊主编：《广东民国史》，广州：广东人民出版社，2003 年，第 1132 页。
② 丁身尊主编：《广东民国史》，广州：广东人民出版社，2003 年，第 1132～1133 页。
③ 中共广东省委党史委员会、中共广东省委党史资料征集委员会编：《广东华侨港澳同胞回乡服务团史料·东江华侨回乡服务团》，广州：中共广东省委党史资料征集委员会，1985 年，第 276 页。
④ 中共广东省委党史委员会、中共广东省委党史资料征集委员会编：《广东华侨港澳同胞回乡服务团史料·东江华侨回乡服务团》，广州：中共广东省委党史资料征集委员会，1985 年，第 189、191～192 页。
⑤ 《东江》1939 年创刊号。
⑥ 《东江》1939 年第 8 期。

"东团"成员帮助当地政府封锁东江口，开展复课运动，发动民众捐输。①

社会文化教育工作。"东团"认为提高老百姓文化素质也是对抗战的有力支持。惠阳队帮助当地办学校、购买书籍；博罗队在地方建立识字班及夜校等，推动团体开读书会及讨论会；紫金队在当地设图书阅报处。②

除以上之外，"东团"还进行了大量其他社会工作。例如，发动捐款、调解宗族纠纷、与各界座谈、家庭访问、个别教育等，只要是有利抗日、有利民族团结的，而"东团"又力所能及的活动，"东团"都积极开展。

1940年5月，"东团"解散。

除加入"东团"外，海外惠州籍华侨青年也积极回国参与了其他的抗日活动。1931年冬，雪兰莪惠州会馆、新加坡惠州会馆联合动员惠州籍爱国华侨青年回国参军杀敌，华侨青年踊跃报名，并挑选了100余名惠州籍华侨青年组成华侨抗日救国义勇军，乘海轮抵达上海，参加十九路军编入六十一师。1932年1月28日，日军进犯上海，驻守淞沪的十九路军在总指挥蒋光鼐、军长蔡廷锴指挥下，奋力反击，与日军血战33天，连战连捷，毙伤日军万余人，迫使日军三易主帅，大长了中国人民的志气。在淞沪抗战中，华侨抗日救国义勇军立下了不可磨灭的功勋。另据统计，1939年侨居马来亚、新加坡、菲律宾、印度尼西亚、泰国、越南及美洲等地的惠州籍华侨青年逾千人回国参加抗日部队。1941年12月香港沦陷后，有海外侨胞、港澳同胞1 000多人参加东江人民抗日游击队。至1945年8月，东江纵队11 600多人中，华侨和港澳青年有2 000多人。③

第四节　琼崖华侨联合总会回乡服务团

在抗日战争时期，琼籍华侨掀起了新的爱国热潮。他们除了筹集财物支援祖国之外，还组织琼崖华侨联合总会回乡服务团（以下简称"琼侨回乡服务团"）回琼参加抗日战争，同海南人民一起共赴国难，用鲜血和生命在中华民族的抗日战争史上书写下可歌可泣的壮丽篇章。

---

① 《东江》1939年第10期。
② 《东江》1939年第12期。
③ 引自《惠州市志（四）》，广东省情网，http://www.gd-info.gov.cn/books/dtree/showSJBookContent.jsp? bookId = 16145&partId = 102&artId = 74121。

一、琼侨回乡服务团建立的背景

抗日战争爆发后，许多海外华侨立即行动起来，纷纷成立各种抗日救国团体，在华侨中掀起宣传抗日的热潮。1938 年 3 月，毛泽东和周恩来在延安亲切会见"马来亚华侨抗敌后援会"的代表团，对广大华侨的爱国抗日行动表示赞扬。在给代表团的题词中号召："全体华侨同志，应该好好团结起来，援助祖国，战胜日寇。共产党是关心海外侨胞的，愿意与全体侨胞建立抗日统一战线。"[①] 1938 年春，在中共抗日民族统一战线政策的指引下，"华侨抗敌动员总会琼崖分会"成立，并发表宣言，指出"我黄裔华胄"，"驱逐倭寇，还我河山，洗雪国耻"，"再无容忍余地"，表示"吾侪同侨"，"救国职责，不敢后人"，要"抗日到底，复兴中华"[②]。

随着抗日战争形势的发展，华侨抗日团体积极开展各种形式的活动，配合、支持和参加祖国的抗日战争。1938 年夏，琼籍华侨李辉南等 50 余人响应宋庆龄领导的保卫中国同盟关于组织医疗队参加战时救护工作的号召，组成救护团分三批携带许多药品和 9 辆救护车回国服务。[③] 这时，香港琼崖同乡会和香港琼崖商会也组织在香港的琼籍青年成立"琼崖抗日救护队"，准备回琼参加抗战。不久，新加坡、马来亚、暹罗、越南等地琼籍华侨纷纷来港参加抗日团体回乡抗日。由于人员增加和任务扩大，救护队改名为"琼崖华侨回乡服务团"，由范世儒任团长、符思之任副团长。这个团因在香港成立，故又简称"香港团"。

同年 10 月，海南岛国共两党达成团结抗战的协议。12 月 5 日，琼崖红军游击队在琼山县云龙墟改编为"广东民众抗日自卫团第十四区独立队"，誓师抗日。海外琼籍华侨和港澳琼籍同胞闻讯无不欢欣鼓舞，决心进一步组织起来支持家乡的抗日斗争。12 月 15 日，在八路军香港办事处和南洋各属华侨筹赈祖国难民总会的推动下，海外琼侨、港澳琼胞和知名人士周文治、周成梅、王谟仁、宋子文、陈策、王毅、杨永仁等发起召集海外琼侨代表大会，成立"琼崖华侨联合总会"，统一领导琼侨救国救乡工作。1939 年 1 月 20 日，来自新加坡、马来亚、暹罗、越南等地 40 个琼侨团体的代表 66 人云集香港，举行

---

① 《永春文史资料》（第 1 辑），1982 年。
② 《华侨战线》1938 年第 1 卷第 1～8 期。
③ 《华侨战线》1938 年第 1 卷第 1～8 期。

琼侨代表大会的预备会。会议由周文治主持，推举周文治、郭巨川、王谟仁、杨永仁、符致逢、庄松、岑会朝为大会主席团成员，指定周载伯、郑心融、林熙富、许登文、吴乾厚等为大会秘书，周国泰、符滋美、林春农、云焕清、何敦锦、谭运佩、王兆松等为大会代表资格审查委员，张星垣、王坚白、符和谦、杨光华、范世儒、韩钊准、周成泰、符气安、龙学振、云照熙、冯关甫等为大会提案审查委员。1月23—28日，琼侨代表大会在香港南华体会举行。① 会议讨论通过《琼崖华侨联合总会组织章程》，宣布"琼崖华侨联合总会"成立，选举宋庆龄为名誉会长，宋子文、陈策为副名誉会长，符致逢、郭巨川等41人为执行委员，周文治（香港）、王谟仁、何敦锦（槟城），符致逢（新加坡），朱儒林（雪兰莪），林照英（柔城），张星垣（马六甲），黄有鸾、冯尔和、王坚白（暹罗），陶对庭（安南）11人为常委，郭巨川为经济部主任，王兆松为救济部主任，郑心融为文化部主任。② 会议决定：将香港琼崖商会回乡服务团扩大为"琼崖华侨联合总会回乡服务团"，在南洋各埠迅速扩大组织；捐助八路军医药、物资等。③

二、琼侨回乡服务团的建立及其发展

琼侨回乡服务团是在香港回乡服务团的基础上发展起来的。1939年1月初，日本军舰开始图谋入侵海南岛，日本飞机时常到海口等地进行侦察和轰炸。为了救国救乡，琼崖旅港商会和琼崖旅港同乡会举行联席会议，决定以琼崖抗日救护队为基础，吸收十余名海外回港的琼侨青年，组织"琼崖商会回乡服务团"，其任务为：战地救护，宣传、发动、组织民众参加抗日。

根据琼崖代表大会决议，会议通过"扩大香港琼崖商会回乡服务团，成立琼侨联合总会回乡服务团案"④。1月26日，琼崖旅港商会将其回乡服务团移交琼侨代表大会，会上立即宣布正式成立"琼侨联合总会回乡服务团"（以下简称"琼侨回乡服务团"），范世儒为团长、符思之为副团长。服务团内设救伤、宣传、歌咏、戏剧、电影五个办事组。服务团的主要任务是：①救伤组担任民众及军队一切救护工作；②宣传组担任唤起民众、宣传抗战、发动各种

---

① 《星洲日报》，1939年2月3日。
② 《星洲日报》，1939年2月9、25日。
③ 《循环日报》，1939年1月27日。
④ 《琼侨大会三次大会讨论琼侨总会组织章程议决组织琼侨联合总会回乡服务团》，《循环日报》，1939年1月26日。

民运工作。其他三组则担任慰劳及宣传救国工作。服务团经费由总会负责。①
从此，琼侨回乡服务团得到了各属琼侨的大力支持和帮助，从而迅速地发展
起来。

　　琼侨代表大会结束后，各属代表回到南洋各地立即发动琼侨青年加紧组织
服务团。5 月 17 日，南洋英属琼州联合会救济琼崖难民会委托星洲分会，组
织"南洋英属琼州会馆联合会救济琼崖难民救护队"，决议拨给"筹办经费以
叻币一百元，训练期间费用各人自备，至于返琼途费及在琼服务每人每月生活
费国币十元"。琼侨青年立即响应星洲分会号召，踊跃报名参加救护队，到 5
月 23 日早晨止，报名者有 165 人。当天晚上，成立了以陈时文为首的审查和
考试委员会，并开始对报名者进行口试、笔试及体格检查，择优录取，共录取
队员 60 名。至此，救护队宣告成立。陈琴为队长，梁文墀为副队长。此后，
救护队开始进行医疗常识、战地救护等方面的学习和训练，并对队员进行政治
形势、任务等教育，以增强全体队员的战斗力。②

　　在越南，"越南琼侨救乡总会"成立后即积极号召法属越南琼侨青年报名
参加回乡服务团，当地琼侨青年纷纷前来报名。救乡总会经过严格的口试和审
查，共录取团员 40 余人。6 月间，全体团员在符克的领导下集中于堤岸三民
小学进行学习和训练。通过训练，服务团大大提高了全体团员的思想觉悟，增
强了全体团员的工作能力。

　　在暹罗，当地琼侨回乡服务团在杨文宛等人的组织领导下，进行半秘密的
筹建和训练，共招收团员 17 名。

　　海南岛沦陷后，许多琼崖难民纷纷逃离家园到广州湾避难。基于这种情
况，琼侨联合总会便在广州湾建立琼侨联合总会西营（现湛江市霞山）分会。
为扩大回乡服务团，西营分会在逃难青年中积极开展工作，组建"琼侨联合
总会回乡服务团广州湾队训练班"，发动青年报名参加。结果，报名应试者
300 余人，经过语文、历史、地理等笔试和政治常识、时事科目口试，并做了
体格检查，择优录取队员 60 名。但由于形势紧张，仅有 40 余人参加训练班。
与此同时，琼侨联合总会又在香港举办第二期服务团训练班，招收团员 40
余人。

　　至此，经过半年的组织发动，参加琼侨联合总会回乡服务团的团员人数从

---

① 《琼侨大会昨日继续开会》，《循环日报》，1939 年 1 月 27 日。

② 《琼侨救难会救济组议决考选救护队办法》，《星洲日报》，1939 年 5 月 24 日。

开始时的 23 人发展到 200 余人。他们经过严格的训练，成为坚强的战斗集体。

琼侨回乡服务团 200 余人要返回琼崖服务抗战，必须途经琼州海峡，但是当时海峡已被日寇封锁，于是一场偷渡琼州海峡的斗争开始了。为使服务团顺利偷渡海峡，1939 年春，中共琼崖特委在广州湾设立联络站，指定中共党员曾鲁负责指导服务团分五批偷渡海峡事宜。其中，第一批偷渡海峡的是香港团，第二批是南洋英属琼州会馆联合会救济琼崖难民救护队，第三批是暹罗琼侨回乡服务团，第四批是越南琼侨回乡服务团，第五批是香港团第二期和广州湾队。

根据琼侨联合总会统计，遣返琼崖工作的琼侨回乡服务团团员共有"二百二十人"①。他们"在返琼途中，复远涉重洋，躬冒万险，其一片为国为乡之热诚，益可由实际证明"②。

为了加强对琼侨回乡服务团工作的领导，1940 年 1 月，琼侨联合总会在琼设立办事处，以便直接指导服务团的工作。6 月 19 日，在琼山县树德乡文林湖村召开所有服务团成员大会。总会决定，将香港、暹罗、越南等地琼侨回乡服务团统一整编为"琼侨联合总会回乡服务团"③（简称"琼侨回乡服务团"或"总团"），总团长符克，副总团长陈琴、梁文墀。琼侨回乡服务团下辖"香港队、星洲队、安南队（原来的广州湾队与香港队合并，暹罗团与安南队合并）"。总团下设总务股、秘书股、宣传股、组训股、医务股。总务股由林鸿魁和邢谷宜负责，秘书股由李若愚和韩立人负责，宣传股由张奋和陈代轮负责，组训股由符思之（特支书记）兼任，医务股由梁文墀兼任，总团下有三四千人组成的歌剧队，也有十人、八人组成的工作队、医疗队，队员们均有宣传、救护的双重任务，但各队的任务有所侧重。服务团的一切费用统由琼侨联合总会支付④，同年下半年，符克团长和陈琴副团长相继牺牲，琼侨联合总会于 1941 年初任符思之为团长，梁文墀继任副团长，其余各部负责人不变。

三、琼侨回乡服务团的抗日活动

琼侨回乡服务团是在琼侨联合总会领导下海外琼侨青年救国救乡的抗日民族统一战线的工作团体。它以琼侨总会提出的"救国救乡"为目标，以"抗

① 王兆松：《琼侨联合总会救济部工作报告书》，《民锋半月刊》1940 年第 2 卷第 2 期。
② 《琼侨回乡服务团致电总会暨全琼侨书》，《南路堡垒》1940 年第 8 期。
③ 符思之：《琼崖华侨回乡服务团的回忆》，《琼岛星火》1984 年第 13 期。
④ 《琼侨回乡服务团致电总会暨全琼侨书》，《南路堡垒》1940 年第 8 期。

日高于一切""对于一切抗日党派，皆以'不偏不倚''一视同仁'""与其推诚合作"为原则。因此，团章规定："凡参加本团者，不管其隶属于何党派，皆须绝对遵守本团规章，听从本团指挥分配，完全为本团工作"。在内地工作"须服从当地政府之指导，惟（唯）在组织上，却仍可保持其独立性，绝不能成为任何党派之附属小组或部分"①。它的任务是：战地救护，开展民运，宣传抗日，建设琼崖。琼侨回乡服务团是国共合作抗日民族统一战线的一个组成部分。

琼侨回乡服务团按照琼侨联合总会所规定的上述原则和工作任务，积极开展各项抗日活动。它们主要包括：

（1）慰劳前方抗日将士。星洲队全体团员携带药品到琼崖守备司令部、专员公署，慰劳司令官与行政专员长官，其慰劳品计有 12 份。符克团长代表越南琼侨救乡总会会长献给王（毅）司令"捍卫乡土"锦旗一面，献给吴（道南）专员"威镇琼崖"锦旗一面，献给琼崖独立总队冯（白驹）队长"大众救星"锦旗一面，并致慰问之意②，琼侨回乡服务团代表海外广大琼侨慰劳和帮助家乡的抗日军民，大大促进了抗战军民的团结，极大地增强了琼崖的抗战力量。

（2）组织群众，宣传抗日。海口沦陷后，琼侨回乡服务团团员到达当地后，就奔赴城镇、椰林、村寨向群众开展抗日救亡的宣传工作。为使抗日救亡家喻户晓，在宣传内容和方式方面做了灵活调整：文字宣传主要是办"团刊、壁报、新闻摘要、标语、传单等"；口头宣传以"演讲和个别谈话"为主；戏剧宣传以上演"土剧、话剧，其土剧本多由本团按照当地实际情形和要求而创作"；漫画宣传"着重暴露敌人的残酷与野蛮性为题材"；还有和各群众团体举行联欢会等。通过这些喜闻乐听的宣传方式，使服务团与群众进一步打成一片。

琼侨回乡服务团还迅速着手组织抗日团体。他们在文昌、琼山、琼东、定安、儋县、澄迈、万宁等地组织了"乡保动委员会""青年抗战同志会""青年抗战工作队""教师同志会"和"儿童放哨队"等，以及在抱罗、锦山等地组织特务工作队和在宝芳等乡组织民众救护队等。这样，在琼侨回乡服务团的"推动与帮助之下，已有数万群众组织起来参加到抗战的洪流中来了"③。

（3）开展战地救护和救济难民。琼侨联合总会在广州湾的硇洲、西营各

---

① 《琼侨回乡服务团致电总会暨全琼侨书》，《南路堡垒》1940 年第 8 期。
② 《琼侨回乡服务团宣传组织成绩佳》，《星洲日报》，1940 年 2 月 26 日。
③ 《琼侨回乡服务团宣传组织成绩佳》，《星洲日报》，1940 年 2 月 26 日。

设难民招待所一座，在硇洲老市设难童教养院一所，并拨出一批救济款救济难民。此外，还源源不断地发动琼侨捐款、献物，由琼侨回乡服务团带回琼崖支援琼崖抗日军民。据 1939 年 8 月至 1940 年初的不完全统计，琼侨救济琼崖军民的物资有：第一次，"购办药品港币壹万贰仟元，由本会返乡服务团携带返琼"；第二次"购办寒衣壹万伍千件"，"军毡伍千件"，"背心、毛巾各壹万件"，"夹衣服壹千套"，"鼠疫预防针共值港币壹千八百余元"，"医疗用具多件，共值港币贰千元"，"另国币二万元携带返琼"；第三次，"购办桂宁丸十万粒"，"另国币贰万贰千元携带返琼，救济受伤将士及穷苦无靠之难民"。①此后，琼侨联合总会还设法购办粮食和其他物资赈济军民。

与此同时，琼侨回乡服务团积极做好战地救护工作。琼侨回乡服务团的救护队员进琼后，携带医药和医疗器械深入到伤兵医院及难民中进行慰问。服务团的救护队还专门为独立总队培训医务人员。这些培训出来的医务人员，后来都成为独立总队乃至琼崖纵队的医疗救护骨干。

四、琼侨回乡服务团的历史作用

1941 年 12 月 7 日，日军偷袭珍珠港，太平洋战争爆发。此后，日军陆续占领了马来亚、新加坡、印度尼西亚等东南亚国家和地区以及太平洋上的许多岛国。12 月 25 日，香港也沦陷了。从此，琼侨回乡服务团失去了与海外琼侨的一切供给和联系，服务团被迫停止活动。

1942 年春节前夕，服务团全体团员集中在文昌县大昌乡统平村共度春节。春节后，在中共琼崖特委的亲切关怀和帮助下，服务团的一部分同志加入了中国共产党领导的独立总队，一部分同志参加了各县抗日民主政权的工作。②

琼侨回乡服务团于 1939 年 1 月成立到 1942 年初被迫停止活动，存在的时间虽仅三年，但其重大的历史作用不容忽视：

第一，给琼崖军民在精神上、物质上以极大的支持和鼓舞，增强了琼崖人民抗战必胜的信心与力量。琼侨回乡服务团 220 名团员"复远涉重洋，躬冒万险"回琼参加抗战后，给遭受日寇"骚扰、抢掠、轰炸、残杀、受伤的士兵和民众""打了一针强心剂似的，使琼崖同胞感到无限的兴奋，又感到无限的

---

① 王兆松：《琼侨联合总会救济部工作报告书》，《民锋半月刊》1940 年第 2 卷第 2 期。
② 符思之：《琼崖华侨回乡服务团的回忆》，《琼岛星火》1984 年第 13 期。

愧恨"。在服务团的"宣传发动之下，他们的抗战情绪渐渐地提高起来了"①，并且积极地投身于抗日救亡运动之中。同时，琼侨回乡服务团还携带回大批药品、医疗器械和赈济物资，并派回医术高超的医疗队，从而解决了琼崖军民缺医少药的困难。此后，琼侨联合总会还源源不断地募捐各种抗战物资和款项，有力地支援了琼崖军民，大大增强了琼崖的抗战力量，沉重地打击了日本侵略者。

第二，琼侨回乡服务团是琼崖人民与海外琼侨团结抗战的纽带。琼侨回乡服务团是"海外琼侨救琼建琼的实际工作团体"，他们与琼崖军民同甘共苦，深入抗战第一线，对琼崖人民抗日斗争有深刻的了解。为使琼崖孤岛人民艰苦卓绝的抗日斗争得到国际社会和广大海外琼侨的了解与支持，该团曾先后五次派员去香港向琼侨联合总会汇报工作、接受指示。② 同时，服务团副团长梁文墀也受联合总会的派遣，曾三次重返南洋向琼侨报告琼崖抗战情况。服务团大无畏的精神，给广大琼侨以极大的鼓舞，使海外琼侨的抗日救国运动更加蓬勃的发展，更有力地支持家乡人民的抗战。

第三，服务团的救国救乡行动，激励着广大归侨、侨眷的爱国热情，使其积极参加抗战，沉重地打击了日本侵略者。文昌、乐会、琼东等县是归侨、侨眷较为集中的地区，在服务团的宣传发动及其抗战的实际行动感召下，归侨和侨眷的爱国热情迅速提高。如归侨陈玉云，他不仅经常给独立队站岗放哨、送公粮，而且经常冒着生命危险剪断日寇的电线，弄得敌人心神不定。③ 又如文昌县新村云四婆，她经常冒着生命危险偷越敌人封锁线，给独立队送情报、送粮食等；在日寇对根据地、游击区"蚕食""扫荡"时期，她在宋宅山建立起临时医务所，救治抗战伤病员，在她的精心护理下，许多伤病员都得以康复，重返前线④。归侨、侨眷在支援前线、掩护革命同志的活动中也表现得很突出。据文昌县龙马乡第六保的不完全统计，仅 1940 年该保捐款支持独立总队就有 4 000 元，其中侨眷捐款占 40%；掩护革命同志的老屋主有 100 多户，而侨眷占 40 多户。同时，广大归侨、侨眷还积极支持子女参军，捐献布料、衣服、蚊帐、药品等。⑤

---

① 《浮沉中的海南岛——一个华侨回乡服务团代表会见记者》，《星岛日报》，1939 年 8 月 23 日。
② 张奋：《在烽火连天的年代里——忆琼侨回乡服务团》，《琼岛星火》1984 年第 13 期。
③ 《文昌县华侨对革命斗争的贡献》，1957 年海南革命文物普查团访问记录。
④ 云昌英：《革命母亲云四婆》，《琼岛星火》1981 年第 5 期。
⑤ 《文昌县华侨对革命斗争的贡献》，1957 年海南革命文物普查团访问记录。

第五节　会宁华侨回乡服务团等回乡服务团体

除了上述东江华侨回乡服务团、琼崖华侨联合总会回乡服务团外，会宁（四会、广宁）华侨回乡服务团、马来亚潮侨救乡总会等重要的救乡团体也值得一提。

一、会宁华侨回乡服务团

会宁华侨回乡服务团（前身是侨港会宁同乡会回乡服务团，简称"会宁团"），是抗战初期由中共香港市工委组织和领导的一个抗日救亡团体。它于1937年12月下旬从香港返回四会、广宁两县开展抗日救亡宣传，至1939年9月停止活动，历时一年零九个月。

1937年"七七"事变发生后，八九月间，在香港的惠阳、四邑等地的同乡会，先后组织回乡服务团，回乡开展抗日救亡宣传。与此同时，几个在大革命失败后转到香港的会宁籍共产党员严玉田、孔令淦等，也根据中共香港市工委的指示，以同乡会名义，开始筹建回乡服务团的工作。他们在取得香港会宁同乡会董事会正、副主席周颂庭、赵扶生的支持后，便在香港、澳门两地的会宁籍同胞中进行宣传、发动。经过几个月的努力，于1937年12月初成立了一个以香港会宁同乡会名义组织的回乡服务团——侨港会宁同乡会回乡服务团。参加该服务团的有王伯淡、严权道、欧新、陈瑞芬、陈青、潘莱曼、黎伊凡等共17人，由孔令淦任团长、陈子贤任副团长。为了扩大影响，该服务团还在香港九龙砰伦待会宁同乡会楼上举行成立大会，并请杜埃等人作报告，接着进行为期半个月的训练。12月22日，在同乡会副主席赵扶生的率领下，该服务团返回四会、广宁两县开展抗日救亡宣传。回乡前，香港党组织为了加强党的领导，决定在团内建立中共支部（回到广州时，"南委"把它改为"特支"）。1938年4月，该服务团又吸收了一批新加坡、马来亚等地的华侨参加，便改名为"会宁华侨回乡服务团"。

会宁华侨回乡服务团总团部设在新加坡，在香港设办事处，邓达三为总团部主任、周颂庭为驻港办事处主任、孔令淦和陈于贤分别担任正、副团长，全团约50人，分为广宁队和四会队，分别由欧新和陈瑞芬担任队长。

1938年底至1939年9月，"会宁团"在近两年的时间里做了大量的工作，为西江地区的抗日救亡斗争做出了重要贡献。这些活动主要包括：

（一）开展抗日宣传，动员群众参加抗日救亡活动

"会宁团"活跃在绥江两岸的城乡，开展了广泛、深入的抗日救亡工作。他们每到一地，都用通俗易懂、生动形象的地方语言进行演讲，演唱抗日戏剧和歌曲，并以标语、漫画、传单等形式，向群众控诉敌人的罪行，宣传"国家兴亡，匹夫有责""坚持抗战，抗战必胜"的道理，激发群众的爱国热情，动员群众参加抗日救亡运动。

为了更好地进行抗日救亡宣传，"会宁团"在四会、广宁两县办夜校、办妇女识字班和组织青少年歌咏队，通过各种形式把广大青少年组织起来参加学习，进行抗日救亡的爱国主义教育。四会、广宁两县共办起夜校、识字班和歌咏队 200 多个，参加人数达 5 000～6 000。

"会宁团"的抗日宣传，提高了四会、广宁两县群众的抗日热情，广大青少年纷纷起来参加抗日救亡活动。1939 年初，日军进犯马房，四会县国民兵团第一中队奋起抵抗并取得了胜利。在这次战斗中，"会宁团"组织了许多青年奔赴前线协助部队作战。

1939 年 5 月，"会宁团"根据三水抗日前线的需要，组织一支服务队到前线服务。

在"会宁团"的宣传教育下，各地青年纷纷报名参加，服务团需要 120人，但报名者多达 200 多人。

（二）进行救济工作，组织群众生产自救

"会宁团"坚持消极救济和积极救灾的方针，在施赈的同时，组织群众进行生产自救。四会、广宁两县本来就是穷地方，群众生活都比较困难。广州沦陷前后，在外谋生的会宁群众纷纷返回家乡，广州、南海、顺德等地的难民也大量涌入，使人民生活更加困难。"会宁团"一回到家乡，就十分注意了解难民和当地群众的生活状况，及时把华侨和港澳同胞的捐款及救济物资发放给难民与生活困难的群众。"会宁团"的团员和干部都是当地人，他们也有不少亲属生活有困难，亟须救济，但是他们公正廉明，发放救济钱物时，如果不是救济对象，即使是自己的亲属，也不徇私照顾。他们的行动，受到了群众的赞扬。

1938 年夏秋之间，四会、广宁两县有不少地方发生饥荒，并且疟疾流行，群众生活十分困难。为了帮助群众渡过难关，"会宁团"一方面给群众施药治病，另一方面组织群众淘金、搞好冬种，对两县群众渡过 1939 年的春荒起了很大的作用。

（三）组织民众武装，进行抗日武装斗争的准备

"会宁团"利用国共合作的有利局面，放手发动群众建立民众抗日武装，为进行抗日武装斗争作准备。1938年5月，以帮助当地政府组织抗日自卫队的名义，广泛动员青年参加民众抗日自卫军。到1938年底，由"会宁团"协助组织的民众自卫队员已达数千人。"会宁团"团员陈德，回到自己的家乡四会县黄岗乡组织了一支拥有40人的民众抗日武装，配备了枪支，集中进行军事和政治训练。这是"会宁团"直接掌握的一支民众抗日武装。

广州沦陷后，国民党广东省政府的部分机关迁到广宁。他们号召各地组织民众武装，批准"会宁团"建立一个营编制的抗日自卫军。"会宁团"在大革命时期农军基础比较好的黄田、石涧、罗汶、江屯等地发动宣传，组织了近百人，建立一个营的自卫队，配备长短枪几十支，由"会宁团"副团长陈子贤兼任营长。

"会宁团"组织抗日武装所做的大量工作，为后来四会、广宁两县人民抗日武装起义奠定了坚实的思想基础和群众基础，在组织上与干部上作了一定的准备。

二、马来亚潮侨救乡总会

海南岛沦陷之后，日军把进攻的目标转向潮汕地区，1939年6月21日进攻汕头，随后颧州、迢海相继陷于敌手。为了救济受难乡亲，统一领导南洋英属潮侨救乡运动，6月26日，马来亚潮州公会联合会在怡保韩江公会举行各会馆代表会议，决定筹组马来亚潮侨救乡总会。在总会筹备期间，新加坡、槟城、柔佛、棉兰、士乃等地相继成立了潮侨救乡会。8月18日，马来亚潮侨救乡会代表大会在怡保韩江公会召开。出席大会的有英属新加坡、雪兰莪、峇抹巴辖、柔佛、马六甲、大山脚、槟城、怡保、麻坡等地来的代表。大会正式成立了马来亚潮侨救乡总会，推举林连登为主席。

根据各地代表的提案，大会通过了15项决议案，主要内容是：①组织马来亚潮侨救乡总会回国救济难民代表团，团员由新加坡、槟城和雪兰莪选出；②拨款分发城属慈善团代为救济难民，并从救济金中拔出一部分购买救乡药品；③以捐款的30%资助疏散人口，40%救济战区难民；④组织韩江救护队回乡救济难民同胞，协助施救工作；⑤设法救济潮属难民。根据大会的决议，王文生、黄芹生和麦仲文被派回国调查灾情，使海外华侨的救乡意旨一一得到落实。

在马来亚潮侨救乡会成立的同时，南洋嘉应华侨救乡会和茶阳华侨救乡会相继成立。

抗日战争时期，华侨回乡服务团的足迹遍布广东各地，除"东团""琼团""会宁团"以及马来亚潮侨救乡总会外，粤北、粤东和南路都有华侨回乡服务团。各地华侨服务团，在抗日民族统一战线的旗帜下开展工作，产生了广泛的影响。毫无疑问，各地华侨回乡服务团的抗日斗争，是广东抗战的一个组成部分，也是广东人民抗日爱国斗争的一支宝贵的力量。太平洋战争爆发以后，由于国民党当局的限制，加上侨援基本断绝，各地的华侨回乡服务团基本停止了活动。华侨服务团的团员，除少数返回海外，绝大多数留在国内，在中国共产党的领导下参加华南人民抗日游击纵队，坚持抗日斗争。

华侨的抗日救乡会，是华侨联合抗日的一种组织形式。它壮大了华侨救济组织的阵容，增强了华侨抗日救国、救乡运动的力量。

第六节　其他方式回国参加抗战

抗战时期，除了回国参战、担任机工之外，华侨回国从事医疗服务、担任后勤及回乡从事各种服务者，为数亦不少。他们组织慰劳团回国考察慰劳，派遣救护队回国救死扶伤，组建各种归国服务团到前线和后方服务等，以人力报效祖国。

1939 年冬，南侨总会主席陈嘉庚倡议组织南洋各属筹赈会回国慰劳团。在《南洋各属华侨筹赈会回国慰劳团组织大纲》中，明确规定慰劳团的任务主要为"代表南洋各属华侨回国慰劳各省区军民，并考察战时各方面实况"；"慰劳纯为一种情感表示，必须恭敬诚恳，无敷衍简慢之态而予受者以精神上之安慰，藉以鼓励"[①]。

1939 年冬，南侨总会组织的"回国慰劳视察团"（简称"慰劳团"）由陈嘉庚亲自率领回国。

1940 年 3 月 6 日，南洋各属华侨筹赈会回国慰劳团（简称"南侨慰劳团"）一行 40 多人从新加坡起程回国。3 月 26 日，陈嘉庚与印度尼西亚侨领庄西言、翻译李铁民等 5 人一行抵达重庆。陈嘉庚在发表讲话时阐明了拟在重庆建立制药厂、考察西北交通状况、到各战区拜访军事长官等四项任务，同时慰劳团将 320 万元慰劳金献给国民政府。

---

① 《回国慰劳团之组织慰劳与考察》，许云樵编，蔡史君编修：《新马华人抗日史料（1937—1945）》，新加坡：文史出版私人有限公司，1984 年，第 66～67 页。

5月1日，慰劳团编成华中、东南、西北三个分团分别前往各战区考察慰劳。其中，菲律宾华侨慰劳团团员多在第二团，团长为菲律宾华侨陈忠巷，其慰问地区是湘、赣、浙、闽、粤、桂。[①] 在其后的约半年时间里，各分团的侨领富商风尘仆仆、跋山涉水、风餐露宿，他们的足迹踏遍了祖国川、滇、黔、宁、陕、晋、绥远、青、湘、鄂、赣、闽、粤、浙、豫、桂等17个省的各大战区及所属数百个城镇和乡村。[②]

1940年3月，陈嘉庚率领南洋华侨回国慰劳视察团回国慰劳抗日将士，历时10月余，走遍祖国17个省的前线和后方。图为慰劳团到达重庆时和欢迎者合影。前排右四为陈嘉庚、右三为庄西言

他们通过慰劳、考察，了解到祖国抗战的真相，沟通了海内外抗日救亡的情况。国民党当时的《中央日报》社论也评价道："侨胞归来不仅予前方将士及全国同胞一个极大的兴奋，同时也给世界视听一个极好的印象。"[③] 南侨慰劳团回国慰劳考察，有力支援了祖国抗战，尤其是从精神上极大地鼓舞了祖国军民的抗敌斗志。

除南侨慰劳团外，南洋各地华侨还组建成立了其他类型的劳军救伤组织。如，越南华侨组织了安南华侨救护队；缅甸华侨也成立了救护队；新加坡华侨组织了决死队、圣约翰救伤队；马来亚组织了槟榔屿华侨救护队、槟华青年回国服务团、雪兰莪救伤会等；泰国华侨组织了救护队及华侨义勇队（10批）；印度尼西亚华侨组织了巴达维亚华侨救护队（由在雅加达的中华商会组织）、棉兰华侨机师回国救护团；菲律宾成立了华侨青年战时服务团，分四批回国服务。

"九一八"事变之后，菲律宾华侨团体就组织华侨青年回国效劳。1932年，南甘马仁省纳加华侨救国会倡导组织华侨义勇军。消息传开后，仅过数日报名者即达42人，同年12月5日全队开赴上海，参加上海华侨义勇军队伍。[④]

1934年5月，在中国共产党领导下，宋庆龄、何香凝等在上海发起组织

---

① 陈嘉庚：《南侨回忆录》，新加坡：怡和轩，1946年，第129~130页。
② 参见（新加坡）《南洋商报》，1941年3月6日。
③ 《南侨归来》，《中央日报》，1940年4月17日。
④ 杨荣标：《菲律宾华侨救国运动史》，马尼拉：菲律宾华侨救国运动史编纂社，1935年，第301页。

了"中华民族武装自卫委员会"，呼吁全国同胞武装自卫，把日本帝国主义驱逐出中国。以许立同志为首的一批华侨青年，起而响应，很快在马尼拉成立了"中华民族武装自卫会菲律宾分会"（简称"民武分会"），在侨胞中开展抗日救国活动。"七七"事变后，民武分会鉴于华侨青年纷纷要求回国抗日，便决定组织部分华侨青年回国参加抗日救国事业。民武分会的倡议得到了热烈的响应，11月组成菲律宾华侨抗日义勇队，集中于马尼拉受训。由于广大侨胞积极支持，三天之内就筹足旅费。次年1月，由沈尔七、戴血民率领的菲律宾华侨抗日义勇队28人抵达厦门。不久，义勇队在福建龙岩加入新四军二支队，改名为"菲律宾华侨回国随军服务团"①。

菲侨宾华侨还组织了慰劳团，名为慰劳实则参战。1939年初，由菲律宾华侨各劳工团体联合会（简称"劳联会"）发起，由许立、王西雄、沈尔七等人组织领导的"菲律宾华侨回国慰问团"在马尼拉成立。3月，慰问团集中于马尼拉进行紧张的训练。5月中旬，由23人组成的慰问团由沈尔七、王西雄率领出发，克服重重困难，于8月初到达新四军军部所在地皖南云岭。到达后，慰劳团不辞辛劳，立即开展慰问和宣传工作。完成慰问任务后，团员奔赴各抗日前线参战，后来大部分在皖南事变中蒙难。②

菲律宾华侨还组织了回国服务团。1939年初，有15名马尼拉华侨青年在江南组成战斗运输队参加对日作战。③ 1937—1939年，回国参加服务工作的有100人左右。④

在印度尼西亚，吧城养生院院长柯全寿积极发起并组织医疗队到中国，前后共派出4批，每批10人左右（全爪哇共派出13批）。所有医生、护士和司机均经严格挑选并训练，而且必须自愿参加。医疗队所需救护车以及医药器材都由华侨捐送。出发前，救护队发起人兼理事长柯全寿向大家发表讲话，他除勉励大家努力工作外，还一再提醒队员们，前线条件艰苦，随时都有牺牲之可能，不去者仍可退出，然而不仅没一个退出，反而一路还有不少人自愿参加。1937年12月启程的17名医疗队员中，就有一名土生荷兰人和一位荷兰退伍军人，甚至在船上还有船员要求参加。从广州赴长沙前夕，队长吴云灿医生再次

① 郑山玉：《抗日族旗到江南》（油印稿）。
② 高天雄：《菲律宾华侨回国慰问团纪事》，广东省政协文史资料研究委员会编：《华侨沧桑录》，广州：广东人民出版社，1984年。
③ 陈烈甫：《东南亚洲的华侨、华人和华裔》，台北：正中书局，1979年，第193~194页。
④ 陈烈甫：《东南亚洲的华侨、华人和华裔》，台北：正中书局，1979年，第193~194页。

提醒大家，如有不愿去者仍可退出，但同样没人打退堂鼓。① 医疗队员待遇虽微薄，但他们都从不计较。他们在前线救死扶伤，表现出色，受到中国红十字会的称赞。后来，有些队员继续留在祖国工作，有些同当地护士结婚，在祖国成了家。

此外，爪哇华侨娘子军别动队及棉兰华侨女子救护队，也在

参加八路军的几位泰国华侨青年

前线发挥了重要作用。一些华侨青年参加了八路军、新四军等抗日部队，直接同日军作战。李林就是其中突出的一位。

李林原是爪哇华侨，1916 年出生于福建省闽侯县农民家庭。因生活所迫，父母把她送给厦门一李姓印度尼西亚侨商为养女，改名李秀若。不久，李林到了印度尼西亚。

1930 年，14 岁的李林回到祖国，先后在集美中学、杭州中学和上海爱国女中就读。她努力探索革命真理，寻求革命道路。有一次，她秉笔疾书，写出《读〈木兰辞〉有感》的作文，痛快淋漓地声讨日本侵略者，展示了"甘愿征战血染衣，不平倭寇誓不休"的男儿气概。老师被这种爱国激情深深打动了，竟破例给了她 105 分！在学校她常和进步同学一起冲破校方阻挠、冲出校园，走上街头进行抗日示威。她还参加了暑假抗日宣传团，沿沪杭铁路进行抗日宣传。

1936 年 8 月，她转到北平民国大学政经系。她在救亡工作中的积极表现，引起了地下党员的注意，后者吸收她加入了中国共产党。同年 12 月，她响应中共北平市委号召，和许多平津青年学生一起去山西抗日前线，在那里她接受了军训。通过军训，她练就了一身杀敌本领，来到大同前线组织宣传抗日。不久大同沦陷，她只好回到太原，但她几次坚决请示雁北特委要求上前线杀日寇，终于获得了批准。她身背"六五"步枪成了游击队的一个女战士，后来又成了第八支队的政治委员。她曾带领 30 多名战士打散一个村里一个排的伪军，缴获战马百余匹。为了训练战士成为骑兵更好地抗击日寇，她身先士卒，学会了骑烈马。从此她率领这一队骑兵与敌人英勇战斗。李林为人正直和蔼，受

① 郭维鸿：《荷属华侨救护队》，《养生院二十五周年纪念特刊》，雅加达，1950 年，第 40～42 页。

到大家的敬爱，群众中流传着她的许多传奇故事。由于李林对敌作战战功赫赫，人们称之为"双枪女英雄"，日本侵略军悬赏 5 000 元缉捕她，贺龙将军称誉她是"我们的女英雄"。国内各地的报刊多次宣传过她抗日救亡的感人事迹。

1940 年 4 月 26 日，在一次"反扫荡"战斗中，李林带领边区第一行政专署政卫连担任后卫，负责掩护部队的转移。在她连续重创敌人后，她的战马中弹倒地。李林和一个战士扶着伤重的战友来到小郭家窑村的一座庙前，继续抗击日本侵略者。两名战友相继牺牲，她的右腿中弹，前胸也负了伤。李林忍住剧痛，一手驳壳枪，一手小手枪，同时向日本侵略者猛射，打得敌寇不敢近前。最后她把驳壳枪的子弹打光了，小手枪中也仅剩下了一颗子弹。眼看敌人越来越近，她见突围已无望，宁死不屈，坚决不当俘虏。于是，她用最后一颗子弹打进了自己的头部，壮烈牺牲，年仅 24 岁。

1940 年 1 月，李林（前排右二）在山西临县参加粉碎"十二月事变"祝捷大会

厦门集美中学李林园中的李林烈士塑像

还有一些印度尼西亚华侨青年参加了空军部队。如有些人投考笕桥空军官校，游济华曾在空军服役，陈镇和在江西省与敌机交战中英勇献身，马来亚华侨陈天成在重庆空战中英勇殉职。在 1939 年冬的陕西南郑空战中，印度尼西亚华侨刘盛芳壮烈殉国。政府向其父刘长英发了慰问信和抚恤金，刘长英复信说："当兹抗战需要之际，噩耗传来，五内痛伤，爱子之悲。承政府俯赐之恤金一万元，值此抗战时期，国家经济上正待张罗之际，实不敢领受，拟请将盛芳恤金，全部捐赠祖国，为抗战军费。"[①] 一片赤子丹心，何等高尚！何等感人！

---

① 《捍卫祖国的华侨空军战士》，（美国）《三民晨报》，1940 年 5 月 30 日。

回国从军参加抗战的华侨，主要集中在黄埔军校第四分校。据广东省侨务委员会 1946 年的统计，抗战期间，归国参军、参战的华侨仅粤籍侨胞即有 4 万余人。[①]

1937 年 10 月，400 多名留日归国学生到南京接受集训，后转移到武汉，1938 年 5 月毕业，由发表讲话的陈诚给学员授剑和颁发毕业证书，大部分学员被派往各军、政治部担任秘书、科员、指导员等职务，部分女学员被分配到战区政治部政工大队工作。由中共上海文委东京支部动员回国的 30 多名华侨青年和留学生乘船来到广州，在广州掀起抗日救亡的群众运动，归国学生积极参加抗战群众团体，进行抗日救亡宣传活动，并成立留东同学后援会，其中部分人前往南京参加国民党举办的留日学生训练班。还有一些华侨青年去了延安，同各国归来的华侨青年一起，参加抗日军政大学、陕北公学、中国女子大学等革命学校的学习，毕业后被分配到各个抗日根据地，成为八路军、新四军以及抗日民主政权的骨干力量。[②]

海外华侨以各种方式回国参战，奋战在祖国抗日战争的第一线，不仅直接增强了祖国的抗战能力，还以自己为民族存亡而奋斗献身的壮举，鼓舞了广大人民群众的意志和信心，给受难的同胞带来了温暖，给英勇杀敌的将士带来了力量，进一步推动了祖国的全民族团结抗战。

表 6-2　美洲地区华侨社团及参加抗战人数统计表

地区	国别	各国华侨人数（人）	各国华侨社团数（个）	华侨参战人数（人）	侨眷参战人数（人）	资料来源
北美洲	加拿大	46 000	287	92	184	1944 年驻温哥华领事馆上报数
	美国	103 175	815	206	412	1940 年美国华侨年鉴调查估计数
	墨西哥	12 500	83	25	50	1943 年驻墨西哥公使馆报告数
	小计	161 675	1 185	323	646	

---

① 李盈慧：《抗战中的华侨：开展波澜壮阔的救亡运动》，《中国社会科学报》，2015 年 9 月 5 日。

② 罗晃潮：《日本华侨史》，广州：广东高等教育出版社，1994 年，第 333 页。

（续上表）

地区	国别	各国华侨人数（人）	各国华侨社团数（个）	华侨参战人数（人）	侨眷参战人数（人）	资料来源
中美洲	古巴	32 000	59			1942年驻该地领事馆报告数
	海地	40	0			1945年《华侨先锋月刊》登载数
	多米尼加	362	3			1945年《华侨先锋月刊》登载数
	危地马拉	745	3			1945年驻该地公使在报上发表数
	洪都拉斯	400	6			1944年驻该地公使报告数
	萨尔瓦多	167	2	103	205	1944年驻该地公使报告数
	尼加拉瓜	1 500	6			1945年驻该地公使报告数
	哥斯达黎加	600	6			1945年驻该地公使报告数
	巴拿马	2 000	34			1945年驻该地公使报告数
	千里达	5 000	10			1938年驻该地领事馆报告数
	占美加	8 000	2			1945年《华侨先锋月刊》估计数
	古拉梳	700	1			1945年驻该地领事馆报告数
	亚鲁巴	257	1			估计数
	小计	51 771	133	103	205	

（续上表）

地区	国别	各国华侨人数（人）	各国华侨社团数（个）	华侨参战人数（人）	侨眷参战人数（人）	资料来源
南美洲	哥伦比亚	550	9			1943 年驻该国领事馆调查数
	厄瓜多尔	800	5			1939 年驻该地救国总会报告数
	委内瑞拉	1 500	8			1941 年驻该地中华会馆数
	圭亚那	3 648	2			1947 年驻该地领事馆报告数
	苏里南	3 016	10			估计数
	开因	163	1			估计数
	乌拉圭	55	1			估计数
	巴西	592	16	44	87	估计数
	巴拉圭	12	0			估计数
	玻利维亚	35	0			估计数
	秘鲁	10 915	57			1940 年驻该地领事馆调查数
	智利	1 500	23			1945 年《华侨先锋月刊》登载数
	阿根廷	200	2			1945 年《华侨先锋月刊》登载数
	小计	22 986	134			
	总计	236 432	1 452	470	938	

资料来源：华侨革命史编纂委员会编纂：《华侨革命史》，台北：正中书局，1981 年，第 639 ~ 640 页。

第七章

华侨战时汇款与投资

战时华侨汇款与投资是华侨支援祖国抗战的重要方面，其在补充军费消耗并维持法币汇价、促进抗战大后方经济发展、增强国家经济实力、充实抗战力量等方面为祖国的持久抗战做出了贡献。

第一节　华侨汇款

抗日战争爆发后，海外侨胞胸怀爱国热忱，从财力、物力、人力和精神层面积极支援祖国抗战，为中国抗日战争的最终胜利奠定了基础。其中华侨对抗日战争的突出贡献在于经济支援，这是现有华侨史研究取得的共识。据统计，八年抗战期间，海外侨胞汇款95亿元，捐款13亿余元[1]，认购公债11亿元（包括救国公债、金公债及节约储蓄立券等，占国民政府战时发行公债总额的1/3）[2]，捐献的飞机、汽车、药品、衣物及其他物资难以统计。其中，侨汇与中国抗战经济的关系尤为密切。著名爱国华侨领袖陈嘉庚曾称，"华侨与祖国抗战经济之关系，最为密切，吾人不可不知"[3]。整个抗日战争期间，侨汇作为中国外汇收入的主要来源，弥补了国际贸易逆差和庞大的财政赤字，补充了军费消耗并维持了法币汇价。投资性侨汇虽与赡家性侨汇相比数额较小，但是仍然促进了抗战大后方经济的发展。因此，华侨汇款在战时经济中占有举足轻重的地位。

一、统一侨汇管制的困难

尽管华侨汇款是战时中国外汇来源的重要组成部分，但是基于长期历史形成的侨汇寄递渠道和方式，以及大量地下炒汇人员的存在，想在短期内集中统一管理侨汇也非易事，因此这对战时国民政府的经济管理能力和效果提出了挑战。

抗战初期，侨汇流入中国的渠道仍然呈现多样化态势，既有正规渠道，也存在外汇黑市。同时，国内形势紧张，国际局势又变幻莫测，使国民政府的侨汇工作面临着难以预料的巨大困难，这些困难举例如下：

首先，侨汇办理不集中，侨汇流失问题严重。近代中国国家金融业的发展

---

① 华侨革命史编纂委员会编纂：《华侨革命史》（下），台北：正中书局，1981年，第705～706页。

② 中国人民抗日战争纪念馆、中华全国归国华侨联合会文化交流部编：《华侨与抗日战争》，北京：中国华侨出版社，2006年，第73页。

③ 陈嘉庚：《南侨回忆录》，新加坡：怡和轩，1946年，第453页。

迟缓，侨汇长期以来作为民间侨汇业的主营业务，相当大的部分都难以纳入国家管控。同时，侨汇无论是通过批信局，还是通过外商银行或者国民政府官方行局①，最终送到侨眷手中的都是法币。而通过不同的机构汇款，外汇的去向却完全不同。侨汇通过政府掌管的行局，外汇就会为国家所用；而通过外商银行，则成为外国政府的外汇基金；而通过批信局走私，则会变成投资或投机资本。"任由侨款留存港沪沙面的外商银行，在贸易出超乃至平均的抗战期间，这笔巨款就变成外商银行的外汇基金，外商银行所发行的外币不断地流行于广东各地，而为莫大的变相资本逃离了"。②所以，华侨通过政府指定的银行向国内眷属汇入侨汇，其意义十分重大。财政部责成中国银行统筹收集侨汇，并推动一系列金融政策以吸收侨汇，收效显著。但是，由于汇款习惯、外商银行及日伪政权银行的争夺、外汇黑市的存在等原因，侨汇的流失问题难以从根本上完全杜绝。

　　其次，国内战局急转直下，使沿海许多地方的侨汇工作陷入僵局。据1933 年华侨联合会的调查统计，华侨在南洋最多，欧美次之，澳大利亚、南非最少。从来源地来看，华侨主要来自闽、粤两省。这个状况决定了办理侨汇的机构主要分布在福建和广东两省，而闽、粤一些重要城市的失陷，必然导致侨汇疏通工作陷入困难境地。如1938 年5 月厦门沦陷，福建沿海又遭日军袭扰，使民信局和银行同业的侨汇业务多数陷于停顿。陈嘉庚在《南侨回忆录》中评述此事，"南洋侨胞逐月内汇寄家之款，总计不下千余万，间接增厚国家经济力至大。数月前敌陷厦门，波及潮汕、闽粤海疆受制益甚"。1939 年6 月，日军一度在泉州近海登陆骚扰，泉州四周公路均已自动破坏，交通不便、形势紧张。1944 年7 月，日军在广东各地发动攻势，西江一带局势紧张，中国银行在台山、新昌、赤坎、金岗等地的分支行局不得不撤退，使四邑侨汇不得已而暂告停顿。1944 年底广东大部分地区沦陷，后方与四邑的陆上交通完全阻隔，致使所有侨汇委托书、有关账册及电台机件等都无法运往四邑，侨汇

---

　　① 国民政府官方行局：指国民政府经营的银行和邮局等，有中央银行、中国银行、交通银行、农民银行、邮政局及中央信托局，以及由地方政府经营的行局，如广东省银行、福建省银行等。

　　② 《怎样使侨款变成飞机大炮》（1937），广东省档案馆藏广东省银行档案，全宗号41，目录号3，卷2224，第76～80 页，转引自李小燕：《中国官方行局经营侨汇业务之研究》，新加坡国立大学博士学位论文，第49 页。

完全陷入绝境。① 直到 1945 年 5 月，在蒋介石的亲自干预下，中国银行才派员搭乘航空委员会军用飞机，将侨汇委托书、钞券、账册、电台机件运到长汀再辗转运到广东四邑，四邑地区的侨汇在停止了近一年后才勉强恢复。

最后，日伪政权为了战争的需要，亦极力与国民政府争夺侨汇资源。日伪争夺侨汇，"其目的首先是为了掠夺外汇，其次还欲借此推行日伪军用券或中储券等伪币的流通，从而破坏国民政府的金融政策和法币信用"②。1940 年春日军占领汕头之后，随即在当地组织伪民信局公会，强迫沦陷区的民信局参加，并制定所谓"汕头侨批业公会会章"16 条，即"以台湾银行及横滨正金银行结成为侨批业者之指导机关，对于侨批业公会业务之运用极力予以监督，亦常受政务部所指定之指导机关之指导而行动"③，企图全面控制侨汇。

在海外，为了夺取侨汇、削弱中国的经济抗战力量，日军不仅对华侨采取软硬兼施的方式，还唆使日伪奸细假冒或伪组各种团体，如伪辛亥革命同志会、伪五洲洪门华侨联合会、伪侨务委员会、伪惠潮嘉三属同乡会等组织，煽惑海外华侨，将汇款交由敌伪银行汇返。1941 年 3 月至 6 月由日伪控制之海口邮局沦陷区的侨汇计有国币 2 957 592.33 元，其中汇返广州为 1 677 666.21 元，汇返海口为 1 279 926.12 元。汇款来源地以新加坡最多，为 102 191 元，其次为马来亚各邦的 433 831 元及香港的 234 711 元。④

二、国民政府争取侨汇进入国家行局

在国民政府各大行局中，中国银行对于争取和集中侨汇收入发挥了十分重要的作用，国民政府对包括中国银行在内的各大行局采取的措施如下：

（1）集中侨汇收入。中国银行是国民政府特许的国际汇兑银行，在大陆以外设有纽约、伦敦、新加坡、中国香港四大分行，下设 13 个支行，其中纽约分行下设支行在纽约近郊和古巴，伦敦分行下设支行在利物浦，新加坡分行

---

① 中国银行行史编辑委员会编著：《中国银行行史（1912—1949 年）》，北京：中国金融出版社，1995 年，第 553～558 页。
② 参见袁丁：《国统区与沦陷区之间的侨汇流通》，钱江、纪宗安主编：《世界华侨华人研究》（第 1 辑），广州：暨南大学出版社，2008 年，第 123 页。
③ 参见袁丁：《国统区与沦陷区之间的侨汇流通》，钱江、纪宗安主编：《世界华侨华人研究》（第 1 辑），广州：暨南大学出版社，2008 年，第 123 页。
④ 黎道纲：《汕头沦陷至日军入暹时期曼谷侨批界的经营状况》，《泰国侨批文化》，泰国：泰中学会，2006 年，第 118 页，转引自李小燕：《中国官方行局经营侨汇业务之研究》，新加坡国立大学博士学位论文，第 166 页。

下设支行在吉隆坡、槟榔屿、雅加达、悉尼，香港分行下设支行在加尔各答、孟买、卡拉奇、仰光、西贡、海防等六地。[①] 因此国民政府财政部要求中国银行统筹收集侨汇，并于1939年2月11日发布《银行在国外设立分行吸收侨汇统一办法》，要求各银行在海外设行时，都要在财政部核准；在该办法施行前，各银行在海外已设的机构办理侨汇时应和中国银行取得联系，并照中行规定的汇兑行市办理；所收侨汇照原水单转售中行，由中行汇总售与央行。[②]

（2）解决沦陷区的侨汇问题。国民政府财政部通令银钱业公会及海外团体执行《侨胞汇款沦陷区办法》，强制规定汇款交由国营银行及其委托的银行汇寄或者购买当地外币汇票寄香港中国银行或交通银行解寄；也可以交由邮政储金汇业局的代理银行汇至香港邮汇局办事处或购买港币汇票汇寄香港邮汇局办事处，再由该处转汇国内。[③] 为防止汇兑投机，中央银行、中国银行、交通银行和农民银行四行规定凡汇款到上海解交划汇者，每人每次不得超过500元，在沪解交法币者每人每天不得超过100元。[④]

（3）防止日伪夺取侨汇。1940年春，日伪在汕头组织伪民信局公会，强迫当地的民信局参加，妄图将侨汇控制在自己手中。国民政府提出：一是由中国银行、交通银行及广东省银行、福建省银行四行在海外增设机构，以便吸收侨汇，并注意与邮汇局及民信局加强联系，沟通汇路；二是由邮汇局在海外多设代理处，并努力联络各地民信局，予以优惠利益，迅速扩大收汇地区；三是设法使沦陷区内与海外华侨有汇兑关系的民信局迁出沦陷区，或在沦陷区附近设立分号，以便将侨汇换成国内汇票寄送沦陷区的侨眷；四是由有关部门通知海外华侨，将汇款交由国家银行或其代理行汇寄。[⑤]

（4）鼓励侨资内移。政府除注意加强吸收华侨赡家汇款外，也积极争取华侨汇款回国投资后方工业建设。1938年12月，国民政府经济部颁布非常时期华侨投资国内经济事业奖助办法，规定凡是华侨资金占资本总额60%以上的投资事业，"经济部"应在经营及技术方面给予指导协助，并在提供运输便

---

① 《经营侨汇为主　中行海外分行密布》，《申报》，1946年12月15日第7版。

② 中国银行行史编辑委员会编著：《中国银行行史（1912—1949年）》，北京：中国金融出版社，1995年，第551页。

③ 中国银行行史编辑委员会编著：《中国银行行史（1912—1949年）》，北京：中国金融出版社，1995年，第551页。

④ 《财政部限制汇款沦陷区域》，《申报》，1939年4月26日第10版。

⑤ 中国银行行史编辑委员会编著：《中国银行行史（1912—1949年）》，北京：中国金融出版社，1995年，第551~552页。

利、降低运费、减免捐税和使用公有土地等方面给予照顾。1940 年欧战扩大，政府考虑南洋等地有大批富裕华侨，一旦日军占领这些地区，华侨资产可能被用于资敌，有必要鼓励华侨资本内移。因此，政府曾先后提出许多办法和措施，如开办外币定期储蓄存款，开办节约建国储金及发行节约建国储蓄券、建设金公债等，给予较为优厚的利息或其他保证。1941 年 12 月，"行政院"公布施行的非常时期奖励资金内移兴办实业办法中，资金的内容除去存款、外汇、黄金、外币、有价证券等以外，机器和物资也可作价或变价作为资金，并在内移中由政府主管部门给予协助及保护。[1]

（5）侨汇改由中央银行集中办理。1941 年 7 月，美、英等国封存中、日资金以后，解封特权交由央行行使，财政部规定华侨汇款由央行集中办理；在海外各地由央行委托中行、交行、农行三行代理，每区以委托一个代理行为限；原来经办侨汇的各银行在取得央行许可并商得上项代理行同意后方可照汇，所收汇款原币应拨交央行委托的代理行转收央行账。这样，侨汇便集中于政府指定的银行办理，不至于发生流失。央行随即划分马来亚、缅甸、荷属东印度、欧洲、美洲、印度、华南（指香港）、菲律宾、越南、泰国共十区分别收集侨汇，并指定了代收侨汇的各区代理行。十区中除菲律宾、越南两区委托交行，泰国区委托广东省银行作为代理行外，其余七区均委托中国银行在当地的分支机构办理。[2]

三、侨汇对中国抗战的贡献

尽管抗战时期吸收侨汇的环境十分艰险，但在侨胞与政府的配合及努力下，侨汇工作取得了十分显著的成效。整个抗战期间，侨汇数额超过 95 亿元。其中，从 1937 年到 1941 年侨汇数额逐渐增多，1941 年侨汇多达 18 亿元，这一阶段被称为"侨汇的发达时期"。太平洋战争爆发后，因香港和广州、厦门、汕头、福州等沿海城市的转汇枢纽陷入敌手，而欧洲和南洋地区也被攻陷，华侨生活受到影响，侨汇流通也发生阻滞，因而数量骤减。但美洲华侨仍继续汇款，美洲华侨在抗战期间总收入为 25 亿多美元，侨汇总额为 5.9 亿多

① 中国银行行史编辑委员会编著：《中国银行行史（1912—1949 年）》，北京：中国金融出版社，1995 年，第 552 页。
② 中国银行行史编辑委员会编著：《中国银行行史（1912—1949 年）》，北京：中国金融出版社，1995 年，第 552～553 页。

美元，约占其总收入的 1/4。[①]

巨额侨汇的流入对抗日战争做出了重大贡献，突出体现在以下四个方面：

第一，巨额的侨汇弥补了抗战时期中国国际收支的逆差，这是侨汇对抗日战争的巨大贡献。事实上，"对研究中国国际收支问题的国内外经济学者来说，侨汇被视为可以弥补中国商品贸易逆差的最大项目"[②]。近代以来，由于中国的工商业发展落后于他国，对外贸易向来是进口多出口少，对外贸易长期处于入超状态。"据资料统计，自 1868 年以来，除少数年份（1872—1876 年）外，中国对外贸易均入超，且入超比例与年俱增。据 1868—1936 年的海关关册统计，中国对外贸易入超总数累计 74 亿海关两，折算美元为 50 亿元。而同一时期侨汇总数为 24.4 亿美元，这个数目相当于外贸入超的 50% 左右。"[③] 由此可见，长期以来，侨汇均对中国国际贸易逆差起到了重要的弥补作用。但"二战"前（除了 1936 年[④]）侨汇尚未能完全平衡外贸赤字。[⑤] 抗日战争爆发后，中国遭敌人烧杀劫掠，蒙受了更巨大的损失，经济却仍没有陷入崩溃，金融也未陷入混乱，甚至在 1937—1942 年，国际收支达到出超状态，通过表 7-1 可以发现，整个抗战时期中国入超总额为 1 012 879 万元，侨汇总额为 957 400 万元，侨汇占净入超比例为 94.52%。由下表我们可以清楚地看到侨汇对弥补抗战时期中国国际收支逆差的贡献，诚如当时学者所言，"中国每年入超数万万元之巨，尚未至于使民经济达于枯竭的境者，惟有赖于华侨源源不断之巨额汇款，以资调剂而已"[⑥]。正是因为有了爱国华侨源源不断的汇款支撑，中国才弥补了入超，增加了国家财政收入。

---

① 华侨革命史编纂委员会编纂：《华侨革命史》（下），台北：正中书局，1981 年，第 705~706 页。

② 崔丕、姚玉民、李文译：《日本对南洋华侨调查资料选编（1925—1945）》（第三辑），广州：广东高等教育出版社，2011 年，第 90 页。

③ 林金枝：《析华侨汇款及其作用》，《八桂侨史》1996 年第 3 期。

④ 在 1936 年，华侨汇款额达到对外贸易入超的 135%，国际收支出现顺差。但顺差的出现，主要归功于国民政府在 1936 年贸易赤字减少。

⑤ 李恩涵：《新马华人的抗日救亡运动（1937—1941）》，《南洋学报》1985 年第 40 卷第 1~2 期，转引自李小燕：《中国官方行局经营侨汇业务之研究》，新加坡国立大学博士学位论文，第 235 页。

⑥ 易棉阳、曾鸿燕：《华侨汇款与抗日战争》，《玉林师范学院学报》2008 年第 6 期。

表 7-1　1937—1945 年华侨汇款与对外贸易赤字对照表

（法币：万元）

年度	对外贸易入超	华侨汇款	华侨汇款与贸易入超的百分比
1937	11 514	45 000	391%
1938	12 356	60 000	486%
1939	30 640	120 000	392%
1940	5 702	180 000	3 157%
1941（1—10 月）	−41 368	24 400	
1942	125 274	86 200	68.8%
1943	321 986	240 000	74.5%
1944	34 138	148 200	434%
1945（1—8 月）	512 637	53 600	10.5%

　　资料来源：①对外贸易入超额来源于财政部统计处编的《中华民国战时财政金融》表69，转引自中国银行行史编辑委员会编著：《中国银行行史（1912—1949）》，北京：中国金融出版社，1995年，第539页。②华侨汇款数额根据1950年1月23日《香港金融日报》统计数填列，转引自中国银行行史编辑委员会编著：《中国银行行史（1912—1949）》，北京：中国金融出版社，1995年，第560页。

　　第二，华侨汇款补充了军费的巨额消耗，弥补了战时国民政府庞大的财政赤字，增加了我国的经济抗战能力。战争最需要的是人力与金钱。在人力方面，国民政府无论是采取鼓动还是强迫方式，总是可以依靠国内的力量加以解决，但是战争需要的巨额军费，却不能仅仅依靠国家的税收和国内民众的支持。因为近代以来，中国战乱频繁，国民长时期没有得到休养生息，经济也没有得到应有的休整，国家的税收随之日益枯竭。抗日战争爆发后，军费开支剧增，民国政府财政赤字也随之日益庞大。由表7-2可看到，在抗战前期（1937—1940年），财政赤字占总支出的百分比平均在74.4%左右；而到抗战后期（1941—1945年），最高则达88.2%，最低为71.9%，平均为81%左右，可见财政赤字的严重程度。再看其军费支出，可发现其占据了国民政府总支出的绝大部分，最高为87.3%，最低为57.6%，平均达到69.2%。整个抗战期间，军费均超出政府实际收入几倍以上。所以，即使国民政府将全部的收入都用作战费，也远远不够。

表 7 - 2　1937—1945 年国民政府总支出、实际收入、军费及华侨汇款对照表

年度	总支出（百万元）	实际收入（百万元）	军费（百万元）	华侨汇款（百万元）	赤字占总支出百分比	军务费占总支出百分比
1937	2 091	559	1 388	450	73.3%	66.4%
1938	1 169	297	698	600	74.6%	59.7%
1939	2 797	715	1 611	1 200	74.4%	57.6%
1940	5 288	1 317	3 912	1 800	75.1%	74.0%
1941	10 003	1 184	6 617	244	88.2%	66.2%
1942	24 511	5 269	15 216	862	78.5%	62.1%
1943	58 816	16 517	42 943	2 400	71.9%	73.0%
1944	171 689	36 216	131 081	1 482	78.9%	76.3%
1945	1 215 089	150 065	1 060 196	536	87.7%	87.3%

资料来源：①总支出和实际总收入数额来源于杨荫溥：《民国财政史》，北京：中国财政经济出版社，1985 年，第 102 页。②军费数据来源于杨荫溥：《民国财政史》，北京：中国财政经济出版社，1985 年，第 103 页。③华侨汇款数据参见表 7 - 1。

因而，战费成为摆在国民政府面前的一大难题，也是战时财政问题的核心。为了筹措战费，政府必须依赖大量的外援，需要多方筹措。国民政府为此曾发行了不少公债，甚至号召国民购买，但是由于广大民众的经济能力有限，加之对公债的信用度也未尽认可，"抗战后发行首次救国公债五万万元，虽如何极力推销，总不能达到半数。如闽省由中央银行分派八百万元，经省政府悉力强逼，甚至捕人封屋，竭泽而渔，经年以后，结果仅销四百万元。其他各省可以想见"①。同时，国民政府也曾向美、英、苏（联）等国呼吁，希望他们提供军用物资支援中国抗战。但在抗战初期，美、英等西方国家仍采取"坐山观虎斗"的政策，尽管口头上支持国民政府，但实际举措仍然有限，而且一些战略物资仍继续供给日本。"从 1938 年到 1941 年，中国政府以易货贸易方式向苏、美、英三国借款 10 笔，其中苏联 3 笔，2.5 亿美元；美国 4 笔，1.2 亿美元；英国 3 笔，804.7 万英镑。"② 后来，1942 年从美国信用借款 5 亿

① 陈嘉庚：《南侨回忆录》，新加坡：怡和轩，1946 年，第 3 页。
② 中国银行行史编辑委员会编著：《中国银行行史（1912—1949 年）》，北京：中国金融出版社，1995 年，第 548 页。

美元，1944 年从英国拿到财政援助借款 5 000 万英镑。[1] 所以整个抗战时期，中国政府共获得外来援助 1 102 104 000 美元，仅占整个军费支出的 0.87%。

而反观华侨的汇款情况，从 1937 年至 1940 年，国民政府的侨汇收入累计法币 40.5 亿元，为同期财政收入（28.88 亿）的 140.2%、同期财政赤字（84.57 亿）的 47.9%、同期军费支出（76.09 亿）的 53.2%。可见在这几年，侨汇收入是国民政府财政收入的最重要、最巨大的来源，填补了大部分的财政赤字。从 1941 年至 1945 年，侨汇虽在国民政府财政收入中的比例大减（因为这几年国民政府主要依靠通货膨胀政策来增加政府收入），但作用仍不容忽视。

侨汇的重要性不仅在于它在国民政府的财政收入中占有的巨大份额，而且在于侨汇的实质就是非贸易外汇：一方面，外汇对于抗战十分重要，因为没有外汇，就无法购买军火和备战物资。"由于出口贸易的不景气，外贸所获外汇极为有限，侨汇成为国民政府获得外汇的重要渠道。可以说，抗日的飞机大炮多是侨汇转化而成的。"[2] 另一方面，外汇基金直接影响着纸币的发行。由于大量的华侨汇款作为纸币基金，银行才能增发纸币，弥补了财政赤字而又不致过于通货膨胀。据陈嘉庚《南侨回忆录》记，"抗战第四年（1940）春，据何应钦部长在国民参政会上报告，去年全年战费共开出一十八万万元，而同年海外华侨汇归国币十一万万元，义捐交政府约十分之一，余为私人寄家用者，从中南洋约占十分之七有奇，余为美洲等他处。按华侨外汇之款，概是现金，照世界银行发行纸币公例，有基金一元即可发出纸币四元，其信用便可称稳固。政府如以十一万万元现金，存中外银行作纸币基金，便可发出纸币四十四万万元，除十万万元交还侨眷家费，尚可存三十四万万元，除抵补是年战费十八万万元以外，尚有十六万万元也"[3]。

第三，侨汇对于维持抗战时期法币汇价[4]的稳定起了一定的作用。抗日战争开始，上海出现资金外逃现象，外汇需求猛增。但"抗战初期，为维持法币的对外价值，国民政府没有实行外汇管制，继续实行外汇自由买卖政策，在'七七'事变至'八一三'事变的 36 天中，售出外汇即达 750 万英镑，引起

① 杨荫溥：《民国财政史》，北京：中国财政经济出版社，1985 年，第 153 页。
② 参见李小燕：《中国官方行局经营侨汇业务之研究》，新加坡国立大学博士学位论文，第 243 页。
③ 陈嘉庚：《南侨回忆录》，新加坡：怡和轩，1946 年，第 3 页。
④ 法币是一种金汇兑本位制度下的不兑现纸币，其价值由外汇汇率来表示，法币能否保持稳定，取决于其汇价是否稳定。

敌伪套汇风行"①。为防止日伪套取外汇，国民政府于 1938 年 3 月 12 日由财政部颁布《购买外汇请核办法》及《购买外汇请核规则》，实施外汇管制，实行外汇的限制供给。但由于日伪乘机套购，再加上贸易入超增加和逃资、投机等活动，外汇基金根本不足以应付这些庞大需求。因为外汇来源不足，外汇维持政策时断时续，"政府在 1938 年到 1941 年曾三次维持汇率而又三次放弃维持汇率"②。解决外汇供给成为太平洋战争爆发前国民政府面对的一个重要金融问题。而爱国华侨对抗日战争的支持，不仅增加家用侨汇的寄送，而且增加捐款和投资，使大量外汇归入国家银行。另外，"海外华人热心为国担负救国重任，时相鼓励购买法币，汇存于国家银行，巩固国家金融，稳定资金"③。巨额侨汇的流入无异于给国民政府雪中送炭，对维持法币对外价值的稳定起了不可忽视的作用。而法币汇价的稳定，使人民对政府寄予了信任，增强了抗战的信念，这是一种难以用金钱衡量的巨大精神支持。

第四，华侨汇款回国后转化为投资后方工业建设的资金，促进了后方生产的发展。据厦门大学南洋研究所对华侨回国兴办实业状况所作的调查（综合闽、粤两省的 48 个县市以及上海市的资料），1862—1949 年海外华侨对中国投资兴建了 25 000 家企业，投资额合计近 3 亿银圆，折合人民币约 7 亿元（按 1955 年时价），其中有 77% 的投资是在 1911—1937 年进行的。照此推算，抗日战争时期的投资占 20% 左右（1946—1949 年没什么投资），约 1.5 亿元。抗日战争期间，闽粤沿海城市和上海相继沦陷，投资急剧下降，有部分华侨投资转向大后方的西南地区。④ 也有不少学者提及，抗战前四年的侨汇之所以有辉煌的成绩，除了华侨热心捐款支持抗战外，最重要因素便是当时华侨对国内的巨大投资（包括矿农、畜牧、贸易以及资助华南各种事业的建设）。⑤ "过去侨汇，除了侨属家用汇款（汇款家乡，以备将来回国后之需用，亦包括在内）之外，更重要者为巨额投资。此项投资，来自星（新）加坡、吉隆坡、曼谷、马尼拉等地的中国富户（或为上代移居该地者，或则居住海外之华侨）。中日

---

① 中国人民银行金融研究所：《美国花旗银行在华史料》，北京：中国金融出版社，1990 年，第471 页。

② 易棉阳、曾鸿燕：《华侨汇款与抗日战争》，《玉林师范学院学报》2008 年第 6 期。

③ 林树彦：《当前的侨汇问题》，《南洋中华汇业总会年刊（第三集）》，转引自李小燕：《中国官方行局经营侨汇业务之研究》，新加坡国立大学博士学位论文，第 202 页。

④ 郭梁：《东南亚华侨华人经济简史》，北京：经济科学出版社，1998 年，第 259 页。

⑤ 柯木林：《柯木林卷：石叻史记》，新加坡：青年书局，2007 年，第 160 页。

开战之前，这些投资除了在中国建设新工业之外，并供给大量外汇资源，特别是'七七'后至太平洋战争爆发前的四个年头。"华侨在抗战时期的重要投资有：供给中国工业合作运动之资金；华侨工矿农开发企业公司；广西华侨种植公司；印度尼西亚、檀香山、马来亚华侨在华南各地资助各种事业之建设；中国银矿公司；福建华侨实业公司等。① 南洋华侨陈嘉庚与胡文虎在国内的大笔投资更是为人所称道。

华侨的巨额投资不仅是外汇的重要来源之一，而且也对国民政府大后方经济的发展贡献良多。南洋侨领张百基曾言：华侨投资可以大量开发资源；可以稳定后方资源；可以抵制敌货流入；可以发展海外国货；可以充实国防利器；可以代替当前捐款之外汇；可以维系华侨爱国之重心；可以拒绝敌伪挑拨之阴谋。② 这段话概括了战时华侨投资的作用和意义。

中国的抗日战争，是一场伟大的民族解放战争。在这场战争中，海外华侨爱国情深，对祖国抗战提供了强有力的经济支援，建立了不朽的功勋。对此，国人都给予了高度评价。毛泽东在《论联合政府》的报告中，充分肯定了抗战时期"海外华侨输财助战"，"对战争有所尽力"。③ 国民党对此评价说："海外侨胞为抗战建国力量源泉之一……抗战期间，其重要性尤倍于往日。"他们"慷慨解囊，尽量捐输助饷，或汇款回国增加外汇。……此庞大外汇，对于祖国之抗战，实予以巨大之助力"④。没有这些侨汇的支援，国内的抗战一定是更加困难的。

第二节　抗战时期华侨回国投资

抗战期间，海外华侨在中国的投资，是华侨在经济上支持中国抗战的一个重要方面。本节从华侨对国内企业的经济投资出发，分析在此期间其回国投资的背景，投资的行业、特点和意义，以此探讨华侨在抗战期间对增强国家的经济实力、充实抗战力量所发挥的重要作用。

---

① 任贵祥：《华侨对祖国抗战的经济贡献》，《近代史研究》1987 年第 5 期，第 152～154 页。

② 张百基：《抗战建国与华侨投资之关系》，《大公报》（重庆版），1940 年 10 月 30 日，转引自张赛群：《南京国民政府侨务政策研究》，北京：中国言实出版社，2008 年，第 166 页。

③ 《毛泽东选集》（合订本），第 934 页，转引自任贵祥：《华侨对祖国抗战的经济贡献》，《近代史研究》1987 年第 5 期，第 163 页。

④ 华侨革命史编纂委员会编纂：《华侨革命史》（上），台北：正中书局，1981 年，第 121 页。

一、抗战时期华侨回国投资的背景

众所周知，战争不仅仅是政治与军事的考量，更是经济实力的较量。持久的抗战不仅需要充足的人力，更需要坚实的财力和物力为依托，需要发达的经济体系来维持。然而，自抗战爆发以来，东南沿海省市相继沦陷，南京国民政府被迫迁都重庆。内地工厂也因日军的经济封锁和狂轰滥炸而遭受巨大摧残，其损失难以估量；加之大后方经济基础薄弱，布局极不合理，无法满足战时生产的需求；同时，农业也因战争而停滞不前，一时之间，粮食、军用品、军费开支等问题蜂拥而至。在这种情况下，国民政府加大引资力度，海外华侨也饱含一腔爱国之心回国投资，这是抗战时期华侨回国投资的特殊背景。

首先，从国民政府来看，吸引侨资是晚清以来历届政府的一贯传统，民国时期国民政府亦未有大的转变。早在 20 世纪 20 年代末及 30 年代初世界爆发大规模的经济危机时，国民政府即先后颁布《特种工业奖励法》《华侨回国兴办实业奖励办法》《华侨投资国内矿业奖励条例》等政策法规，对华侨在国内兴办实业和各种公益事业给予特别奖励及保护，各部门也对侨民回国投资给予回国考察、实业指导等种种便利。

虽然抗日战争爆发、国内政局不稳，但此时出现了一些有利于华侨投资的重要因素，其中政府的大力扶持和鼓励更是起了决定作用。抗战初期，国民政府即将引进侨资作为重要的施政纲领之一。1938 年 4 月，国民党临时全国大会通过了《抗战建国纲领决议案》，有关条款强调，"奖励海内外人民投资，扩大战时生产"[1]。1939 年 9 月欧战爆发，日本南进趋势日渐明显，国民政府加紧吸引侨资。11 月，国民党五届六中全会通过了《订定优待保障侨胞投资条例》《协助侨胞投资之具体方案》等，对华侨投资于垦殖、工业、金融等方面的奖助作了更为详细的规定。1940 年 7 月，国民党五届七中全会又通过了《鼓励海外华侨回国投资案》，进一步筹划了投资的具体事项。太平洋战争爆发后，1942 年国民政府财政部还特别规定：凡华侨依照中央银行挂牌价格汇回国内之款项作为投资实业之用，战后准其照牌价汇出。[2] 1942 年 8 月，蒋介

---

① 荣孟源：《中国国民党历次代表大会及中央全会资料》（下册），北京：光明日报出版社，1985年，第 486 页。

② 福建省档案馆编：《福建华侨档案史料（上）》，北京：档案出版社，1990 年，第 424 页。

石本人还亲自致电侨务委员会，要求大力吸收南洋侨资。[①] 此后，在一些政策法规中也多次提到要引进侨资，发展生产。

除以上鼓励或奖助侨胞投资国内的政策法规外，为具体筹划侨民回国投资事项，侨务委员会还于1941年3月设立了回国侨民事业辅导委员会，负责扶助和指导回国侨民事业的发展事宜。为配合华侨投资国内，侨务委员会开展了大量工作，不仅令各侨务处及各驻外领馆、侨团对侨胞回国投资优惠政策广作宣传，指导侨界领袖组织团体回国考察，而且还与湖南、广东、广西、四川等省政府会商，拟定吸引华侨归国兴办实业办法，编印附物产调查表的实业介绍初编，将其通告海外各领馆侨团并分发海内外侨胞，使之明了国内各种实业概况以选择投资。而对于海外侨民因兴办实业提出的各种请求，侨务委员会也尽可能地提供方便。[②]

其次，从海外来看，回国投资的华侨主要以东南亚国家的华侨为主，此外还兼有欧美、澳大利亚等地华侨。但由于欧战的爆发，为适应战时所需，侨居地政府便陆续实施各种统制政策和措施。以南洋为例，各殖民政府在汇兑、对外贸易、本地商业和移民等方面，均有严格的限制。1940年初，新加坡政府在新贸易条例上，限制所谓"非金镑本位"地带的货物，禁止中国棉织品的输入。此外，由于日本南进政策日益明显，南洋一些政府当局开始实施排华政策，华侨在东南亚的生存和发展更是举步维艰。比如：菲律宾议会提出议案，取缔外商经营沿海航运业及零售商业；暹罗政府借口统制，禁止大米输出，致使暹罗华侨米商不得不停业。[③] 南洋各地殖民当局限制和打压华侨的经济政策，致使南洋华侨的生存和发展遇到困难，加上太平洋战争的爆发，南洋各地相继沦陷，华侨在海外的生命与财产安全受到严重威胁。更严重的是，由于日本把东南亚作为"以战养战"的重要基地，肆意推行经济垄断政策，逼迫华侨捐献财物，迫害当地华侨，致使东南亚各国经济迅速恶化，华侨经济也遭到严重打击。在此种情况下，侨资转移问题显得更加紧迫。

最后，一些侨领引领和推动华侨回国投资。先是侨领胡文虎入川滇一带考

---

① 中国第二历史档案馆编：《中华民国史档案资料汇编 第五辑 第二编 政治（四）》，南京：江苏古籍出版社，1999年，第728～729页。

② 中国第二历史档案馆编：《中华民国史档案资料汇编 第五辑 第二编 政治（四）》，南京：江苏古籍出版社，1999年，第725～736页。

③ 中国第二历史档案馆编：《中华民国史档案资料汇编 第五辑 第三编 政治（五）》，南京：江苏古籍出版社，1999年，第549～522页。

察，继而，菲律宾侨领王泉笙、缅华总商会及仰光华侨也组织回国考察团，深入了解国内实业情况，大力倡导侨资内移。如侯西反回国考察时对南洋华侨发表广播演说，指出，"我们的抗战胜利基础，便是建筑在西南各省上面"，号召华侨"将经营事业以外的余资尽量拿回祖国投资"；泰国华侨参政员陈守明于 1939 年回国赴西南考察，在成都接受采访时说："西南财资之雄厚，自然条件之优秀，实为支持抗战，争取最后胜利之基础"，并慨然表示，"今后开发内地，尤愿踊跃投资"。① 1940 年，陈嘉庚更是组织庞大的南侨慰问团回国到西南、西北、东南视察，根据国内和东南亚华侨的实际情况进行投资，等等。不仅如此，一些侨团也积极策动跟进，如战时归侨组织的南洋华侨协会等。

　　总之，在抗战时期的特殊背景下，政府积极有效地开展侨务工作，鼓励华侨回国投资，再加上华侨本身浓厚的爱国主义意识以及侨领的积极推动，这些因素奠定了抗战时期华侨回国投资的基础。

二、华侨回国投资的主要行业

　　战时，国民政府坚持一面抗战、一面建国的政策，以经济发展配合建国，同时注重国防工业与民生工业的建设，资金来源主要就是利用侨资，因此，鼓励侨民回国投资成为抗战建国政策中重要的一环。② 抗战时期，华侨投资情况大致分为两个时期：从"七七"事变到太平洋战争爆发，华侨投资总额约达16 亿元，为华侨投资的高潮；从太平洋战争爆发到抗战胜利，华侨的投资额为 2~3 亿元，为战时华侨投资的低潮。③ 如此数量巨大的华侨投资，同捐款、购债一样，构成了华侨对祖国抗战经济援助的组成部分。战时华侨回国投资主要在工矿业、垦殖业、医药业和金融业四个方面。

（一）工矿业

　　工矿业投资是战时华侨投资的一个重要方面，并主要集中在大西南。全面抗战开始后，沿海城市工业悉数遭到破坏，初期虽有大量企业内迁，但远远不能满足战时生产和需求。随着国民政府各项法令的颁布，华侨开始陆续投资工

---

① 曾瑞炎：《华侨与抗日战争》，成都：四川大学出版社，1988 年，第 142 页。
② 李盈慧：《华侨政策与海外民族主义　1912—1949》，台北："国史馆"，1997 年，第 333 页。
③ 任贵祥、赵红英：《华侨华人与国共关系》，武汉：武汉出版社，1999 年，第 172~173 页；另见任贵祥：《华夏向心力——华侨对祖国抗战的支援》，桂林：广西师范大学出版社，1993 年，第 83 页。其中，医药投资见任贵祥、李盈慧：《华侨与国家建设》，南京：南京大学出版社，2015 年，第318 页。

矿业，如侨商胡文虎投资 1 000 万元兴办云南矿物公司，并投资 200 万元创办资中糖厂；后他又与国内实业家合办华侨企业公司，资本为 1 000 万元。马来亚侨商运回新式机器并投资 100 万元，协助改良广西锡矿。[①] 港华实业公司在昆明、重庆、贵阳等地分设公司经营工矿业；新加坡侨商谢吉安在重庆建立华侨实业公司，开发四川、西康农工矿业并设炼油厂等。[②]

在诸多侨办工矿企业中，中南有限公司办得最为出色。1940 年春，马来亚槟榔屿侨商王振相等随南侨回国慰劳团回国慰劳时，目睹国内各地行驶车辆的轮胎用到脱胶见布而废弃，不能翻新利用，遂动议创设中南橡胶厂，专营旧胶轮翻新复制。4 月 14 日，他们在重庆开会决定成立中南橡胶股份有限公司（简称"中南有限公司"），投资国币 200 万元，在南洋聘请雷教干等 12 人为技术员回国，并由马来亚运回首批机器和原料至昆明，在贵阳、重庆、曲江等地建立工厂，并以重庆化龙桥为总厂。其业务先是翻新旧轮胎，后扩展到制造新轮胎及各种机器橡胶配件、日用品等。该厂生产能力大，效益可观，是当时国内唯一的一座橡胶厂，对抗战贡献颇多。[③]

另一个典型的例子是延安华侨毛织厂。当时许多爱国侨胞不辞辛苦、千里迢迢奔赴大西北延安进行投资。1942 年，菲律宾华侨投资 100 万元在延安创办华侨毛织厂。该厂有 5 架织布机、6 架织毯机、6 架合股机，每天生产毛毯 15 条、洋白布 1 匹。该厂成立后不久，就有商号与其预定毛线万斤、毛毯数千条，在边区经济最困难的时期，毛织厂的华侨同边区人民一道参加了轰轰烈烈的大生产运动。仅 1942 年，该厂即生产出毛毯 3 300 条、纺毛线 4 000 余磅、毛呢 100 匹，以所存羊毛实物折价共获净利 50 万元。华侨在边区投资，为边区建设添砖加瓦，促进了战时边区经济的繁荣，支援了全国抗战。[④]

此外，国统区和边区还掀起了一场为重建被日本侵略者毁灭的工业而产生的小规模合作社式的工业自救运动，简称"工合"运动。其运动作为抗日民族统一战线的一环，在西北、西南、东南各省偏远内地急速组织发展，生产大

---

① 《现代华侨》1940 年第 1 卷第 8 期，1940 年 12 月 15 日；黄小坚、赵红英、丛月芬著，中国抗日战争史学会、中国人民抗日战争纪念馆编：《海外侨胞与抗日战争》，北京：北京出版社，1995 年，第 233 页。

② 任贵祥：《华侨与中国民族民主革命》，北京：中央编译出版社，2006 年，第 355 页。

③ 任贵祥：《华侨与中国民族民主革命》，北京：中央编译出版社，2006 年，第 356 页；黄小坚、赵红英、丛月芬著，中国抗日战争史学会、中国人民抗日战争纪念馆编：《海外侨胞与抗日战争》，北京：北京出版社，1995 年，第 234 ~ 235 页。

④ 任贵祥：《华侨第二次爱国高潮》，北京：中共党史资料出版社，1989 年，第 108 ~ 109 页。

量军需和民用物资，成为抗战工业生产的有力支柱之一，而海外华侨对此也大力支持。①

（二）垦殖业

华侨投资垦殖业主要是开发西南等地荒山荒地、种粮植树、发展农副业生产，解决战争困难。早在抗战之前，海外侨胞就相继在东南沿海一带投资兴办垦殖业，由于受经济利益的驱使，侨胞投资更多地集中在诸如橡胶、甘蔗等经济作物上。抗日战争爆发后，国内时局动荡不安，这直接影响到侨胞对垦殖业的投资，甚至一度中断。1938 年 10 月广州、武汉相继失守，国民政府西迁重庆，其侨资重心也转向西南内地，这为大后方经济发展提供了历史机遇。

为了解决战时民生问题，中央与地方政府都开始重视荒地垦殖事业的发展，希望借此来发展农业生产，以安置大批涌现的难民。1939 年 6 月，为开发西南资源及争取外汇，国民政府极力从事西南内地建设，倡导侨民家属移居并投资当地生产，并提供种种便利和保护。1941 年侨务委员会在滇、粤等省设立侨资垦殖委员会、西南经济建设委员会等机构指导华侨回国投资；1942年 5 月，农林部与侨务委员会联合制定了《奖励华侨投资营林办法》，鼓励华侨开垦荒山。各省此时也积极配合，如福建省政府曾三次组织华侨宣慰团奔赴南洋，历访海外侨领，邀请华侨回国投资，向海外华侨寄发福建省各县荒山、矿产调查表及中央奖助侨胞投资办法等材料，供华侨投资参考，同时还颁布相关政策，以加强对华侨投资的指导。其他如滇、粤、湘等省也采取了种种具体措施吸引侨资。

在当时的国民政府看来，海外华侨"曾经对于南洋一带开辟草莱有过极大的贡献，现在归来祖国，如果政府能够善为辅导，对于边疆的开发，和国内富源的开辟，必然更有成绩可观"②。当时掌握先进农耕技术的暹罗、越南华侨就组织垦殖团回国垦殖生产。吉隆坡侨商张郁方等集资 200 万元回国垦田。印尼爪哇华侨在广东省连山县建立垦殖区，资本为 100 万元。美国旧金山、纽约、芝加哥、华盛顿等地华侨集资达 450 多万元，在广东徐闻、台山、恩平、曲江、英德等地投资助垦。新西兰华侨也在广东英德走马房垦区投资 60 万元助垦。马来亚森美兰华侨邱克静于 1940 年 4 月回国考察后，择定云南省建水

---

① ［日］菊池一隆：《抗日战争时期华侨和中国工业合作运动》，《抗日战争研究》2003 年第 2 期。
② 贺金林：《抗战期间华侨与国内的垦殖事业》，《抗日战争研究》2010 年第 1 期。

县附近地区为垦殖区，定名为华新垦殖公司，资本为 100 万元。① 泰籍华侨陈守明在西南考察后不久，和其他侨商如陈嘉庚、庄西言、周崧等人与国内地方实力派龙云、刘文辉等合作，并得到政府经济部的支持，由各方合股集款 500 万元，创办了华西垦殖股份有限公司。其中陈守明一人出资 100 万元，成为这家企业的大股东。② 该公司建立后，在云南建水创办实验垦区，占地共 10 万多亩，兴修水利、播植经济作物，收获甚大。后公司于垦区内拨出土地 1 万亩呈献给国家，作为抗战将士家属"养生之所"。再如美国华侨黄寄生等与国内官股合办广西露塘垦殖公司，垦殖柳江县属的凤山河荒地 46 000 亩，招收各地农民为垦户耕种。这既开垦了大量荒地，又安置了大量农民，帮助国家解决了亿万军民迫切需要的粮食及生活日用品问题，一举多得。③

除西南大后方外，有些华侨还前往福建、广东投资。1943 年 8 月，侨商胡文虎等人经过三年多的艰苦努力，在福建创办了华侨兴业有限公司，资本额为 500 万元，侨股占 4/5，后增加到 1 000 万元，用以开发经营农林、矿产、交通运输、民用工业及土产原料等行业。该公司成立后，承购农林场 2 000 多亩，用于种植甘蔗、花生、棉花、油菜、桐油等农作物，还进行了稻麦改良，是当时滨海地区经营较好的华侨企业。在整个抗战期间，福建建立了 12 个规模较大的侨胞垦殖区，投资总额达到 6 700 735 元，占该时期华侨在福建投资总额的 55.55%。④

抗战前期，广东省赈济委员会向华侨招股垦殖，到 1940 年秋，美洲侨商集资 600 多万元，檀香山及南洋粤侨集资 700 万元，汇粤开办各种加工厂，如造纸示范厂、竹木工场、抽纱厂、小型糖厂、肥皂厂等，生产制造居民生活日用品，缓解因战争造成的日常生活必需品的短缺，帮助国家解决困难。美国各地华侨集资 500 多万元汇寄广东省，指定在阳山、徐闻、台山、曲江、恩平、英德等地开垦农田。⑤ 马来亚华侨郑荆伦募集侨资，开垦福建省建阳县荒地 1

---

① 任贵祥、李盈慧：《华侨与国家建设》，南京：南京大学出版社，2015 年，第 319～320 页。
② 华侨协会总会主编：《华侨与抗日战争论文集》（下册），1999 年，第 653 页。
③ 任贵祥、李盈慧：《华侨与国家建设》，南京：南京大学出版社，2015 年，第 320 页；任贵祥：《华侨与中国民族民主革命》，北京：中央编译出版社，2006 年，第 357 页。
④ 任贵祥：《华侨第二次爱国高潮》，北京：中共党史资料出版社，1989 年，第 111 页；林金枝、庄为玑编：《近代华侨投资国内企业史资料选辑》（福建卷），福州：福建人民出版社，1985 年，第 197 页。
⑤ 任贵祥：《华夏向心力——华侨对祖国抗战的支援》，桂林：广西师范大学出版社，1993 年，第 85～86 页。

万亩，马来亚柔佛侨胞刘冷侯开垦南平县荒地 2 000 余亩。①

华侨同国内人民一道同甘共苦、共赴国难，并在后方积极出钱效力献技，建设和开发资源，帮助国家解决粮荒，活跃了战时城乡经济，有力地支援了祖国抗战。在后期还充当了政府救济华侨的避难所，意义重大。

（三）医药业

华侨在医药方面的投资，对于抗战中的伤兵、疾病救治有积极作用。抗战爆发后不久，国内经济匮乏、物资紧张，医药物资更是严重不足，缺医少药成为抗日军民面临的主要困难。

著名侨领陈嘉庚、侯西反等人得知国内前线各战区药品奇缺，为了供给国内军需药品，便决定在新加坡筹建大规模制药厂，长期供应抗战前线伤病用药。建厂时，华侨陈贵贱无偿捐献发动机三台。不久，太平洋战争爆发，马来亚、新加坡严禁物资出口，华侨准备将机器设备移入重庆建厂未果，遂把资本50 万元移入国内，与国内中国制药提炼股份有限公司的 50 万元合股，扩充资本 100 万元，建立重庆制药厂，在该厂附近制造军用药品，制造药品有碳酸钾、软肥皂、硫肝、大黄、流浸膏、甘草流浸膏等多达 91 种，为战时"中国唯一新式之最大提炼药厂"②。当时正值抗日战争激烈进行之时，前线后方缺医少药，重庆制药厂的建立，急救了大量伤兵难民，解决了国内战时医药紧缺的部分困难。③

另外，侨商胡文虎出资 200 万元在国内建立伤残军人疗养院及阵亡战士遗孤教养院；菲律宾华侨吴起顺逝世时，嘱咐家属在国内建立吴起顺伤兵医院及产科医院；美国华侨侯总榜、张毓芳等在纽约建立中美药厂，专门制造国内缺乏且急需的贵重药品，其包装精巧灵便，便于运输携带。

总之，华侨无论是捐献药品，还是建立伤兵医院、投资制药厂等，均直接或间接地帮助中国抗战解决了缺医少药的重大困难。

（四）金融业

金融业投资是抗战后期华侨回国投资的一个重要方面，不少华侨鉴于国内战争需资浩繁，无力拿出大笔资金扶助农工矿业，遂在国内创办各种侨资银

---

① 黄小坚、赵红英、丛月芬著，中国抗日战争史学会、中国人民抗日战争纪念馆编：《海外侨胞与抗日战争》，北京：北京出版社，1995 年，第 236～237 页。

② 《陈嘉庚等创办中国药产公司》，《解放日报》，1942 年 1 月 17 日。

③ 任贵祥：《华夏向心力——华侨对祖国抗战的支援》，桂林：广西师范大学出版社，1993 年，第 84～85 页。

行，为祖国抗战服务。华侨在海外金融业比较发达，世界各地也有很多的侨办银行，建立起华资金融网，成为战时华侨捐款和侨汇的转运枢纽及财源库。太平洋战争爆发，南洋各地沦陷，侨资银行纷纷内移。国内较早的侨办银行是新加坡华侨集资 1 000 万元建立的福建实业银行。1943 年，侨领李光前投资 400 万元在福建建立集友银行，充作集美学校教学经费。① 日本发动太平洋战争不久，陈嘉庚将其资金 850 万元汇寄伦敦转重庆，在广西柳州设立集美银行，投资工业建设。1942 年 9 月，缅甸、马来亚华侨建立华侨建设银公司，资本总额为 2 000 万元，业务为发展后方农工矿各业。南洋侨商戴愧生等联合内地人士集资 800 万元设立华侨工业银行，发展后方工业。同年底又有华侨信托银行、华侨实业银行、华侨兴业银行、华侨建业银行等 4 家侨资新银行开业，资金总额达 1 亿元之多。1943 年夏，侨商连瀛洲、李文珍、林庆年、何葆仁等集资创办华侨联合银行，下设业务、储蓄、信托三部，以"运用华侨资本，投资生产事业"为经营方针。该银行在广州、柳州、曲江、永安、东兴、揭阳等地设立分行。此外，还有为扶植国内工矿业而创办的中国工矿银行、华侨工业银行等。②

为解决因侨汇断绝使众多侨眷生活困难的问题，美国侨领司徒美堂发起创办了华侨兴业银行，总行设在重庆，并在昆明、贵阳、成都、兰州、西安等十余处设分行和办事处，最多时资本额达 800 万元。1943 年春，司徒美堂到加拿大等地为银行募款 100 万美元，将其中一部分汇到重庆用于扩充银行业务，另一部分购置生产机器，以促进战时生产。华侨金融业投资对抗战后期政府严重"贫血"的财政经济起到了输血的作用。③

华侨对金融业的投资数量没有确切的统计，仅就上述所说的华侨金融投资数额估计至少在 2 亿元以上，在当时来说较为可观。华侨金融投资一方面补充了国民政府的财政金融的不足；另一方面为战时经济和华侨的工矿业、垦殖业、医药业提供了资金支持。

综上所述，可以看出抗战时期华侨对国内企业投资以工矿业、垦殖业、医药业和金融业为主。其投资情况是，从"七七"事变到太平洋战争爆发，华

① 任贵祥：《华侨对祖国抗战经济的贡献》，《近代史研究》1987 年第 5 期。

② 任贵祥：《华夏向心力——华侨对祖国抗战的支援》，桂林：广西师范大学出版社，1993 年，第 86 页。另见林金枝、庄为玑编：《近代华侨投资国内企业史料选辑》（广东卷），福建：福建人民出版社，1989 年，第 649 页。

③ 任贵祥：《华侨与中国民族民主革命》，北京：中央编译出版社，2006 年，第 357 ~ 358 页。

侨投资日渐增多并达到高潮。据可靠资料统计，抗战头三年华侨投资至少在 8 亿元以上（有谓 10 亿元），其中 1937—1939 年为 4 亿元，1940 年为 4 亿元。另据 1942 年 6 月 3 日《侨声报》记载，1941 年华侨投资即达 8 亿元之多，从 1937 年至 1941 年底华侨投资额共达 16 亿元。[①] 从太平洋战争爆发到抗战胜利，华侨的金融投资、在海外投资及其他投资估计在 2 亿~3 亿元以上，是华侨战时投资的低潮。华侨投资到 1941 年底之所以形成高潮，除了战局紧张，华侨转移资金回国外，还与他们当时的爱国心切有关。他们除了大量捐款献物外，还以开发祖国资源，增强抗战实力，奠定抗战胜利的经济基础和物质基础为己任，因而纷纷投资开发祖国资源。

三、战时华侨回国投资的特点和作用

战时华侨投资国内企业具有如下特点：

首先，爱国动机明显，适应祖国战时需要而投资。多数华侨投资是为了战时需要，不计较个人利润。如华侨的工矿业投资是为了开发西南资源，解决战时经济困难；垦殖业投资主要是为了解决粮食和前后方日用品的不足；医药业投资是为了解决战时医药奇缺的困难。以具体企业为例，中国制药提炼股份有限公司和侨资合股建立的重庆制药厂，就是为了解决各战区药品奇缺问题；中南橡胶厂，是为解决滇缅公路运输急需的汽车轮胎，以及前方将士军用胶鞋问题而设；华西垦殖股份有限公司，主要经营云南、甘肃、四川及青海等省的农垦和工矿事业，其宗旨即是开发华西富源，增强国力，繁荣边疆，为战区服务。[②]

其次，投资地区的转移，投资重点发生转变。战前侨办企业投资地 90% 集中在沿海的大城市中，如上海、汕头、广州、厦门、江门、海口等地。抗战爆发后这些城市先后沦陷，原有的侨办企业陆续内迁，华侨新的投资地大多数集中在西南地区。如果整个抗战期间华侨投资按 18 亿元算，除去闽、粤、沪两省一市的 2 000 万左右投资外，其余的巨额投资多在西南和内地。战时的工矿业投资几乎全部集中在西南；垦殖业投资也大多集中在川、滇、黔、桂和粤省西北部；金融业投资除所知的福建实业、集友等银行外，其余大部分集中在渝、昆、贵一带。战前华侨投资以房地产和工商业为主，而抗战期间，华侨房

---

① 《华侨经济与抗战投资》，《侨声报》，1942 年 6 月 3 日。
② 张赛群：《抗日战争期间华侨在国内投资分析》，《八桂侨刊》2008 年第 4 期。

地产投资几乎没有，商业投资也微乎其微，而西南的工矿、垦殖投资突然增多。战前华侨金融投资比较少，当时比较大的侨办银行只有资本 750 万元。战时由于种种特殊情况，金融业投资也大大增加。①

最后，抗战时期华侨投资多与国内官僚资本结合，纯粹的侨资企业不多。从地域上说，工矿业投资以南洋华侨居多，垦殖业和金融业投资南洋华侨和美洲华侨兼有之。近代华侨对祖国投资属于民族资本，"二战"前侨办企业一般具有相对的独立性，有些侨办企业的机器设备技术和外国有着某种联系。抗战期间情况大不相同，如华侨企业公司，资本共 1 000 万元，其中侨领胡文虎有450 万元，国内实业界人士 250 万元，国民政府经济部 300 万元。有名的华西垦殖公司，由侨领 13 人和国内实力派 13 人合办，其股本经济部与西南有关各省占 40%，地方实力派占 10%，侨资占 50%。②

战时华侨投资与其捐款、侨汇一样对祖国抗战经济做出了巨大贡献。华侨对农垦业的投资缓解了战时最亟待解决的粮荒问题，华侨投资国内工矿业，开发和利用大后方资源，一定程度上舒缓了战时国民政府的经济困难，支援了抗战，并为祖国传播了先进技术，也为日后建国奠定了经济基础。总之，战时华侨投资对于维持战时经济的稳定，从而支持祖国抗战，具有重要的作用。

① 任贵祥：《华侨第二次爱国高潮》，北京：中共党史资料出版社，1989 年，第 117~118 页。
② 任贵祥：《华侨第二次爱国高潮》，北京：中共党史资料出版社，1989 年，第 118~119 页。

第八章

华侨在居住国的反日斗争

1941 年 12 月 7 日，日本偷袭美国珍珠港，正式向英国、美国宣战。第二天，日军侵占泰国，之后大举南下，不到半年之内，占领了马来亚、新加坡、菲律宾、缅甸和印度尼西亚。

日本帝国主义发动太平洋战争，给东南亚各国人民和华侨带来空前的灾难。在占领东南亚的三年零八个月内，日本侵略军杀了多少人，尚难以统计。据历史资料记载，新加坡"大检证"和马尼拉大屠杀以及南京大屠杀被列为第二次世界大战中日军屠杀和平居民的三件主要惨案，受到全世界人民的强烈谴责。比较接近事实的说法是，至少有 25 000 名华人居民在新加坡"大检证"中惨遭屠杀。在马来亚，仅柔佛一州，华侨遇害者就在万人以上。在太平洋战争期间，仅越南、印度尼西亚、菲律宾三国人民就死亡 510 万人以上。华侨人口占南洋地区人口总数的 10% 左右，由于华侨受害的惨烈程度甚于当地居民，由此推断，华侨的死亡人数在 50 万人以上。历史记下了日本侵略者在南洋犯下的滔天罪行。

太平洋战争爆发后，华侨抗战进入了新的时期。在此之前，华侨几乎承担了祖国 1/3 的抗战军费，南洋陷落，南洋华侨对祖国抗战的经济援助被迫中断了，祖国抗战进入更加困难的时期。华侨在沦陷时期与侨居地人民同命运、共患难，并肩战斗，用鲜血和生命保卫第二故乡，用武装抗日支援祖国抗战，为最后战胜日本法西斯建立了卓著功勋。

第一节　马来亚华侨的抗日救国运动

早在 1937 年"七七"事变发生后，马来亚华侨的抗日救国运动就冲破英国殖民当局的禁阻，迅速开展起来。7 月 18 日，柔佛州华侨救济祖国难民总会正式成立。[①] 从 8 月 9 日始，新加坡中华总商会发起抵制日货运动。"八一三"事变爆发后的 8 月 15 日，新加坡 118 个华侨社团的 1 000 多名代表召开大会，成立"马来亚新加坡华侨筹赈祖国伤兵难民大会委员会"。接着，马来亚各地也相继成立州级总会。同年 10 月 10 日，"马来亚各区华侨筹赈会联合通讯处"成立。此后，马来亚各地的华侨筹赈活动被协调领导起来，有组织地展开活动。

---

① 许云樵著，蔡史君编修：《新马华人抗日史料（1937—1945）》，新加坡：文史出版私人有限公司，1984 年，第 74 页。

　　1938 年 10 月 10 日，南侨总会的成立促使抗战时南洋华侨的空前大团结。当时，领导马来亚华侨抗日救国运动的组织除筹赈会外，还有"马来亚华侨各界抗敌后援会"（简称"抗援会"）和"中华民族解放先锋队新加坡队"（简称"民先"）。筹赈会、抗援会和民先这三大民间组织互相配合，共同发动华侨民众，一起推进马来亚华侨抗日救国运动的深入发展。

　　以筹赈会为最高领导组织，在各种抗日救国组织的领导下，马来亚华侨的抗日救国运动日益高涨。总体来看，马来亚华侨的抗日救国运动主要体现为：积极捐款捐物、认购公债；[①] 开展声势浩大的宣传活动；以抵制日货、发动罢工等方式，对日本实行经济制裁；进一步加强与祖国抗日救亡运动的联系；积极回国服务。

　　1941 年 12 月 8 日，日军开始进攻马来亚。太平洋战争刚刚爆发，星华救济会等八个华侨工人团体很快发表联合声明，号召各阶层立刻行动起来，主张成立工人抗日后备队协助英军作战。[②] 在广大华侨的强烈要求下，12 月 28 日，新加坡总督汤麦斯召集各界要人、侨领和中西报界人士到督署开会，宣布由陈嘉庚领导华侨，协助英政府抗战。30 日，陈嘉庚在中华总商会会址召集各侨团代表开会，讨论协力抗战事宜。为了配合英当局抗敌，正式成立了"新加坡华侨抗敌后援会"，陈嘉庚任会长。后援会下设劳工服务团、保卫团、民众武装股等部门。为了协助修筑战时工事，劳工服务团每日征募劳工两三千人，赶筑各种防御工事；保卫团组织了 3 000 名青年，协助政府维持社会治安和担任救护工作；后援会派出的宣传队，在工厂和码头宣传援英抗日。在日寇进攻新加坡之前，为了培养抗日干部，新加坡文化界组织了抗敌青年干部训练班，洪丝丝、胡愈之、郁达夫、王任叔等知名人士担任这个训练班的讲师，向参加学习的华侨青年讲授政治、军事等有关抗战的基本知识。参加这个训练班的绝大多数青年，后来都成为马来亚和新加坡地区抗日斗争的骨干。

　　在配合英军、武装抗击日寇入侵的战斗中，星洲华侨义勇军（简称"星华义勇军"）的表现尤为勇敢。

一、星洲华侨义勇军

　　星洲华侨抗敌动员总会（简称"总会"）成立时，马共（马来亚共产党）

① 陈嘉庚：《南侨回忆录》，新加坡：怡和轩，1946 年，第 313 页。
② 《新加坡八大工团联合宣言》，《新华日报》，1941 年 12 月 30 日。

党员林江石、黄耶鲁在会上提出了"武装群众"的议案。"总会"下设民众武装部,部长为林江石,副部长为国民党党员黄志浩,并由林江石负责筹建星华义勇军。

民众武装部一方面向英国殖民当局交涉军需供应,另一方面加紧星华义勇军的组建工作。新加坡华侨团体开始广泛宣传,积极号召华侨青年参战。各个抗日社团纷纷设立星华义勇军报名处,招募华侨青年入伍,马来亚共产党、中国国民党海外支部成员以及华侨各界青年报名踊跃,"总之,很多人报名就是了,大学生、老师、小贩、店员、司机、妇女会的领袖、工友、农民,各行各业都有"。在第二故乡危急之时,广大侨胞真正实现了各阶层的大联合,"各政党、各阶层的分子,那时我们不问信仰,只要他们具备抗日反侵略的热忱和勇气,就是合格的"。在新加坡各界的广泛支持下,报名参军的华侨青年,"一星期间报名者已达三千之众,其后陆续报名者达数万名"。

1942年1月31日,日军占领马来半岛,英军被迫退守新加坡。为了防备日军继续南侵,英军仓皇炸毁了柔佛长堤,使新加坡成为孤岛,新加坡保卫战正式拉开了序幕。

1942年2月1日,由1 300多名华侨组成的星华义勇军正式成立了。① 司令为英国人达利上校(新加坡原副警察总监,因此,星华义勇军在一些文献中也被称为"达利部队"),有接受过军校训练经历的星华日报社编辑胡铁君为副司令,司令部设在南洋华侨师范学校。义勇军下辖8个连,每个连150人左右,连长均为英国人,副连长由华侨担任。林江石兼任第七连副连长,马共还派罗须磨、陈水鸭、林潮任第一、二、三连党代表。另外一支部队设在荷兰路,有3 000多名华侨青年接受了训练。

即便已在危急关头,英国殖民当局还是对华侨不放心,他们只给义勇军战士每人发了15发子弹和一支19世纪造的老掉牙的步枪,让他们用如此落后的武器与武装到牙齿的日本人作殊死的搏斗。义勇军强烈反对,要求分配较好的枪械。

2月4日,义勇军第一连仅训练三天后即奉命进入裕廊十八碑前线。同日,第二、三、四连陆续开往林厝港、巴西班让、后港一带布防,建筑海滩防御工事。第五、六、七连则加紧训练,随时待命。

---

① 星华义勇军组建时,一星期之内就有3 000多人报名入伍,后来陆续报名者达数万人,不过实际参加的只有1 300多人。参见胡铁君:《星华义勇军战斗史》,新加坡:新中华出版社,1945年,第122页。

第一连防守的裕廊路，荆棘丛生、遍地泥泞，但战士们不怕困难，积极修筑防御工事，准备伏击敌人。5日深夜，一队日本巡逻兵前来侵犯，被义勇军击退。6日夜，日军纠集更多的兵力，分乘30多艘橡皮艇，向义勇军阵地发起进攻。战士们沉着应战，全歼入侵日军，取得了初步的胜利。第一连与敌奋战7次，60多人牺牲，大部分是被日本空军飞机扫射而中弹身亡的。

2月7日，日军大炮对裕廊路展开24小时不断的轰炸，第二连一部奉命增援裕廊路前线，与日军血战4天，给敌人重大打击。即使日军飞机向义勇军的阵地密集扫射，他们也不退让，但一队印度军队向日军投降，导致后方阵地被包围，幸存的义勇军只好突围而退。此外，防守林厝港的第二连的其他官兵则与澳军协同作战，击沉日军5艘登陆艇。

随后的战斗在巴西班让打响。尽管第四连第一排增援第二连，但日军利用奸细及部分投降的印军作为向导，用大炮和机关枪猛烈攻击，飞机亦低空扫射。义勇军被重重包围，在弹尽粮绝的困境中死战不退，终因寡不敌众，大部分战士战死在星洲曦光社后面的高地上。

在总部受训的第五、六、七连义勇军，在抢救被日军飞机密集轰炸的位于丹戎巴葛的英军货仓时也伤亡了70多人。

2月8日，日军向新加坡发动总攻。在密集的炮火面前，义勇军战士毫无惧色，浴血奋战。防守裕廊路的第一连，与日军反复争夺阵地。英军派出4车军火到裕廊路，另派4车军火到巴西班让，可惜此时义勇军伤亡惨重，孤立无援，只能忍痛退让，并不得不将8车军火炸毁。

此后，第一、二连义勇军退至新加坡制高点——武吉知马山一带继续抗敌，不久，第三、四连也调往此处。敌我双方都投入了较强大的兵力展开拉锯战。义勇军在武吉知马山7英里（约11千米）处死死拖住日寇，使之不能迅速南下。可惜因为武器落后，寡不敌众，义勇军即使伤亡惨重，最终也没能守住武吉知马山。一路长驱南下的日军遭遇顽强抵抗，大为震惊。

面对败局，英国殖民当局加快了向日军投降的步伐。2月13日，日军在坦克的掩护下，突破英军阵地，向市区推进。同日，星华义勇军司令官达利上校宣布星华义勇军解散："当局已经决定，新加坡作战略的放弃，马来亚英军总司令部对你们的英勇寄无限希望，因此不愿你们做无谓牺牲。"2月15日，驻新加坡英军总司令白思华中将亲自前往日军司令部，双方在日军指挥官山下奉文驻地进行停战谈判，当日签署投降书，将新加坡的主权交给日本。至此，新加坡保卫战以日军获得全面胜利告终。13万英军成为8万日军的俘虏，就这样结束了盟军在马来亚的抵抗，而日本法西斯从此开始了在马来半岛三年零八个月的野蛮统治。

星华义勇军被迫解散后，一部分战士被捕入狱，死于狱中；较幸运的或是在光复后获释出狱，或是四处匿藏，逃过浩劫。不少战士转入马来半岛内地，加入马来亚人民抗日军，开展游击战争，为争取新加坡、马来亚的自由和解放继续英勇战斗。

日本投降后，星华义勇军副司令胡铁君少校在致马来亚华侨行政长官顾问白克登的公开信中提出四项请求：①指定在裕廊路的一个交通中心点建立义勇军阵亡烈士纪念碑；②抚恤阵亡及罹难烈士家属；③救济失业同志；④给义勇军就业优先权。

胡铁君指出，当义勇军拿起枪杆子捍卫新加坡时，英国人曾经承诺给星华义勇军与英军、印军同样的待遇，那么义勇军的请求不是新的东西，而是请英国当局履行诺言而已。但这些要求都没有被接受，参加过义勇军的华侨们不但没有得到任何优待，反而被认为是亲共分子而受到排挤。

星华义勇军的训练场景

林江石（又名"亚黑"）是星洲共产党的重要人物。他意志坚决，做事甚有魄力，是一个布尔什维克的忠实信徒，"二战"前曾被英国殖民政府投入监狱，到星洲岌岌可危时，才由阶下囚变为座上宾。

在1942年4月15日被日军抓捕后，林江石曾越狱逃走，不过数日后再度被捕，可他还是心雄胆壮，在未到集中营前，曾准备作第二次越狱，手铐和脚镣都已打破，但越狱计划失败，林氏因而遭受了日军最残忍的毒打，没有饭吃，也没有水喝。这次毒打后，林江石的身体更衰弱了，他满身伤痕，数天不省人事，到集中营时，完全不能走路，但日军变本加厉地对其用木棍乱打，用脚猛踢。此后，林氏的伤病日益严重，7月18日，林氏与世长辞。在死前，他曾非常痛苦地连续呻吟了三天三夜。

林江石死亡的原因主要有：①受刑过重。前面已经说过，他在两次逃走不成功的情况下，被敌军毒打得不能行动，所遭受的可以说是最野蛮的刑罚，如用绷带绑住手脚并被压着进行灌水、吊在杆上用棍乱打、施用电刑、麻痹神经……在6月25日下午由兵部押到监狱的路上，林江石还不断地遭到宪兵的毒打，情形惨不忍睹，使人永难遗忘！②长期挨饿。林江石被捕后，在宪兵部监禁两个多月，期间未曾吃过一次饱饭，移入监狱后也是终日挨饿，本来被敌人用各种野蛮刑罚摧残已近半死，加上长期挨饿，哪里能扛得住？③没有卫生可言。被关在房里整日等候吃饭，没有洗脸也没有漱口，从早上9时到下午6时（东京时间），林江石一直被关在监牢内，没有机会见到太阳，也没有机会洗澡和换衣服，当然也没有衣服可以更换，所以一旦患病，病情势必日渐加重，直至呼吸停止。林江石就是在这种情况下牺牲的。

> 奋身投入死阵中，
> 遍体鳞伤碧血红。
> 目睹惨状心已碎，
> 昔年壮志逝如风。①

星华义勇军是华侨抗敌的急先锋，他们首先代表了马来亚250万侨胞反法西斯的实际行动，他们站在新加坡战场的最前线，用血和肉去抵挡敌人的枪与弹，用血和泪去书写华侨保卫新加坡的光荣历史，用血和泪去号召全马民众起来打倒日本帝国主义、打倒日本法西斯侵略者。新加坡保卫战虽然以失败告终，但是在这场保卫战中，华侨英勇的抗战历史不应该被湮没。在这场波澜壮阔的保卫战中，广大华侨以大无畏的牺牲精神，做出了巨大的贡献，写下了华侨在侨居地反抗强暴的不朽篇章。

星华义勇军在新加坡华侨抗战史上占有重要地位，它点燃了马来亚华侨抗日的星星之火，是日后以马共为主体的马来亚敌后抗日武装斗争的开端。

---

① 印尼先达人社区网，http：//www.siantarpeople.org/portal.php？mod=view&aid=1788&page。

二、马来亚人民抗日军

随着岛内各州和新加坡的陷落，在具备一定的兵员和装备的基础上，一支支抗日军队先后在马来亚各地建立起来，后来统一命名为"马来亚人民抗日军"（简称"马抗"），该军共分八个独立队。

具体而言，马来亚人民抗日军是马来亚一支以华侨为主体的最重要的抗日武装力量（以后逐步发展为包括印度、马来、土著等各族人士的抗日队伍）。1942 年 1 月 1 日，马共在雪兰莪建立第一支抗日武装队伍——"马抗"第一独立队（"一独"），同月，"马抗"第二独立队（"二独"）、第三独立队（"三独"）和第四独立队（"四独"）也先后建立。① 这四支独立队成为马来亚人民抗日武装斗争的基础，队员最初从数十到数百人不等，分别活跃在雪兰莪州（"一独"）、森美兰州（"二独"）、柔佛州北部和马六甲州（"三独"）、柔南地区（"四独"）。各独立队司令部负责人分别是：第一独立队党代表许庆彪，队长陈天庆，副队长廖奕林，政治部陈祥，管理部刘尧；第二独立队党代表赖来福，队长黄国平，副队长刘冠文，政治部马丁（即曾冠彪），管理部廖德；第三独立队党代表陈书，队长小杨（即吴科雄），副队长亚袁（即袁治英），政治部肖尔新，管理部李明（即李镜明）；第四独立队党代表陈露（即胡天保），队长亚福（即余洪），副队长陈培农，政治部亚川，管理部李文辉。②

"马抗"的另外四支独立队前身都是抗日游击队，活跃在霹雳州的第五独立队（"五独"）成立于 1942 年 5 月，活跃在上彭亨地区的第六独立队（"六独"）成立于 1943 年 8 月 13 日，活跃在彭亨州东部和丁加奴州的第七独立队（"七独"）成立于 1944 年 9 月 1 日。在最早沦陷的吉打州活动，日本投降后才与其他抗日军建立联系的抗战队伍，于 1945 年 8 月正式命名为"第八独立队"（"八独"）。

这四支独立队司令部负责人分别是：第五独立队司令部党代表廖伟中，队长赖来福（杜龙山、"二独"调任），副队长斯科（即阿柏），政治部肖力（即何添信），管理部蔡福；第六独立队党代表峰云（即章传庆），队长曾冠彪（"二独"调任），副队长陈豪，政治部吴亮明，管理部汪清；第七独立队党代

---

① 马林：《马来亚人民抗日军各独立队的战斗历程》，《广东文史资料》（第 54 辑），广州：广东人民出版社，1988 年。

② 新马侨友会编：《马来亚人民抗日斗争史料选辑》，香港：见证出版社，1992 年。

表庄清，队长张祺，副队长杨青，政治部亚山（即符家锦），管理部吴克；第八独立队（日本投降后）队长肖力（"五独"调任），副队长张江海、白丝木，没有委派党代表。①

面对强大的日军，"马抗"最初将力量主要放在创建根据地、训练队伍和团结教育民众这三个方面的工作上，适当发动小规模战斗，袭击敌营，伏击敌军，破坏敌人交通线，捣毁警察局，打击日寇的气焰，增强人民对抗日斗争必胜的信心。从 1942 年 2 月至 1943 年春，马来亚人民抗日军先后发动了 20 多次战斗，共打死打伤日伪官员 600 多名，取得初步的胜利。② 马抗在反围剿、反扫荡中逐步壮大起来。

抗日军的军纪在各独立队成立时已先后制定了出来，共四条纪律：①绝对服从指挥；②严守军事秘密；③没收敌产归公；④爱护群众利益。同时制定了"八项注意"。这使马来亚人民抗日军有了明确的政治纲领和最高行动准则，使部队有了统一的旗帜、标志和严明的纪律。

面对日军的猖狂进攻，"马抗"采取灵活机动的游击战术打击敌人。至 1945 年 8 月中旬，"马抗"由抗战初期的 4 个独立队发展成 8 个独立队，总人数达 1 万人，③ 成为马来亚最大的人民抗日武装队伍。在三年多的抗战中，"马抗"与敌人共战斗 340 多次，其中 200 多次是主动袭击敌人，粉碎了敌人10 多次大规模围剿，共打死打伤日伪官兵 5 500 多人，取得了辉煌的战果。④

抗日军有 1 000 多人献出了宝贵的生命，加上一部分因伤被俘、因被捕而壮烈牺牲及因疾病夺去生命的抗日军指战员，合共 3 000 多人。

马来亚人民抗日军在三年零八个月的抗日战争中，大致经过了三个阶段：

第一阶段即第一年，是最困难的一年，也是防御敌人、站稳脚跟的一年。日军占领全马后，就以"大检证"和大屠杀来胁迫人民服从它的野蛮统治，并宣扬它的"赫赫战果"，用欺骗手段蒙骗落后群众，掩饰其强盗面目。当时群众还未被广泛发动起来，也缺乏武装斗争的经验，致使抗日军遇到许多困

---

① 新马侨友会编：《马来亚人民抗日斗争史料选辑》，香港：见证出版社，1992 年。

② 马来亚人民抗日军退伍同志会总会：《马来亚人民军战记》，南洋华侨筹赈祖国难民总会大战与南侨编纂委员会编：《大战与南侨——马来亚之部》，新加坡：新南洋出版社，1947 年，第 27～31 页。

③ 马林：《马来亚人民抗日军各独立队的战斗历程》，《广东文史资料》（第 54 辑），广州：广东人民出版社，1988 年。

④ 马来亚人民抗日军退伍同志会总会：《马来亚人民军战记》，南洋华侨筹赈祖国难总会大战与南侨编纂委员会编：《大战与南侨——马来亚之部》，新加坡：新南洋出版社，1947 年，第 27～31 页。

难：一是给养不足，头一两个月，还有英军留下的石灰米可吃，之后只能吃番薯、木薯、粟米、黄梨和野菜，甚至以井水、河水充饥。二是住在森林中不服水土，不适应山岚瘴气。由于营养不良，疟疾、伤寒、水肿烂脚、疮癞等疾病丛生，许多同志因缺医少药而失去了生命。据统计，因患病而死亡的同志约占抗日军牺牲总人数的 1/3。三是要应付敌人的频繁进攻和扫荡。为了反击敌人的扫荡，抗日军常常主动袭击日军，在战斗中不少优秀的指挥员和英勇的战士牺牲了。如当时五个独立队的第一任司令部人员，就有 80% 的人牺牲或被捕。因此，建队的第一年，各独立队的领导变动很大。"四独"在短短的半年内，党代表更换了四位；"二独"在"九一"事件后，司令部的领导仅留下两人。这种恶劣的环境，直至群众发动起来后才有了改善。

第二阶段是 1943 年中期至 1944 年中期，这段时期主要在人民群众中组织了抗日同盟会、抗日后备队，他们积极为抗日军筹措资金、粮食（主要是杂粮）、医药等，基本扭转了粮食、药物供应困难的局面。同时，抗日军从战争中学习，建立了较为稳定的根据地，因此在战斗上，不但能对付日军的扫荡，也能组织力量进攻日军据点。1944 年 4 月，日军调动海、陆、空三军 3 000 多人，进攻"四独"根据地柔南哥打丁宜天吉港，反而被抗日军歼灭近 300 人，就是很好的例证。

第三阶段，即从 1944 年下半年开始，抗日军由被动转为主动，农村中普遍建立了抗日同盟会、抗日后备队、锄奸会等组织，广大农村为抗日军所控制，日军龟缩在城镇，不敢轻易进入农村骚扰。日军在许多地区开始强迫群众在城镇四周修筑防御工事，以防御抗日军袭击。抗日军趁此有利形势，在各地频繁伏击日本军车，把打击重点转移到中小城镇，袭击警察局和日军兵营。到 1945 年秋，抗日军正计划与联军配合大举歼灭敌人之际，日本却宣布无条件投降了。[①]

人民抗日军在三年零八个月中，与日军作战 345 次，其中主动袭击日军 240 余次。战斗形式大致上有三种：第一种是反扫荡战斗。各个独立队都遭受过敌人的进攻和围剿，有些多达二三十次，日军动用的兵力通常是三五百人至一二千人，有时多达三四千人；还调动空军、海军配合，如 1942 年 11 月围剿"一独"雪兰莪乌鲁音地区联合中队和吉隆坡"九一"石山脚战斗，日军都调动了两千多兵力；1943 年 1 月在森美兰知知港二次围剿"二独"司令部；

---

① 新马侨友会编：《马来亚人民抗日斗争史料选辑》，香港：见证出版社，1992 年。

1943 年 5 月接连几次向"三独"在柔北的第五中队进攻；1942 年 10 月围剿
"五独"怡保波赖第三中队；1943 年 2 月进剿"六独"吉兰丹牙拉顶中队；
1944 年底围剿"七独"东彭亨雅姆山司令部根据地等，日军都是动用一千以
上兵力；1944 年 9 月日军四路围攻"四独"天吉港根据地，竟动用了三千兵
力。有些还调用空军或海军配合作战，大肆轰炸、炮击、围剿，时间一般为三
四天，有些长达半个月。在抗日军顽强抗击下，日军总是遭受不同程度的伤亡
而撤退。第二种是伏击战。日军常以几十人的小股兵力到圩镇或进入农村骚
扰，抗日军接获情报后，便派人在途中伏击。这种伏击战遍及各独立队。如
1942 年底"二独"在森美兰知知港江桂坳的伏击战；1944 年 5 月"三独"在
柔北西隆坡附近色拉格的伏击战；1944 年 5 月"五独"在霹雳北部玲珑地区
遮薄甘榜的伏击战；1944 年 9 月"四独"在柔南泗色和方城的两次伏击战；
1944 年下半年至 1945 年初"一独"在雪兰莪南区林金港、大港、咕腰以及北
区的古毛埠、"拿督坳"的伏击战。这些都是毙伤日军人数较多的战斗，有效
地打击了日军的嚣张气焰。第三种是袭击日军兵营和警察局的行动。自 1945
年以后，这种袭击行动较普遍，最突出的是第三独立队发动的"五一三"战
役，即在"1945 年 5 月 13 日，对柔北地区 17 处（一说是 23 处）警察局同时
发起进攻，毙伤日伪军警十数人，俘获伪警察数十人，经教育后均予释放，缴
获各种枪支 200 多支、弹药一大批"①。

　　马来亚人民抗日军的发展、壮大，主要归因于广大的倾向抗日的人民群众
的支持。整个占领期间，宪兵队、警察和驻防部队不时查获游击队，华人社团
特别是马来亚人民对抗日联盟给予了巨大的支持，供给食物和经费，支持马来
亚人民抗日军的抗日斗争②。

　　日本投降前，马来亚人民抗日军遍布全马各州（新加坡和槟城也有半武
装的抗日自卫团的活动）。日本宣布投降后，英军于 9 月 3 日和平重返马来亚，
先后进占了槟城、新加坡、吉隆坡等大城市。当时的马来亚共产党接受了英方
提出的解散抗日军的要求。1945 年 12 月 1 日，马来亚人民抗日军宣布解散复
员，复员战士 6 300 人，并将枪支等各种武器 5 497 件交给英国人，马来亚重
新成为英国的殖民地。

---

　　①　新马侨友会编：《马来亚人民抗日斗争史料选辑》，香港：见证出版社，1992 年。

　　②　Akashi Yoji & Yoshimura Mako，*New Perspective on the Japanese Occupation in Malaya and Singapore*，
1941 - 1945，Singapore：NUS Press，2008，pp. 7 - 8.

　　"马抗"的抗日武装斗争，是马来亚人民抗日斗争最主要的组成部分，也是东南亚人民反法西斯战争的重要力量之一。马来亚人民抗日军是马来亚人民反法西斯的中坚力量，是世界反法西斯的组成部分。马来亚人民抗日军对中国抗日的胜利及争取世界反法西斯战争的最后胜利，做出了重大的贡献。

　　1945年12月1日，东南亚联军统帅蒙巴顿元帅在新加坡出席"马抗"解散仪式时，高度赞美抗日军战士的勇敢、机智，称赞他们对反法西斯战争的贡献。

　　早在1945年9月12日，距离日军投降不到一个月时，在新加坡市政局大厦前的草坪上就已举行了一次官方的胜利庆典，当时有16位抗日军游击战士获邀参加，并被安排坐在显眼的位置。1946年1月，蒙巴顿在新加坡市政局大厦主持的颁发勋章仪式上，曾亲手把"缅甸星"和"1939/45"勋章，分别别在刘尧和陈平以及"二独"司令邓福隆等八名马来亚人民抗日军领导人身上。为了表彰陈平在马来亚被侵占时期以东南亚盟军司令部名义进行的军事活动，1947年8月后，英王封赐他本人一枚大英帝国的OBE勋章（OBE是英国授予有特殊贡献者的勋章）。他还收到了英国当局通知他获奖的有关函件。

马来亚人民抗日军第一独立队队旗

日本投降后，马来亚人民抗日军列队进入市区

马来亚人民抗日军各独立队的女战士，在抗战胜利后合影

马来亚人民抗日军中的华族、
巫族（马来族）、印度族战士

四、136 部队

1942 年下半年，中国政府海外部门与英国经济作战部马来亚支部经过磋商，决定组织一支特遣队，潜入马来亚，与抗日游击队建立联系，并搜集情报，准备配合盟军的反攻。双方议定由中国方面招募人员到印度受训，受训的内容主要是有关游击活动、爆破手段和刺探情报等方面的技术，时间半年至八个月不等；[1] 英国方面负责人员的训练和派遣。特遣队隶属英军

1946 年 4 月，马来亚人民抗日军及 136
部队代表赴英参加祝捷活动，受到英军蒙巴
顿元帅的欢迎

136 部队，新加坡华侨林谋盛和庄惠泉分别担任 136 部队马来亚区华侨正、副区长。[2] 这支部队主要由接受过专业特工训练的军事人员以及电讯技术人员组成，其成员主要由国民政府从国内以及当时滞留印度的中国海员中招募，并送往印度的联军训练营受训，学成后的华人成员在英国军官领导下潜入马来亚敌后开展活动。

1943 年 5 月 24 日，由英国军官戴维斯和 5 名华侨组成的第一批先遣队，

---

① 张奕善：《二次大战期间中国特遣队在马来亚的敌后活动》，《东南亚史研究论集》，台北：学生书局，1980 年，第 371 ~ 460 页。

② 庄惠泉：《我与林谋盛在重庆与印度》，许云樵著，蔡史君编修：《新马华人抗日史料（1937—1945）》，新加坡：文史出版私人有限公司，1984 年，第 682 ~ 685 页。

乘坐潜艇登陆马来亚。11 月 2 日，林谋盛前往马来亚。[①] 1944 年 1 月 1 日，马共总书记莱特与 136 部队负责人戴维斯、林谋盛等在美罗山举行会谈，最后双方达成协议，英军答应向"马抗"提供武器、资金和军事训练，"马抗"则协助策应盟军反攻马来亚。[②]

1943 年 5 月，136 部队成功潜入马来亚，在马来亚霹雳州红土坎附近登陆。从 1943 年 5 月至 1945 年 9 月，136 部队华侨队员共 49 人分 20 批从海上和空中潜入马来半岛。[③] 华侨组员以"龙"为徽号，他们在"马抗"和华侨的支持帮助下[④]，一部分在敌占区开展情报活动，搜集有关日军的政治、经济、军事情报；另一部分则在各个抗日根据地将情报

英军与中国政府组织 136 部队"龙"组，在马来亚开展抗日斗争，其成员大都是华侨

源源不断输往在印度的盟军东南亚总部，为盟军制定对日作战计划提供重要、直接的情报来源。136 部队华侨队员的地下抗日活动，是马来亚华侨抗日斗争的重要组成部分。

林谋盛，1909 年 4 月 27 日出生于福建省南安县全田区后埔乡。父亲林路早年离乡，在新加坡经营建筑业致富。林谋盛童年在厦门鼓浪屿英华书院念书，对英语特别钟爱。16 岁时，赴新加坡，在新加坡莱佛士学院继续求学，后又转入香港大学商科学习。20 岁时，因父亲病故，林谋盛退学回新加坡继

① 谭显炎：《林谋盛区长殉难前后》，许云樵著，蔡史君编修：《新马华人抗日史料（1937—1945）》，新加坡：文史出版私人有限公司，1984 年，第 656 ~ 657 页。

② 谢文庆：《红星照耀马来亚》，1987 年，第 73 页。

③ 张奕善：《二次大战期间中国特遣队在马来亚的敌后活动》，《东南亚史研究论集》，台北：学生书局，1980 年，第 371 ~ 460 页。

④ 一方面，取得与马来亚敌后抗日力量的联络，共同抗日是盟军东南亚总部下达给 136 部队的既定任务之一。另一方面，出于自身安全的考虑，136 部队也需要得到抗日力量的支持和帮助。在敌后的马来亚原始丛林中，生存环境恶劣，会不时遇到进山围剿的日军巡逻队，因此，136 部队需要得到马来亚当地抗日武装的保护。136 部队的英国军官奎利（Quayle）在"二战"后回忆录中提到："如果没有人民抗日军的照顾，（我们）是没有办法生存下来的。"（参见新马侨友会编：《马来亚人民抗日斗争史料选辑》，香港：见证出版社，1992 年，第 90 页。）

承父业，负责主持砖厂及饼干厂业务，并开始在建筑界崭露头角。林谋盛为人淡泊名利，热心公益，为同行所拥戴，成为知名人物，历任新加坡建筑公会会长、中华总商会董事、福建会馆执委兼教育科科长等职。

林谋盛

1937 年，中国抗日战争全面爆发。在抗日救国的旗帜下，1938 年，南洋华侨筹赈祖国难民总会（即南侨总会）在新加坡成立，林谋盛被推选为该会交际股主任。在他的主持下，南侨总会进行抗日宣传、募捐、义演等工作，特别在抵制日货运动和发动龙运日本铁矿华工集体辞职斗争中，成效显著。

1938 年，林谋盛派好友庄惠泉赴矿区策划鼓动工人罢工，迫使该铁矿关闭，沉重地打击了日本人。

1941 年底，太平洋战争爆发，日军大举南进。南侨总会主席陈嘉庚受新加坡总督的委托，出面组织"新加坡华侨抗敌动员总会"。林谋盛担任该会执委兼劳工服务团主任，先后组织华侨工人及青年数万人，不顾日机轰炸，协助英军维持治安，修建机场，运输物资。直到新加坡沦陷前三日（即 1942 年 2 月 12 日），英政府下令疏散，他才与庄惠泉、林庆年等乘小汽艇，冒着日机的轰炸，撤离新加坡，辗转到达斯里兰卡，再经印度，于 4 月 12 日飞抵中国重庆。

在国内停留两个月后，林谋盛奉命与庄惠泉前往加尔各答，参加组织"中国留印海员战时工作队"，负责组织流落在印度的中国海员，协助当地战时工作。

1943 年春，中英两国签订开辟敌后战线的协定，中国政府先后选派回国华侨青年百人，参加东南亚盟军总司令部所辖的 136 部队，分别在孟买、本那、加尔各答及锡兰的海军基地等处进行训练。林谋盛和庄惠泉被委任为该部队马来亚区华人正、副区长。林谋盛不尚空谈，以身作则，深得战士们的敬重。

1944 年，林谋盛率队乘潜艇到达马来亚西海岸，于 3 月 14 日潜入怡保市，化名陈春林，以开设"建益栈"商号作掩护，指挥地下活动，并购置渔船，和盟军潜艇取得联系，使盟军和马来亚人民抗日军的合作更加巩固。为解决活动经费，林谋盛派人远赴吉隆坡和新加坡，以取得亲友的资助。

当工作正在逐步开展时，由于两名工作人员被捕，秘密机关被日本人破坏，林谋盛身份暴露，不久就被日军逮捕。在监狱中，他坚贞不屈。在怡保监狱中被关押了三个月，至 6 月 29 日，林谋盛壮烈牺牲，年仅 35 岁。林谋盛的牺牲，对盟军在马来亚战区的抗战活动，是一个沉重的打击，使很多计划被迫延期或放弃执行。

鉴于林谋盛的贡献，中国政府追封他为陆军少将。"二战"后，新加坡英军当局特在新加坡麦里芝蓄水池畔修建林谋盛墓陵，后又在市区海滨女皇大道旁修建"林谋盛烈士殉难纪念塔"。[1]

136 部队的功绩不容抹杀，它在马来亚抵抗运动中，在建立人民抗日军与盟军的联系方面的确曾发挥过相当重要的作用。此外，这支部队是中英双方通过谈判，在平等协商的基础上联合成立的，成立后成功深入马来亚，同马来亚当地抗日武装开展合作，是中国和盟军联合开展敌后情报工作的一次成功尝试，为反法西斯战争做出了应有贡献。

1946 年 1 月，东南亚联军统帅蒙巴顿元帅在新加坡市政府局大厦前为在马来亚抵抗运动中做出突出贡献的人员举行授勋仪式，并发表讲话："我知道，你们是多么为这些人和他们所领导的抵抗运动而骄傲。我们，联合国的成员，感激他们。"[2]

林谋盛的烈士墓，位于新加坡麦里芝蓄水池旁

马来亚日据时期华侨的抗日武装斗争和地下抗日活动，粉碎了日本帝国主义企图将新马地区当作"保卫大东亚的据点"的妄想。华侨的抗日武装活动，不但大大鼓舞了当地人民的抗日斗志，而且对支援东南亚各国人民的抗日斗争和国际反法西斯战争的胜利起了重要的作用。

第二节　菲律宾华侨的抗日斗争

继马来亚沦陷之后，1942 年春季，日军又占领了菲律宾。在日军占领期间菲律宾华侨处境悲惨。敌人为了扫除华侨社会的一切抗日力量，立即逮捕

---

① http：//www.chinaqw.com/node2/node2796/node2882/node2896/node3248/node3251/userobject6ai 241428.html.

② ［苏］瓦·巴·科切托夫著，东北师范大学历史系翻译室编：《东南亚及远东各国近代现代史讲义》（第三分册），北京：高等教育出版社，1960 年，第 95 页。

了中国驻菲外交官、文化界爱国人士和工会领袖，封闭华侨报馆和学校，毁灭华侨的文化事业，没收华人的银行和工商企业。日本宪兵队更是任意抓捕、杀害抗日分子和无辜群众。1942 年 6 月，日寇在马尼拉成立伪华侨协会，迫使华侨为日军的侵略战争出钱出力，并通过伪华侨协会监视华侨社会，妄图消灭华侨的抗日思想和抗日力量。

日军的政治压迫和经济掠夺，加深了爱国侨胞对日本侵略者的仇恨。为了抗击日军的侵略，由菲律宾华侨委员会领导的华侨抗日力量转入地下斗争，他们秘密油印抗日刊物，宣传抗日，开展锄奸斗争，打击敌、伪、奸的猖獗活动，在抗日战线上做出很大贡献。

华侨义勇军的基本骨干是国民党党员，司令是原国民党驻菲律宾总支部书记长施逸生。该组织在马尼拉从事收集情报和锄奸活动，在美军光复马尼拉后，扩大队伍，在北吕宋配合美军作战。

华侨抗日锄奸义勇军，由洪门人士及其子女、华侨学生、青年、小商人等组成，总指挥是王全忠。其主要活动是配合盟军光复马尼拉，创办难民收容所，积极救援难侨。在开往南吕宋配合美军作战中，义勇军在短短几个月内参加大小战斗 50 余次，歼灭敌军约 1 000 人，取得了辉煌的战果。①

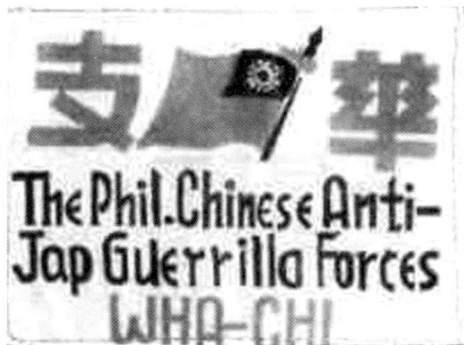

"华支"的臂章

众多的菲律宾华侨抗日组织中，对菲律宾反法西斯斗争贡献最大的是菲律宾华侨抗日游击支队（简称"华支"）。

一、"华支"的成立

1941 年 12 月 7 日，太平洋战争爆发。不久，日本侵略者登陆菲岛，不到半年时间，菲律宾全境沦落。

在这危难之际，具有反侵略光荣传统的旅居菲律宾的华侨视侨居国的安危为己任，发扬了国际主义精神，积极配合菲律宾人民抗击日军的法西斯暴行。12 月 10 日，菲华各劳工团体联合会（简称"劳联会"）发表抗日宣言，号召

---

① 梁上苑：《英勇奋战的菲华支队》，《华声报》，1985 年 9 月 3 日。

广大侨胞团结起来，痛击日寇，并成立了以晋江籍华侨、"劳联会"顾问许敬诚（即许立）为主席的"战时抗日护侨委员会"。随后，根据时局的发展，又先后成立了包括工、商、青、妇各界爱国华侨在内的，仍由许敬诚担任主席的"华侨抗日反奸大同盟"（简称"抗反"），创办抗日地下报《华侨导报》，组织战地劳务大队，广泛开展地下抗日斗争，并根据祖国开展抗日游击战争的经验，着手组织武装力量，在菲律宾国土上创建抗日根据地，做好开展游击战争的准备工作。

"抗反"等组织从马尼拉转移到中吕宋地区的华侨中，物色两批热血青年，分别送到开设在邦板牙省仙彬兰洛附近的仙范和曼地利的"游击干部训练班"及"政治军事训练班"进行短期培训。随后，以这批学员和原已加入菲律宾人民抗日军（简称"民抗军"）的华侨青年为主，于1942年5月19日在中吕宋的曼地利村的丛林里正式成立了一支全部由华侨抗日健儿组成的，以祖国

"华支"部分战士在总部前留影

的八路军、新四军为榜样的武装队伍——"华支"，并取新四军的"四"字和八路军的"八"字作为支队番号正式编为菲律宾人民抗日军第四十八支队。

"华支"即"民抗军"第四十八支队建立时仅有队员52人，2把短枪和7支步枪，编为2个排3个班，由黄杰（即王汉杰，福建晋江籍）、蔡建华（即余志坚，广东籍）分别担任队长和政治指导员，吴紫青（即吴扬，福建晋江籍）和黄自新（即黄力，广东籍）担任排长。

根据当时的形势，"华支"提出了明确任务：抗日、反法西斯、民族解放。同时，以八路军、新四军为榜样，结合菲律宾的具体情况，制定出支队队员必须严格遵守和执行的三大纪律原则、八大要求及八项注意，编写了一首富有民族义愤和战斗激情的《菲律宾华侨抗日游击支队队歌》。

"华支"在战斗中取得节节胜利，不仅赢得了菲律宾人民的信赖和支持，也鼓舞了广大爱国华侨青年的向往之情和参战之心。特别是根据战局的发展，为配合友军做好反攻的准备，"华支"于1944年8月1日发表《为扩大队伍迎接反攻告侨胞书》后，广大华侨青年纷纷从四面八方奔赴营地加入这一武装

组织，使"华支"队伍迅速发展壮大到 700 多人，其中福建泉州籍约占 2/3，扩大后的"华支"仍由黄杰任总队长，并先后编为 6 个战斗大队。

"华支"不仅活跃在山区和农村，而且转战于村镇田野、椰林沼泽，连在敌人严密控制的马尼拉市都建立起一支从事在城市开展武装斗争的"华支"马尼拉大队。

二、战斗中的"华支"

"华支"这支在菲律宾国土上由中国侨民自动组织起来的富有战斗力的武装劲旅，同侨居国人民同生死、共患难，共同为抵抗外来侵略而浴血奋战。

1942 年 8 月，在配合"民抗军"发动的"雨季攻势"的战斗中，"华支"不仅截击了日军的运输队，还击了敌人的进攻，阻击了敌人的枪、粮，而且袭击了敌人的军营，当场击毙了驻吕宋的日军参谋长田中大尉，粉碎了日军的"绥靖计划"。

"华支"队员在战地学习火炮的性能，掌握火炮的使用技术

1943 年 1 月以来，在对日寇作战中日益壮大的"华支"进行了一系列的战斗，每次战斗都打得有声有色，使"华支"的威名在中吕宋遍传。敌人对于"华支"的迅速发展恨之入骨，为了消灭这支华侨的抗日力量，1943 年 3 月，一万多名日伪军对"华支"的所在地阿拉悦山脚的树林地带进行了为期数月的大扫荡。敌人提出了"专打四十八支队"的口号，到处追踪"华支"，妄图一举消灭"华支"。1943 年 5 月 9 日，在撤离强敌控制的中吕宋时，"华

支"全体指战员发扬艰难险阻无所惧的大无畏精神,克服了重重困难,在深山密林中徒步行军 26 天,途经 3 个省份 36 个社镇,进行了行程达 500 千米的安全大转移,保存了有生力量。

1944 年 4 月 9 日,为迎接美国盟军登陆菲律宾,做好反攻前的准备,"华支"与"抗反"总部联合发布了《告祖国沦陷区及台湾、朝鲜被强征来菲同胞书》,号召被征士兵逃跑、被征劳工怠工,还散发了用日文编写的传单和标语,由转化过来的台湾同胞用日语向日军喊话,开展了声势浩大的政治攻势。

1944 年夏秋之间,美军在太平洋地区开始逐岛反攻。为了配合盟军作战,"华支"建立了马尼拉中队,不久又扩充为马尼拉大队,接着建立了福建大队和广东大队。在马尼拉战役中,"华支"派出三个大队,协同作战,他们向美军提供有关敌军情况的情报,协同盟军消灭了马尼拉市内的敌人,看管日军俘虏和奸细,并与各抗日团体共同维持华侨区的治安和秩序,协助扑灭大火,抢救受伤难胞,照顾老弱妇孺,同时开设了 7 间临时难民所,收容难胞 2 000 余人。

1945 年 2 月 23 日,在配合美国盟军第十一空运师伞兵部队及友军营救被关禁于南吕宋内湖省罗斯万口牛示社集中营中的外国侨民时,"华支"第一大队战士们在队长郑显玉(惠安籍)带领下奋不顾身,首先冲入营中救出 2 100 多名侨民,使他们化险为夷,免遭毒手,从而得到美国盟军游击队司令凡特普少校致函嘉奖,褒扬"华支"是支能战斗的队伍,并用飞机空投 4 箱新式半自动步枪和弹药,予以援助。

自 1942 年 5 月起至 1945 年 8 月日本投降的三年零三个月的战斗岁月中,"华支"战斗在中吕宋、南吕宋、马尼拉和米骨四大战场,跨越 15 个省、市,作战 260 多次,共毙、伤、俘敌军 2 000 多人,缴获各种武器 940 多支,给敌人以沉重打击。[①]

在历次战斗中,"华支"指战员们,在恶战的沙场上,冲锋陷阵,视死如归;在敌人的监牢里,受尽严刑拷打,却始终威武不屈,正气凛然,涌现出无数个英雄。"华支"有 77 位指战员在战斗中为痛击入侵之敌、捍卫侨居国主权而献出了宝贵的年轻生命,其中福建泉州籍占 36 人,包括"华支"副总队长高华岳(南安籍)、参谋长陈村生(晋江籍)、驻中吕宋代表尤鸿源(洛江籍)、马尼拉别动队队长林辉灿(南安籍)和副队长陈廷芳(鲤城籍)等。

---

① 梁上苑、蔡建华:《华侨抗日支队》,香港:广角镜出版社,1980 年,第 245~246 页。

"华支"南征途经华人区，受到群众热烈欢迎

广大"华支"指战员为痛击敌人，捍卫民主和自由而抛头颅、洒热血的事迹得到了侨居国政府和人民的充分肯定与高度赞扬。1945 年 8 月 27 日，菲律宾军官诺西狄少校在上呈总司令部为"华支"指挥员请奖的函件中写道："……'华支'的官兵都是外国公民，按义务来说，他们可不必负直接抗敌的责任，可是他们自始至终同我们并肩作战，一直坚持到最后胜利……"同年，菲军参谋长瓦尔地示少校在致"华支"总队长黄杰的信中称"总司令部的档案详尽展示了你组织的针对日本压迫者的抵抗运动中和在菲律宾解放战役时的辉煌功绩。菲律宾军队衷心感谢你组织在与共同敌人的斗争中对这个国家的无私服务"。一位美军军官在庆祝马尼拉解放的群众大会上说："如果没有华侨游击队的配合，美军要多花两个月的时间才能占领马尼拉，而且要付出更大的代价。"①

1979 年 4 月，由旅菲各界爱国华侨筹资在菲律宾的内湖省会仙沓古律市建造了一座菲律宾华侨抗日游击支队烈士纪念碑和纪念堂。1992 年 5 月，在菲律宾华侨抗日游击支队建军 50 周年之际，菲律宾政府邮政局为纪念太平洋战争中在菲律宾英勇抗击日军、立有显赫战功的 12 支游击支队制发了一组纪念邮票，计 4 枚，其中一枚标有"48"数字的是为纪念"华支"而作，成为中菲友好的历史见证。

---

① 　路元：《中华抗日儿女在南洋》，《瞭望》1985 年第 32 期。

菲律宾华侨抗日游击支队烈士纪念碑（1979 年 4 月 8 日建成）

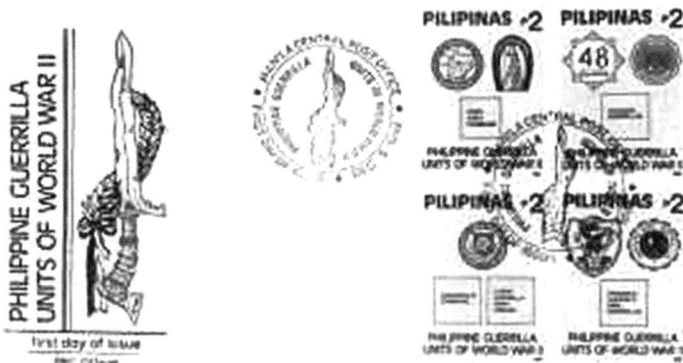

　　1992 年 5 月，菲律宾政府邮政局为纪念太平洋战争中，在菲律宾英勇抗击日军、立有显赫战功的 12 支游击队制发了邮票

　　"华友"的战斗历险再次表现了爱国华侨敢于斗争，百折不挠，为打败日本侵略者而英勇奋斗的革命精神。"华支"广大队员的英勇战斗，牵制和消灭了一部分日本侵略军，从侧翼配合了祖国的抗战，为加速日本法西斯的灭亡做出了贡献。

　　"华支"的光辉历程，不仅是旅居菲律宾爱国华侨发扬国际主义精神的重要体现，也是菲律宾革命历史和中国革命历史的组成部分，更是中菲友好的重要篇章和历史丰碑。

"华支"英勇作战并配合美军反攻，受到美方的称赞，图为"华支"领导与美军官合影

第三节　印度尼西亚华侨的抗日斗争

1942年3月5日，日军占领荷印首府巴达维亚，3月9日荷印殖民政府宣告投降。为了反击日军，华侨同印度尼西亚人民团结一致，在极为艰苦的条件下，开展了多种形式的抗日斗争。为了以集体的力量反抗日军的入侵，各地华侨相继成立抗日社团。日寇侵犯荷印之处，无不遭到华侨的武装反抗。日军在爪哇登陆时，部分华侨和当地人民奋起反抗，终因寡不敌众，被敌人包围，67名华侨牺牲。

日军占领爪哇后，泗水华侨组织了民族抗日大同盟和反法西斯大同盟。不久，这两个团体合并成为抗日民族解放大同盟，并在西爪哇、中爪哇、东爪哇建立支部，拥有会员1 000余人。他们集资开办了利源造纸厂和蛋糕厂，把利润作为活动经费，又通过各种形式与场合开展抗日宣传。一些懂印尼语的成员，还开办华侨家庭补习班，争取一些土生华侨知名人士参加抗日活动。

在印度尼西亚苏门答腊岛的棉兰，华侨青年成立了苏门答腊华侨抗敌协会（简称华侨抗敌协会、"华抗"）、苏岛人民抗敌协会。此外，苏岛各地华侨还成立了火水山反法西斯同盟、先达反法西斯同盟、马达山反法西斯同盟及妇女反法西斯同盟等组织。

1942年5月，日军占领苏门答腊岛一个多月后，棉兰一些华侨爱国青年组织起第一个抗日地下秘密组织——"华抗"。不久，他们和当地印尼人民取得联系，合作出版了印尼文的《正义报》。到1942年11月，经各校组织代表聚会商讨建立"反盟",还出版地下刊物《前进报》,宣传抗日。

1943年9月20日,日寇在苏门答腊岛全岛进行"大检举"、大逮捕,"反盟"遭到严重破坏。各地不少抗日组织负责人和"卖报圈"等外围组织的华侨及印尼爱国者也被逮捕。总计在全苏岛被捕监禁者有上千人。监禁在先达政治集中营的有545人,其中华侨90人。抗日华侨被捕后,受到日寇酷刑迫害,如电刑、火烙、倒悬在梁上用皮鞭棍棒毒打……在先达集中营中被折磨而死的达284人,占集中营内人数一半以上。华侨抗日战士宁死不屈,视死如归。"华抗"负责人之一的杨万元受尽敌人的毒打,宁死不招供,他说:"我老杨生为中国人,死为中国鬼,决不投降敌人。"

1944年3月23日,"反盟"的主要成员陈吉海、甄树熙、霍警亚、陈吉满、李金涌、方木生、李振华、谢世鸿、冯禹萱等被日军枪杀于苏岛武吉丁宜市郊,另一领导人周斌于1945年3月7日被枪决于棉兰市第一刑务所。①

在加里曼丹岛(又称"婆罗洲")坤甸附近的昔加罗,郑武昌、许雄安、林勤名等华侨秘密搜集枪支弹药上山开展抗日武装斗争,后潜入坤甸,在当地坚持武装斗争。1942年底,华侨与当地民众建立"西婆罗洲反日同盟会"(简称"西盟会"),在各地设立了15个分会,成员3 600人。"西盟会"成立后,立即组织抗日武装,先后建立两个武装抗日根据地。据不完全统计,该会拥有重机枪4挺、各种枪支2 000支、手榴弹数百枚、子弹近万发。华侨和当地人民的携手作战,使西婆罗洲成为印度尼西亚抗日斗争最大的根据地。华侨在抗日斗争中的贡献受到当地人民的高度评价。日军投降后,联军棉兰司令部最高司令官在致被难家属的信中说:"抗日反法西斯之华侨战士,为支持盟国而牺牲其生命""彼等为人类之正义和平而偿付最高之代价,此种光辉之功绩与无比之英勇,将成为苏门答腊全体华侨社会不可磨灭之永恒纪念碑。彼等之英勇与盟国之忠勇战士同垂不朽。"②

印度尼西亚华侨的抗日斗争打击了日本法西斯的气焰,削弱了他们的供应,牵制和削弱了敌人的侵略兵力,对于动摇日军的统治,促进日本法西斯的早日灭亡,起到了积极的作用。

---

① 李巨廉、王斯德主编:《亚太地区反对日本法西斯侵略的斗争(1931—1945年)》,上海:上海远东出版社,1995年,第240~246页。

② 纪念苏岛抗日反法西斯殉难志士委员会编:《血仇特刊》,棉兰,1946年。

第四节　缅甸、泰国、越南华侨的抗日斗争

缅甸、泰国、越南华侨在居住国开展各种形式的抗日斗争。分述如下：

一、缅甸华侨的抗日斗争

缅甸是英美盟军当时在亚洲大陆的南翼屏障，也是海外向中国运输战略物资的唯一陆上通道滇缅公路的基地。太平洋战争爆发后，缅甸被日本侵占，形势危急。为了抗日斗争的需要，缅甸仰光的华侨于1941年12月中旬开始酝酿成立华侨战时工作队（简称"战工队"）。由于日机的侵袭和轰炸，筹备工作被迫转至曼德勒进行。次年1月，"战工队"在曼德勒福建会馆成立，其领导人是张光年、魏磊、李凌、赵汎、郑祥鹏和黄雨秋。队员人数迅速发展到70多人，队员来自四面八方，有工人、店员、新闻记者、文艺工作者、教师、学生等。"战工队"在爱国侨领和当地民众的支持下，于2月初在曼德勒市区组织了规模空前的抗日示威游行和宣传活动。除了队员和当地侨领们及几家侨校的师生外，许多缅甸僧侣和青年也加入了游行的行列。游行队伍高举旗帜和抗日标语，并用华语和缅甸语高呼口号，沿途还张贴和散发用中、缅、英文印制的标语和传单。每到一个比较热闹的地区或十字路口，"战工队"就把事先准备好的《日寇暴行录》的大量图片悬挂出来，等围观的群众较多时，立刻举行演讲会，由男女队员用缅甸语朗读"战工队"宣言和发表演讲，声讨日本法西斯的侵略罪行。"战工队"还派出小分队，分赴缅甸各重要城镇巡回宣传演出。"战工队"的抗日宣传活动，推动了缅甸抗日斗争的发展，受到了各方面的重视，英国路透社曾专门作了报道。

缅甸华侨抗日斗争的另一个形式是积极支持与配合中国远征军和盟军作战。1942年8月12日，中国远征军入缅与英军共同作战。华侨青年不仅加入远征军，而且援助在第一线与日军作战的军队。大批华侨主动担任缅甸语翻译、英语翻译，帮助远征军和英军解决汽油供应和交通运输等问题。在收复缅北重要城市密支那的战斗中，日军修筑的坚固的防御工事给远征军的攻城带来极大的困难。城内一位老华侨冒着生命危险给攻城部队送来了可靠的情报，并坚持以家室子女留作人质，亲自给攻城敢死队带路，使攻城部队成功地攻克了密支那这一顽固堡垒。这次战役的胜利，对于重新打通滇缅公路和收复缅甸的整个战局有着重大的影响。

在缅甸，华侨还参加了缅甸民族英雄昂山领导的抗日队伍。据资料记载，因参加抗日而被日军逮捕的华侨前后共有 3 000 多人，惨遭杀害者有 300 多人。

二、泰国华侨的抗日斗争

太平洋战争后，日本派兵占领泰国，泰国进步组织发动和领导泰国抗日义勇队与日本侵略军进行斗争。当时，泰国的銮披汶政府与日本合作，泰国华侨是在十分困难的条件下从事抗日活动的。

抗日义勇队是半军事组织，其成员包括泰国各族的爱国者，而华侨华人爱国革命者占多数，其宗旨是"驱逐日寇出泰国，保卫泰国独立自由"。到 1945 年日本投降时，共有队员 650 余人，其中约 200 人的武装队员在各武装基地，约 450 人的未武装队员在各地方从事各种形式的抗日活动。

1944 年以后，华侨的几个地下抗日组织与泰国摄政銮巴立领导的地下反日抵抗运动——"自由泰国"合作，并出版《实话报》《泰华商报》等宣传反日本法西斯的报纸，为泰国反日本法西斯主义的斗争做出了贡献。

三、越南华侨的抗日斗争

在越南，广大华侨参加了胡志明领导的"越南独立同盟"（简称"越盟"），还建立了"中国人民之友协会""越南华侨救亡会"等组织，和越南人民一起抗击日本帝国主义的侵略。

华侨们踊跃参加"越盟"各个基层组织的抗日、抗法活动，并开展锄奸和罢工、罢市、抗拒征粮等反抗日本统治的斗争。1943 年 5 月，在越南人民抗日、抗法帝国主义斗争的高潮中，河内—南定航线上的华侨和值班轮船工人举行了大罢工。1943 年 4 月、1944 年 12 月和 1945 年 2 月，先后有三批在越南中部和南部从事地下抗日活动（主要是情报工作）的国民党人被日军逮捕，李仲旬、许文茂、吕棠、陈树等 30 人在惨遭酷刑后被杀害。抗战胜利后，国民政府在会安和西贡堤岸为他们修建了烈士墓和纪念碑。①

---

① 张俞：《越南、老挝、柬埔寨华侨华人漫记》，香港：香港社会科学出版社，2002 年，第 47 页。

第五节 南洋华侨在居住地抵制日货运动

为了削弱敌人的经济力量，华侨在世界范围内展开了大规模抵制日货的斗争，从经济方面制裁日本侵略者，配合祖国抗战并取得了显著的成效。

华侨抵制日货运动，是仅次于华侨抗日筹赈运动、遍及世界各大洲的华侨群众抗日救国运动。所有华侨聚居之地（除日本等个别国家外），凡有销售日货的地区的侨胞都进行了抵抗，他们认为，不买、不用日货，是支持祖国抗战的实际行动。

华侨抵制日货的斗争早在1928年"济南惨案"发生后就已展开，1931年"九一八"事变后又有新的发展。但是，就其发动的范围之广、持续时间之久、参加斗争的人数之多、侨胞情绪之高涨而言，则是在全国抗战爆发以后。

世界各地华侨抵制日货运动的规模和影响不尽相同，一般来说，凡是华侨聚居人数多、经济实力比较强的地区，抵制日货运动的规模和影响就比较大，反之亦然。从华侨的人数和华侨的经济实力来考察，东南亚地区占首位，其次是英国和欧洲。所以，东南亚华侨抵制日货运动的规模和影响最大，其次则是美国和欧洲。

一、马来亚华侨的抵制日货运动

马来亚华侨的抵制日货运动，是和筹赈运动齐驱并进的规模巨大的华侨抗日救国的群众运动。抗战爆发之后，当时仍属于英殖民地的马来亚当局执行着英国政府所谓的"中立"政策，不准华侨公开进行抗日救亡活动，也不准华侨开展抵制日货运动，因而，马来亚华侨的抵制日货运动，是在半秘密半公开、以不触犯当地法律的情况下开展并广泛发展的。领导华侨开展抵制日货运动，是各地华侨筹赈会的主要任务之一，而纠察和监督的责任则由马来亚华侨抗日后援会的广大青年所承担。

抗战爆发后，马来亚侨胞所经营的商店就开始抵制日货，广大侨胞更是自觉地不买、不用日货。但是，由于殖民当局的干涉，各地仍有不少日货在市面上流通。为了进一步开展抵制日货运动，1938年3月，马来亚各华侨救亡团体联合发起了"救国连索运动"①。这一运动的主要内容是：①禁买日货；

---

① "救国连索运动"意指抗日救国的联合行动。

②不卖货与仇人；③不为仇人工作；④有财出财，有力出力；⑤抗战到底。马来亚"救国连索运动"，得到了各地华侨的热烈拥护和积极参加。

运动开展后，柔佛筹赈会召开了侨胞大会，通过限期肃清日货的决议，要求凡经营日货的侨商自动实行日货登记，全埠在4个月内肃清日货。

8月31日，巴生地区各侨商店主，为提防日货冒充欧美产品推销及定期肃清所存日货问题，特召开代表大会。出席大会的有三利公司、中南公司等14个大商店的代表和侨胞代表。会议决定：①定期登记所存日货；②所存日货，限本年内售清，如仍有存货，或将其封存，或将其拍卖助赈；③为提防日货冒充欧美货起见，将各商号编成七组，轮流监督各商号的进货。①

在麻坡地区，福安堂、永昌和等数百家华侨商号结成了抵制日货的统一战线，他们互相监督，限期肃清并立誓不再出售日货。自1938年8月起，该地"各商号在此以前到达的日货，概自动标封，已定的货物全数驳回，订货单也同时宣告失效，市上日货，绝迹已久"②。

为了动员广大侨胞一致行动，在经济上制裁日本侵略者，9月6日，新加坡筹赈会召开了抵制日货宣传演讲大会，"出席大会的3 000名侨胞最后一致举手，当天立誓，不用日货，誓词是'我当天立誓，终身不买日货，违者天谴'"③。

在华侨抵制日货运动中，由于日货无孔不入和店商的一时疏忽，有时难免有一些日货蒙混过关。在这种情况下，当事的侨商立即按规定受罚，并公开向侨胞道歉。1938年8月16日，新加坡广隆杂货店运进一批白豆，侨胞认为其中混有日豆，遂将该店围住。该店主当场认错，自愿履行3项条件：①自动捐出叻币500元助赈；②全数白豆充公；③在马华各报道歉1个月。群众认为满意，当即散去。同年11月2日，槟城提茂商号从香港进了一批天津产的绿豆和红豆，侨胞认为：天津为敌占区，该货属于日货，即包围了该商号。结果，当事人当场认错，并捐款叻币670元。

马来亚华侨万众一心，抵制日货，这种爱国运动，一直持续到太平洋战争爆发之后。他们的抵制日货运动给日本的对外贸易以有力的打击。以前"日货倾销马来亚，有如水银泻地，无孔不入，全马市场，几乎尽为日人所攫取"；而抗战爆发后，"从前生意兴隆的日本商店，现在都门可罗雀，一落千

---

① （香港）《星岛日报》，1938年9月15日。

② 《华侨问题专号》，1939年，第225页。

③ （香港）《星岛日报》，1938年9月15日。

丈"，在新加坡经营时间最长、资本最雄厚的日商弘荣洋行，因受华侨抵制日货运动的严重冲击而宣告破产。过去，日本统治了新加坡的渔业市场，每月销售总额达叻币十万元以上；抗战爆发后，尽管价格下跌，到日本渔行买鱼的仍寥若晨星，其销售量锐减一半以上。

1937 年日本对马来亚的输出总额为 4 048.2 万元，1938 年降至 1 200.6 万元，减少了 70% 以上，并由历年的贸易出超变为入超。[①] 究其原因，除受战争影响而减少出口贸易之外，华侨的抵制日货运动是造成日本对马来亚贸易输出大减的主要原因。

二、菲律宾华侨的抵制日货运动

自 1928 年日军在中国制造"济南惨案"起，菲律宾华侨先后发起了三次抵制日货运动的高潮。第一次高潮发生在 1928 年至 1929 年。因"济南惨案"而激化民族感情，菲律宾华侨感到有必要把有组织的全侨抵制日货运动提到日程上来。1928 年 7 月，宿务华侨发表告侨胞书，号召抵制日货，不同日本人保持任何经济接触。随后，菲律宾华侨抗敌会（简称"抗敌会"）成立，决定抵制运动于 11 月 1 日正式开始，华侨商人要在 10 月 31 日以前清除存货中的日本货。抗敌会宣布不准侨商买卖日货，并派出有影响力的侨胞到各地去推动抵制日货运动。抵制日货的浪潮于次年 3 月已席卷菲律宾各地华侨社区。为了加强对运动的指导，引导抵制运动继续向纵深发展，抗敌会成立了指导委员会和执行委员会，并向宿务、怡朗和南部岛屿的华侨社团致电，请求他们继续扩大抵制运动。在各地侨胞的支持和参加下，抵制运动取得了重要成果。1928 年 12 月日货输入菲律宾的总值为 170 万比索，次年 1 月降至 110 万比索。这"无疑主要是由华侨厉行抵制日货造成的"[②]。1929 年 4 月，抗敌会得知广州抗敌会结束抵制运动后，也随即宣布解散。

菲律宾华侨抵制日货的第二次高潮，发生在 1931 年至 1933 年。为了抗议日本帝国主义侵略东北，1931 年 11 月 26 日至 12 月 2 日，菲律宾华侨召开了全菲第一次华侨救国代表大会，并于 30 日决定成立菲律宾救国联合会。会议制定了抵制日货条例，规定凡购买日货者，该项日货应捐充救国储金；第二次再犯者，则照所办日货原价加倍捐为救国储金；故意破坏抵制运动者，将其姓

---

①　陈树人：《四年来的华侨爱国运动》，《现代华侨》1940 年第 1 卷第 8 期。

②　吴承洛：《菲律宾工商业考察记》，上海：中华书局，1929 年，第 55 页。

名、照片登载华文报，全菲华侨应与其断绝商业交易和经济往来。该破坏者死后不得葬身华侨义山（公墓）；不得享受接受华文教育和参加华侨团体的权利；全菲华侨不得与之缔结婚姻；并将该破坏者之姓名、照片及破坏行为报国内救国机构存案。①

会议之后，全菲华侨共同抵制日货，出现了全国性的、长时间的、大规模的抵制日货运动高潮，给日本以沉重打击。1930 年日货输入菲律宾的总值是 2 591.297 1万比索，1932 年减少为 1 231.001 2 万比索，下降了 50% 以上。

20 世纪 30 年代菲律宾华侨的抵制日货运动有严密的组织性。这一时期，无论是 1931 年成立的菲律宾华侨救国联合会还是 1937 年成立的菲律宾华侨援助抗敌委员会，都是全侨爱国团体联合组织，总会都设在马尼拉，各省、各重要城市都设有分会，抵制日货运动就是由它们领导的。菲律宾华侨救国联合会，设有起草抵制日货和惩办奸商办法委员会，专门负责抵制日货方面的工作。菲律宾华侨援助抗敌委员会也专设抵制仇货小组，负责宣传和领导华侨抵制日货运动。

菲律宾华侨抵制日货的第三次高潮发生在 1937 年至 1941 年。抵制运动在各地抗日社团领导下，以空前的规模席卷菲律宾华侨聚居地的各个角落。

怡朗华侨抗敌后援会成立于抗战爆发后，把抵制日货、募捐和宣传作为自己支持祖国抗战的三大任务，从 1937 年 7 月起，就开展抵制日货运动。

1938 年初，在马尼拉，菲律宾华侨援助抗敌委员会抵制日货委员会和中华商会合作，召开各华侨厂家、商店联席会议，决定共同抵制日货，并商定出具体的办法。接着，又召开华侨餐馆工人联合抵制日货大会，决定加紧抵制日货，凡华侨餐馆一律不为日本人服务，不卖货给日本。

1939 年初，纳卯华侨抗日会为加紧抵制日货，召开执委扩大会议，决定：①鉴于纳卯华侨只有 3 000 名，而日本侨民则达 3 万名，抵货运动困难重重，特决定通告侨胞，希望侨胞认定主旨，发挥大无畏精神，勇往直前，深明大义，与恶劣环境对抗到底。②鉴于抵制日货运动需加紧进行，特将抗日会所属之抵货部扩大为抵制日货委员会，抗日会在经济上、人力上作抵制日货委员会的后盾。

为了辨别国货和日货，扩大抵制日货的规模，使抵制日货运动深入发展，

---

① 杨荣标编：《菲律宾华侨救国运动史》，马尼拉：菲律宾华侨救国运动史编纂社，1935 年，第 28~29 页。

菲律宾华侨援助抗敌委员会挑选一批熟悉国货的行家组成辨别日货委员会，防止日货混充国货，凡各商号的进货均需经该会鉴定。1939 年 2 月 25 日，又向全菲侨胞发出通告：5 月 15 日肃清日货，5 月 15 日至 17 日实行日货登记，自 7 月 7 日起，华商不得再与日商互相贸易、发生任何经济联系，如有违犯，决予严惩。

菲律宾华侨的第三次抵制日货运动，成效显著。根据 1940 年初菲律宾农商部统计处对菲日贸易所作的统计，"在 1939 年 11 个月中，日货运来菲律宾者，较 1938 年同期减少 40.9%。1938 年之 11 个月中，日货运菲者值菲币 2 400.647 8 万元，而 1939 年同时期之日货则仅 1 418.720 6 万元"。该处分析认为："日货运菲价值减少之原因有二：一为日货与美金比率之降低，二为各华侨商号购运美货以替代日货。"①

菲律宾华侨的抵制日货运动深入人心，家喻户晓，是一次广泛的群众性运动。整个菲律宾华侨社会，从大人到小孩，都投入了这场抵制斗争。一位华侨和他的菲律宾籍妻子就打碎了一只从日本商店买来的铝制过滤器；马尼拉中山学校的一名男学生故意弄脏一位同班同学的衬衫，因为这件衬衫是从日本商店买来的。②

菲律宾华侨抵制日货运动产生了深远的影响。菲律宾华侨商人绝大部分是零售商，是菲律宾商品销售的重要中间环节。20 世纪 30 年代，华侨零售商店在销售额（营业额）方面，占全菲零售业销售总额的近 60%。华侨之拒售、拒购日货，对日货输入菲律宾打击甚大。"九一八"事变以后的抵制日货，使日货输菲明显减少，"1932 年日货入菲数字的下降，一半是华侨抵制的原因"③。抗战时期菲律宾华侨的抵制日货，更给日本以沉重的打击。日本对菲贸易在输出和输入方面，1938 年都比上一年低落，而输出方面下跌的幅度更大（见表 8 - 1）。因此日本帝国主义者对抗敌会抵制小组恨之入骨，在占领菲律宾后，对该组成员进行报复性野蛮屠杀。在 1942 年 4 月 25 日被害的九位烈士中，陈穆鼎、黄念打、蔡派恭、李连朝、施教锯五人和 8 月 19 日被害的苏在安、李福寿两人，都是抵制小组的成员。④

① （印尼）《华侨日报》，1940 年 3 月 28 日。
② Tan, *The Chinese in the Philippine, 1898 - 1935, A Study of Their National Awakening*, Manila：R. P. Gareia Publishing Co., Q. C., 1972, p. 285.
③ 《商会纪念刊》（乙编），马尼拉：拉民立印书馆，1937 年，第 145 页。
④ 华侨革命史编纂委员会编纂：《华侨革命史》（下），台北：正中书局，1981 年，第 713～715 页；桂华山：《菲律宾狱中回忆录》，马尼拉：中国印书馆，1947 年，第 41 页。

表 8 – 1　　"七七"事变后日对菲贸易情况

（单位：万元）

输出	1937 年	6 034.8	1938 年比 1937 年减少数额　2 774.9
	1938 年	3 259.9	减少百分比　46%
输入	1937 年	4 519.4	1938 年比 1937 年减少数额　956.6
	1938 年	3 563	减少百分比　21%

资料来源：吴泽主编：《华侨史研究论集》（一），上海：华东师范大学出版社，1984 年，第257 页。

　　在抵制日货运动中，菲律宾华侨本身也付出了代价。菲律宾华侨经营商业者甚众，在 20 世纪 30 年代华侨零售商店经营的商品中，90% 是日货。由于商品来源单一，一旦抵制日货，不仅存货积存或被销毁，使华商蒙受重大损失，而且，改变进货来源也非易事。因而，华侨零售商业也陷入窘境。客观上华侨商业已受 1929—1933 年经济危机的沉重打击，现在，主观上的抵制日货又带来了巨大的困难，再加上日本商人在日本政府和资本家的帮助下，在菲律宾建立起自己的零售系统，对华侨商业实行"反抵制"，华侨商业尤其是零售业由是渐趋低落。海登（J. R. Hayden）在叙述中、日商业在菲律宾的消长时说："目前的情况同 1932 年以前的情况之间的差别在于，在与华侨商人生意相应减少的同时，份额更多的日本货现在正经由日本零售商销售到菲律宾消费者手中。"[1] 因为 1932 年以后日本人在菲律宾已建立自己的零售系统，故 1937—1941 年的抵制日货运动对华侨商业的影响，想必更是如此。

　　菲律宾华侨并不是没有意识到，在抵制日货中自己也必将付出重大代价，但是他们出于爱国，仍然甘愿做出牺牲。一位名叫吴半生（重生）的编辑这样说："我们不知道这一抵制何时结束，我们也不知道抵制能否成功，但是我们相信我们事业的正义性，我们决心实行抵制。"[2]

三、缅甸华侨的抵制日货运动

　　在国际友人的支持下，缅甸华侨的抵制日货运动和国际友人合作进行。

———————

　　[1]　J. R. Hayden, *The Philippines*：*A Study in National Development*, New York：Macmllian Co. , 1955, pp. 713 – 714.

　　[2]　Tan, *The Chinese in the Philippine*, *1898 – 1935*, *A Study of Their National Awakening*, Manila：R. P. Gareia Publishing Co. , Q. C. , 1972, p. 285.

1938 年 5 月 5 日，全缅华侨第一次代表大会成立了缅甸华侨抵货总会。从此以后，缅甸华侨的抵制日货运动具有相对独立性。

缅甸华侨抵货总会的建立，有力地促进了缅甸华侨抵制日货运动的深入发展。在成立当天，总会就颁发了"限期肃清日货"的通告，定于 1938 年 6 月 1 日起开始肃清日货，要求至 12 月 1 日止，全缅华侨不再与日方有任何经济联系，并对那些不顾国家和民族的根本利益，继续与日本发生经济联系的奸商作了严厉的批评和警备。通告指出："还有些人孜孜以肃清日货会使一般华商受绝大损失，甚至影响到整个华侨商业的元气，持这种论调的人，简直是丧心病狂……如果我们现在要讲目前的利益，就只有停止抵抗，怕损失就只有投降。如果我们不想做奴隶而又不愿意投降的话，就只有坚持到底，以求达最后胜利，夺回整个民族永久的利益才算终止。我们要把我们的利益和前线的兄弟们的热血和头颅比较……我们的牺牲实在还不及万万分之一，现在如果有人讲到顾全利益的话，便是汉奸。"①

缅甸华侨抵货总会制定了《抵制日货的规约与奖罚》，使抵制日货运动有章有法可循。规约条例规定：①本会为求达到对日经济绝交之目的，除实施抵货运动外，并督察侨胞不得以任何原料供给日人，不得以任何货物直接或间接售与日人及与日人有经济上之往来；②本会职员在抵货运动期间，须一律宣誓，不论其本人或家属，均不得买卖日货或以货物售与日人及与日人有经济上之往来；③凡属华侨个人的商店，凡有与友邦人士进行贸易者，应在合约字上书明"不得转售与日人"字样。

奖罚条例规定：第一，凡违背规约①和③者之个人（非营业性质者），由本会直属常务审查分别处分之；第二，凡违背规约①和③者之个人或商店（营业性质者），登报警告，限期履行，逾期仍不履行者，登报宣布其罪状，并通告全缅侨胞与之经济绝交；第三，凡违背规约②者之本会职员，革职，并登报宣布其罪行；第四，本会职员执行职务时，不得以公济私，勒索贿赂，徇私舞弊，包庇奸商，如有上述行为，不论个人或团体，得将证据报告本会，予以惩办，无辜拘陷者须反坐；第五，本会职员，确系忠于职守，努力工作，致使本会抵货运动获成功者，应予奖励。执行奖罚条例的责权，由抵货总会属下的仲裁委员会负责。

经由缅甸华侨抵货总会的领导，在广大华侨和侨商的支持和配合下，缅甸

---

① （新加坡）《新国民日报》，1938 年 12 月 24 日。

华侨的抵制日货运动扎实而迅速地发展到缅甸各地。1940年10月1日，缅甸华侨抵货总会在仰光召开第三次全缅抵货代表大会，总结抵制日货运动的经验，制定新的抵制日货的措施，出席大会的代表共130多人。会议指出，缅甸华侨的抵制日货运动已经取得很大的成功，全缅侨胞今后更应加强抵货工作，援助祖国抗战，尤应联络英属各地侨胞共策进行，会议决定：①严惩奸商，对于屡犯不改者，呈请国内政府抄没其原籍财产；②举办国货展览会及日货与沦陷区所产假国货之样品陈列所，鼓励侨商竞售国货，以便根绝日货；③组织缅属日货侦缉队，严查奸商偷售日货。

这次大会之后，日货在缅甸侨区基本绝迹，缅甸华侨的抵货运动取得了重大的胜利。

四、印度尼西亚华侨的抵制日货运动

印度尼西亚华侨也开展了积极的抵制日货运动。各地华侨上街宣传抵制日货的意义，将奸商名单遍贴于街道，对于继续卖日货的商店，则在其商店招牌上洒泼柏油，或者没收其货物及罚款。最严重的则割其耳鼻以示惩戒。在泗水，惩罚那些抗拒抵制日货运动的商家的行动是由当时的义和、和合及声气等团体派人去执行的。1932年10月，吧城中华总商会在当地举办国货样品展览会，号召华侨不用、不买及不卖日货，得到侨胞们的热烈响应。

印度尼西亚华侨抵制日货的运动使日本经济受到了严重打击。"七七"事变前后日本与印度尼西亚贸易情况见表8-2：

表8-2 "七七"事变前后日本与印度尼西亚贸易情况

（单位：千元）

输出	1937年	200 051	输入	1937年	153 450
	1938年	104 145		1938年	88 249

资料来源：黄警顽编著：《华侨对祖国的贡献》，上海：棠棣出版社，1940年，第335页。

由上表可知，1937年与1938年这两年内日货输出到印度尼西亚的输出额减少了48%，输入额减少了42%。

广大海外华侨开展的抵制日货运动，取得了显著成效。以南洋为例，由于华侨抵制日货，日本1938年对南洋的贸易输出比1937年减少了38%，而对南洋的贸易输入减少了30%，贸易总额减少约39%。南洋被日本人视为其生命线，这条日寇依赖的"生命线"被华侨的爱国心割断了。

华侨抵制日货运动，使国货在东南亚的销售额大为增加。抗日战争以前，中国由东南亚各地经常进口贸易额为国币 2.6 亿元至 3 亿元，出口额为 2.6 亿元至 4 亿元。而 1940 年至 1941 年间，进口额增加到 9.2 亿元至 11.9 亿元，出口额增加到 10.1 亿元至 16.6 亿元。① 中国对外贸易历年入超，但对东南亚的贸易则为出超，其重要原因是数百万华侨使用国货，他们有较雄厚的经济实力，又建立了自上而下的销售网点。

广大华侨坚决抵制日货，取得了显著成效。南侨总会主席陈嘉庚接受《中央日报》记者采访时说："南洋抵制敌货工作成绩甚佳，市上敌货早已匿迹。"②

当时的《救国时报》报道：南洋各地抵制日货运动，致南洋日本渔船全部停业

五、马来亚日矿华工罢工

日本在马来亚苦心经营数十年，将该地变为日本战略物资的重要供应地之一。侵华战争爆发时，日本每年所需钢铁原料的铁矿石有 2/3 生产于马来亚。马来亚各地有多所日本开采的铁矿。据 1937 年马来亚矿务局的报告，全马矿工总数约有 10 万人，其中华侨约 8.3 万人，约占矿工总数的 83%③，而这些华侨矿工在日本铁矿中做工者有 5 000 多人。他们长期遭受日本资本家的剥削

---

① 丘斌存：《华侨经济复兴问题》，上海：新时代出版社，1946 年，第 58~60 页。
② 《中央日报》，1940 年 10 月 6 日。
③ 林水檺、骆静山合编：《马来西亚华人史》，吉隆坡：马来西亚留台校友会联合总会，1984 年，第 243 页。

压迫，心中充满怒火，更痛悔日本人利用华工为其开采铁矿石制造军火，反过来屠杀祖国同胞。日本发动全面侵华战争后，马来亚各日矿的华工掀起了声势浩大的罢工潮，其中，龙运铁矿和巴株巴辖铁矿的华侨矿工首先罢工。策划龙运铁矿华侨矿工罢工的就是新加坡著名抗日英雄林谋盛。

龙运铁矿年产铁矿石约40万吨，若全部用来制造子弹，每小时即可造4.5亿颗。1937年12月初，经秘密筹备后，第一批华工离矿罢工，其后华工陆续离矿罢工。日本资本家恼羞成怒，一方面采取严厉措施阻挠、镇压罢工，收买华工中的个别人对其他人加以监视，另一方面加倍提高工资，但这些手段均未奏效。在短时间内，龙运铁矿全矿山的2 700多名华工绝大部分加入罢工行列。不但如此，受华工罢工影响，一些马来工人、印度工人也纷纷离矿罢工，使矿山处于瘫痪状态。

马来亚日矿华工罢工后，其他行业的华工也行动起来，其中马来亚一家日营铝厂的大部分机器和生产资料一夜之间被焚为灰烬。在马来亚文德甲、芙蓉、彭牙兰等地的日人胶园，也有华工罢工。

侨团和爱国侨领积极支持华工的罢工斗争。新加坡筹赈会为因罢工返回新加坡的华工安排食宿，寻找职业。陈嘉庚以福建会馆的名义在侨胞中进行募捐，加上筹赈会的捐助，共筹集到叻币6万余元，资助侨工并安排部分侨工回国参加抗战工作。华侨巨商胡文虎也捐款帮助这些侨工寻找职业，出资帮助他们回国。

第六节　美国华侨在居住国的反日斗争

美国华侨在为祖国抗战捐款捐物的同时，也就地开展了其他形式的反日斗争，主要有抵制日货运动与阻运军事原料赴日运动。

一、美国华侨的抵制日货运动

"九一八"事变后，在美国各地华侨抗日救国团体的组织下，全美华侨的抵制日货运动在各地侨区持续深入地开展起来。1937年8月9日，纽约中华商会召开抵制日货讨论会，到会侨胞一致要求坚决抵制日货，给日本侵略者以经济上的打击。根据这次会议精神，8月26日，纽约中华商会发出通告，号召侨胞须断绝与日本的贸易。10月18日，芝加哥华侨救国后援会发布了《抵制日货条例》，制定了华侨商贩和个人"不得买卖日货""不得为敌人充当任何工作及任何经纪人""华侨社团商户住户，不得有日货之陈设""有恃顽违者，除本会予以相当惩罚外，仍呈报国民政府备案，严行究治"等十条抵制日货的具体措施。在以旧金山为中心的美国西部地区，华侨青年是抵制日货的先锋。他们大队出动，在日本商店的四周站岗，实行对日经济的封锁；一旦看到有人到日本商店购物，便以最诚恳的态度劝阻他们购买日货。同时，华侨青年还印发卡片，在唐人街分发给西方人，请求援助。他们在卡片上写着："欢迎你们到唐人街，唐人街以至诚欢迎你们。但如果你们购买日本出产的货品，你们便会伤害我们的友谊了。因为日货所得的盈利，是资助日人屠杀我们人民的。请你们打定主意不买日本制造的货品，否则你们便是帮助日本屠杀我们的人民，轰炸我们的城市和大学了。同时这种行动，也足以危害在中国的数千美国人的生命财产的。请你们以不买日本货的决心，帮助我们将这个世界建成一个安全的住所吧。更请你劝导你们的亲朋不买日本货吧。"①

1937 年 10 月 7 日，约 2 000 名华侨和 1.3 万名美国民众参加了由美国反法西斯战争组织以及纽约中国人民之友社主持的"援华抵制日货"群众大会。两个月后，纽约中国人民之友社组织了一次示威游行，要求妇女拒买日本长筒丝袜。2 000 名妇女中包括 450 名华侨，浩浩荡荡地通过第五街，手持写着"我们宁穿纱袜，不穿丝袜"的横幅。② 此次活动吸引了很多电影明星前来参加，推动了美国抵制日货运动的发展。此后，不少妇女穿起纱袜或者不穿袜子。

由于美国华侨的努力行动和积极宣传，不仅广大华侨自觉抵制日货，一些美国友好人士也采取了抵制日货的共同行动。在美国友人的大力支持下，华侨抵制日货运动取得了显著的效果。美国赞成抵制日货的人数不断上升，日本对美输出总额不断下降。

二、美国华侨的阻运军事原料赴日运动

声势浩大的美国华侨阻止军用物资由美国运往日本，是太平洋战争爆发前他们支援祖国抗战的一个重要方面。1938 年 12 月中旬，为日本载运废铁的希腊货轮"市拜路士号"由美国加利福尼亚州洛杉矶开抵旧金山码头，继续装运废铁往日。此事为我爱国华工侦悉。消息传开，旧金山唐人街群情激愤，大家奔走呼告，互相串联。不久，千余侨胞齐集救国总会门前，组成了一支庞大

---

① 黄慰慈、许肖生:《华侨对祖国抗战的贡献》，广州：广东人民出版社，1991 年，第 205～206 页。
② ［美］邝治中著，杨万译:《纽约唐人街　劳工和政治，1930—1950 年》，上海：上海译文出版社，1982 年，第 123 页。

的示威游行队伍。侨胞们手持"停止装运废铁赴日""供给日本废铁无异帮助日本残杀中国人民"等标语，雄赳赳、气昂昂地前往旧金山市码头。从上午10时至下午2时，千余侨胞一直在码头坚持示威。11时，一列满载废铁的列车进入码头。华侨立即派出宣传员向广大码头工人进行宣传，希望他们支持中国抗战，禁运废铁赴日。在华侨宣传员声泪俱下的呼吁下，码头工人为之感动，一致拒卸废铁。与此同时，华侨派出代表，上船向广大船员展开宣传攻势，"市拜路士号"轮的中国海员许忠礼等配合和支持华侨的抗日爱国斗争。他们不但自己罢运离船，而且也动员船上的希腊船员共同抵制运废铁赴日。后来，阻运废铁赴日运动的规模不断扩大，旧金山周围中小市镇的侨胞和侨校学生，闻讯纷纷驱车赶来参加。码头上参加阻运废铁赴日的侨胞达5 000人之多。①《申报》于1939年1月11日对该运动进行了详细报道：

> 旧金山唐人街有华侨二万户，上星期在中日战争中鸣枪一响，其效果或将及于全世界，即列国禁运战争原料前往日本是也。突发事件之开始，乃此间华人与同情之美国人，在载有二千五百吨废铁，行将驶往日本之希腊无定期货轮"史毕洛"号四周置纠察队。此次示威运动，设美国码头工人拒不与纠察队合作，则将被当作一地方事件而遭驱散。但事实上，彼等于十二月十六日即协助纠察队，几酿成危局。加利福尼亚州代理州长彼得逊代表加州州长沃尔逊向纠察队致辞，并表示同情于中国人民，……太平洋航务协会副主席许密特，代表国际码头工人会与仓库工人同盟而演说，略称：吾人不能要求任何自尊之人，驱散此等华人，而装运将用以屠杀彼等同胞之废铁。……美国报纸与无线电复异常注意于禁止运输问题，赞扬中美纠察队之电报，由全世界发来旧金山，同时美国民众数百人，对于准许战争原料之运往日本，向罗斯福总统及代理国务卿韦尔士提出反对，并催请立即禁止此种运输。但代表太平洋海岸轮船主人之水滨雇主联合会，则未曾与纠察队合作，并由罗斯于十二月十九日，向纠察队与美国码头工人，发出最后通牒，要求纠察队解散，与同盟工人复工。据罗斯称，渠个人完全同情中国，但于商业原则上，此种贸易不能停止云云。是晚，码头工人开会，中国纠察队代表，如美国中国战争救济联合会主席冯君，及第二届世界青年大会中国代表彭乐山（译音）等，于会间吁请同盟工人与彼等一致行动。遂即席举行投票，百分之一百均予赞成。同时经码头工人之努力，实业

---

① 许肖生：《华侨与祖国民族解放运动》，广州：暨南大学出版社，1992年，第224～227页。

组织会委员会亦通过决议案，召集所有劳工、实业、市民及教会团体，举行全海岸大会，研究并协助禁运战争材料前往日本。十二月二十日，主持纠察事宜之联合华人协会召开紧急会议，决议撤销纠察队。……冯君宣布结束置纠察队时声称，今日吾人撤销旧金山水滨之示威行动，吾人相信此决置纠察队，曾遵守一大目的，即具和平但极有力之态度是也。举国报纸已记载吾人努力之事绩（迹），吾人曾接得举国闻名之人物、大团体、教会及著名民众团体发来之电报，赞扬吾人之宗旨，保证续予援助，并纷向罗斯福总统与华盛顿其他政府人员提出抗议。吾人在此间开始之行动，其结果可望禁止战争原料由美国运往日本，而援助战斗中的中国之民治思想。吾人现悉绝大多数之美国人，乃真心同情我侨云云。[1]

经过侨胞坚持不懈的交涉和斗争，这次斗争获得了胜利。

三、美国华侨与世界反法西斯战争

太平洋战争爆发，美国不得不对日宣战。在美国的华侨坚决支持美国政府反击日寇，很多人应征入伍。根据有关资料，被征入伍的华侨在美国所有的少数民族里人数最多。陈纳德将军组织的"飞虎队"第十四服务队有 1 300 人是华裔青年。

在"二战"中入伍的华侨，几乎遍布在美军的各个兵种，并参加了美军的各种军事行动，其中陆军中的华裔占全部入伍华侨的 71%，空军中的占 25%，海军和其他兵种的占 4%。1 500 名空军人员则较为集中，特别是美国第十四航空队和 407 航空中队基本上由华裔组成。当时入伍的华侨中年龄最小的只有 15 岁。

美国华侨投军入伍的过程中产生了许多动人的事迹。据 1942 年 1 月 31 日《解放日报》载，纽约州布马克城有一家华侨洗衣店业主李某，在玻璃窗前张贴一则歇业广告，谓："现大战方酣，余已欣然投效美国陆军，别矣！诸君！"有一位华侨青年投军入伍，当他赶到兵站时，新兵列车已经开走，他跑到警察局去报告，警长向他提出条件说："如果你答应杀死 10 个日本兵，我就派人送你去入营。"华侨青年向警长保证："我答应你最少杀死 20 个日本鬼子。"[2] 警长大笑，于是派两个警察送他去入营。华人社会学家谭恩美曾这样写道："当

---

① 《旧金山华侨爱国运动　禁战争原料运日》，《申报》，1939 年 1 月 11 日。

② 任贵祥：《华侨第二次爱国高潮》，北京：中共党史资料出版社，1989 年，第 321 页。

纽约唐人街的华人听说第一批征兵对象包括华裔美国人时，高兴得跳了起来，把嗓子都喊哑了。有些不够年龄的男孩子想用'虚岁'瞒过去，因为中国的虚岁往往要比实际年龄大一至两岁。可是他们的出生证却使他们露了马脚。因此他们只好再耐心地等下去。"① 这充分反映了华侨青年迫切投军的心情。

华侨踊跃服兵役，参加对法西斯作战，是因为大多数华侨认识到自己的职责，而且也认识到对法西斯作战，实际上也是支援中国的抗日战争。1942 年 5 月，美侨领袖司徒美堂发表《致旅美侨胞书》，说："所望我旅美侨胞，益加奋发，输财输力，协助祖国及友邦政府作战，争取最后胜利。"一些华侨希望能在军队里学到一些特别技术，并在以后的生活中派上用场，而且作为退伍军人，他们可以享受过去所不能享受的许多福利。

参加美军的华侨战斗勇猛顽强，立功受奖者不少。据刘伯骥载，美军华侨黄森光上尉，任职第三水陆两栖部队情报部，以功勋获铜星奖章。华侨富烈江充当轰炸机机师，在欧洲大陆作战时被晋升为少尉，连获飞行奖章及功牌。在反法西斯战争中，华裔美国军人积功升至中校者有刘耀隆、关卫理等六人，升至上校者有容兆珍、周生等六人，升至少将者有刘国英。刘国英于 1943 年进入陆军航空学生队受训，多次参加空战，历经战役飞行达 6 000 小时以上，被授予飞行十字奖章八九种。

"二战"期间美国优秀华裔上尉——
陈凯文和黄安重

"二战"中美国华裔女子隋多利积极参战

---

① ［美］麦美玲、迟进之著，崔树芝译：《金山路漫漫》，北京：新华出版社，1987 年，第 117 页。

　　参加美军的华侨，鲜血洒遍反法西斯战争的各个战场。欧洲战场诺曼底登陆，美军华侨冲锋陷阵；南洋战场上，美军华侨一马当先。美籍华人廖逵三曾参加"飞虎队"回国对日作战；华侨卢大年曾在北非和意大利参战。据估计，在世界反法西斯战争中，参加美军作战牺牲的华侨有200多人，涌现出许多美国华侨英烈，如方硕培、刘国梁等。方硕培，曾在美国乔（佐）治亚州宾宁军官训练学校受训，毕业后在美国陆军某部任少尉职，后升中尉。1943年5月25日，在北太平洋阿图岛作战阵亡。在美国出生的刘国梁中尉，军事学院毕业后，在美国陆军第五航空队任驾驶员，驾着战机在大洋洲的海域上执行战斗任务，牵制住这一地区的日军，破坏其供应线，作战勇敢。1944年初，他因轰炸机不幸被日军击落而殉职。在纽约，有纪念他的"刘国梁广场"。

　　美国华侨的英名铭刻在世界反法西斯战争的丰碑上。旧金山市圣玛利公园在1954年建立了华裔阵亡军人纪念塔，塔上镌刻着90位在第二次世界大战中阵亡烈士的英名。纽约建立了华裔军人忠烈坊，其英文石碑刻着"为华裔军人保卫自由民主而牺牲者纪念"。西雅图建有第二次世界大战华裔阵亡将士纪念碑，用中、英文书写十位华侨烈士的光辉的名字。

　　美国华侨还积极参加支援前线的后勤工作。旧金山和洛杉矶两市都有华侨参加战时民防义勇军，加利福尼亚州至少有200名华侨编入当地自卫队，纽约有300名华侨应召赴农场工作。在西雅图等大城市有不少男女老幼侨胞加入民团和空袭防护团[①]。

　　美国参战后，许多过去对华侨关闭大门的工厂和技术部门都敞开了大门。根据1941年6月罗斯福总统签署的第8802号行政命令，美国国防企业不得由于"种族、信仰、肤色及籍贯"在雇用工人时推行歧视政策。这样成千上万的华侨和青年华裔进入了船厂、飞机厂或者其他国防工厂，许多受过专门训练的华侨建筑师、工程师、化学家和技术员，生平第一次找到了跟他们所学专长有关的职业，他们与美国人并肩作战，反对共同的敌人。当时加利福尼亚州旧金山、洛杉矶，华盛顿州西雅图等城市的造船厂大量招募华工。1943年，旧金山市各船厂

"二战"期间美国造船厂华裔女工杨洛妮

---

　　① 任贵祥：《华夏向心力——华侨对祖国抗战的支援》，桂林：广西师范大学出版社，1993年，第319页。

所雇用的工人中，华工占了大约15%。1944年，洛杉矶约有300名洗衣工转业进了造船厂，建造了"华胜号"轮船。加利福尼亚州许多造船厂里，华侨男女青年也与其他美国青年一起，承担起电焊、金属切削、钢件装配、电气、机械等技术性工作。东部地区特拉华州的船厂、新泽西州的火药厂和南部地区密西西比州的船厂、得克萨斯州的飞机厂等都雇用了许多华工。那些受过高等教育、学有专长的华侨，过去由于受种族歧视而用非所学，如今也得以进入技术领域，担任技术员、工程师甚至总工程师。[①] 华侨参加战时后方生产，补充了盟国劳动力的不足，他们服务于军事生产和航海运输等行业，同在前线战斗的华侨一样，为反法西斯战争增添了力量。

此外，华侨海员是盟国海上运输的重要力量。在美英商船上从事战时服务的1.5万名中国海员，冒着生命危险担负着运送燃油往返于大西洋和太平洋的繁重任务。在航行途中，经常遭受德军、日军潜艇和飞机的袭击，无数中国海员牺牲了宝贵的生命。尽管如此，华侨海员仍日夜航行在大西洋和太平洋上，使盟军所用燃料得到及时补充。[②] 在爪哇海战中，美舰"马布赫德号"被敌炸弹击中，当即死伤船员数人。华侨海员厨师梁某亦受震负伤，但他不顾伤痛奋勇扑入焚烧区域救助受伤者，然后又协助消防队扑灭舰上大火，船长诺克斯为他请功授奖。"二战"期间，华侨海员担任盟国海上运输工作，先后牺牲者达7 000多人。[③] 在世界反法西斯战场上，华侨海员与盟国海员共同谱写了世界反法西斯斗争的战歌。

总之，美国华侨在侨居地参加和支持反法西斯战争，把居住国抗战和祖国抗战结合起来，不仅配合了祖国的抗日战争，更加速了反法西斯战争的胜利。

---

① 杨国标等著：《美国华侨史》，广州：广东高等教育出版社，1989年，第517页。
② 黄慰慈、许肖生：《华侨对祖国抗战的贡献》，广州：广东人民出版社，1991年，第237页。
③ 刘伯骥：《美国华侨史续编》，台北：黎明文化事业股份有限公司，1981年，第484页。

参考文献

1. 潮龙起：《美国华人史 1848—1949》，济南：山东画报出版社，2010 年。

2. 曾瑞炎：《华侨与抗日战争》，成都：四川大学出版社，1988 年。

3. 陈嘉庚：《南侨回忆录》，新加坡：怡和轩，1946 年。

4. 陈烈甫：《东南亚洲的华侨、华人与华裔》，台北：正中书局，1979 年。

5. 陈天绶、蔡春龙：《陈嘉庚之路》，武汉：湖北人民出版社，2005 年。

6. 丁身尊主编：《广东民国史》，广州：广东人民出版社，2003 年。

7. 冯子平：《泰国华侨华人史话》，香港：香港银河出版社，2005 年。

8. 冯子平：《华侨华人史话》，香港：香港天马图书有限公司，2004 年。

9. ［日］福田省三：《华侨经济论》，东京：岩松堂书店，1939 年。

10. 郭梁：《东南亚华侨华人经济简史》，北京：经济科学出版社，1998 年。

11. 华侨志编纂委员会编：《华侨志·总志》，台北：海外出版社，1956 年。

12. 华侨革命史编纂委员会编纂：《华侨革命史》（下），台北：正中书局，1981 年。

13. 华侨志编纂委员会编：《日本华侨志》，台北：华侨志编纂委员会，1965 年。

14. 黄慰慈、许肖生：《华侨对祖国抗战的贡献》，广州：广东人民出版社，1991 年。

15. 黄昆章：《印尼华侨华人史（1950 至 2004 年）》，广州：广东高等教育出版社，2005 年。

16. 黄昆章：《澳大利亚华侨华人史》，广州：广东高等教育出版社，

1998 年。

17．黄小坚、赵红英、丛月芬著，中国抗日战争史学会、中国人民抗日战争纪念馆编：《海外侨胞与抗日战争》，北京：北京出版社，1995 年。

18．黄滋生、何思兵：《菲律宾华侨史》，广州：广东高等教育出版社，1987 年。

19．柯木林等编：《新加坡华族史论集》，新加坡：南洋大学毕业生协会，1972 年。

20．柯木林：《柯木林卷：石叻史记》，新加坡：青年书局，2007 年。

21．［美］邝治中著，杨万译：《纽约唐人街　劳工和政治，1930—1950 年》，上海：上海译文出版社，1982 年。

22．黎全恩、丁果、贾葆蘅：《加拿大华侨移民史：1858—1966》，北京：人民出版社，2013 年。

23．林金枝主编：《华侨华人与中国革命和建设》，福州：福建人民出版社，1993 年。

24．林少川：《陈嘉庚与南侨机工》，北京：中国华侨出版社，1994 年。

25．李安山：《非洲华侨华人史》，北京：中国华侨出版社，2000 年。

26．李春辉、杨生茂主编：《美洲华侨华人史》，北京：北京东方出版社，1999 年。

27．李恩涵：《东南亚华人史》，台北：五南图书公司，2003 年。

28．李明欢：《欧洲华侨华人史》，北京：中国华侨出版社，2002 年。

29．林水檺、骆静山合编：《马来西亚华人史》，吉隆坡：马来西亚留台校友会联合总会，1984 年。

30．林水檺、何启良等合编：《马来西亚华人史新编》（全三册），吉隆坡：马来西亚中华大会堂总会，1998 年。

31．李学民、黄昆章：《印尼华侨史（古代—1949 年）》，广州：广东高等教育出版社，2005 年。

32．梁上苑、蔡建华：《菲律宾华侨抗日游击支队》，香港：香港广角镜出版社，1980 年。

33．刘伯骥：《美国华侨史续编》，台北：黎明文化事业股份有限公司，1981 年。

34．［美］麦礼谦：《从华侨到华人——二十世纪美国华人社会发展史》，香港：三联书店（香港）有限公司，1992 年。

35．钱江、纪宗安主编：《世界华侨华人研究》（第 1 辑），广州：暨南大学出版社，2008 年。

36．丘斌存：《华侨经济复兴问题》，上海：新时代出版社，1946 年。

37．任贵祥：《华侨第二次爱国高潮》，北京：中共党史资料出版社，1989 年。

38．任贵祥：《华夏向心力——华侨对祖国抗战的支援》，桂林：广西师范大学出版社，1993 年。

39．任贵祥：《华侨与中国民族民主革命》，北京：中央编译出版社，2006 年。

40．任贵祥：《海外华侨与祖国抗日战争》，北京：团结出版社，2015 年。

41．许肖生：《华侨与第一次国共合作》，广州：暨南大学出版社，1993 年。

42．［加］魏安国：《从中国到加拿大》，上海：上海社会科学院出版社，1988 年。

43．吴凤斌：《东南亚华侨通史》，福州：福建人民出版社，1994 年。

44．吴剑雄：《海外移民与华人社会》，台北：允晨文化实业股份有限公司，1994 年。

45．颜清湟著，粟明鲜等译：《新马华人社会史》，北京：中国华侨出版公司，1991 年。

46．［日］原不二夫著，刘晓民译：《马来亚华侨与中国——马来西华侨归属意识转换过程的研究》，曼谷：泰国曼谷大通出版社，2006 年。

47．于仁秋：《救国自救——纽约华侨衣馆联合会简史 1933—1950's》，香港：三联书店（香港）有限公司，2003 年。

48．张赛群：《南京国民政府侨务政策研究》，北京：中国言实出版社，2008 年。

49．张俞：《越南、柬埔寨、老挝华侨华人漫记》，香港：香港社会科学出版社，2003 年。

50．中国银行行史编辑委员会编著：《中国银行行史（1912—1949 年）》，北京：中国金融出版社，1995 年。

51．庄国土：《华侨华人与中国的关系》，广州：广东高等教育出版社，2001 年。

52．朱杰勤：《东南亚华侨史》，北京：高等教育出版社，1990 年。

53. 周南京主编：《华侨华人百科全书》，北京：中国华侨出版社，2000年。

54. 蔡仁龙、郭梁主编：《华侨抗日救国史料选辑》，福州：中共福建省委党史工作委员会、中国华侨历史学会，1987年。

55. 崔丕、姚玉民译：《日本对南洋华侨调查资料选编（1925—1945）》（第一辑），广州：广东高等教育出版社，2011年。

56. 冯汉纲：《冯如研究》，广州：广东省中山图书馆，恩平：恩平县政协文史资料研究委员会，1991年。

57. 福建档案馆编：《福建华侨档案史料》（上），北京：档案出版社，1990年。

58. 广东省档案馆、广州华侨研究会、广州师院、广州华侨志编委办编：《华侨与侨务史料选辑（广东）》（2），广州：广东人民出版社，1991年。

59. 广东省政协文史资料研究委员会编：《华侨沧桑录》，广州：广东人民出版社，1984年。

60. 全国政协文史资料委员会编：《文史资料存稿选编》（第25辑），北京：中国文史出版社，2002年。

61. 荣孟源：《中国国民党历次代表大会及中央全会资料》（下册），北京：光明日报出版社，1985年。

62. 新马侨友会编：《马来亚人民抗日史料集选辑》，香港：香港见证出版社，1992年。

63. 许云樵主编，蔡史君编修：《新马华人抗日史料（1937—1945）》，新加坡：文史出版私人有限公司，1984年。

64. 政协北京市文史资料研究会、政协广东省文史资料研究委员会编：《回忆司徒美堂老人》，北京：中国文史出版社，1988年。

65. 中共广东省委党史研究委员会、中共广东省委党史资料征集委员会编：《广东华侨港澳同胞回乡服务团史料·东江华侨回乡服务团》，广州：中共广东省委党史资料征集委员会，1985年。

66. 中共广东省委党史资料征集委员会、中共广东省海南行政区委员会党史办公室编：《琼崖抗日斗争史料选编》，广州：中共广东省委党史资料征集委员会，1986年。

67. 中国第二历史档案馆编：《中国国民党中央执行委员会常务委员会会议录》（十九），桂林：广西师范大学出版社，2000年。

68. 中国第二历史档案馆编:《中华民国史档案资料汇编 第五辑 第二编 政治（四）》,南京:江苏古籍出版社,1998 年。

69. 中国社会科学院近代史研究所、中华民国史研究室主编:《中国致公党》,北京:文史资料出版社,1981 年。

70. 中央档案馆编:《中共中央文件选集 第十册 （一九三四——一九三五）》,北京:中共中央党校出版社,1991 年。

71. J. R. Hayden, *The Philippines*：*A Study in National Development*, New York：Macmllian Co. , 1955.

72. Tan, *The Chinese in the Philippine, 1898—1935, A Study of Their National Awakening*, Manila：R. P. Gareia Publishing Co. , Q. C. , 1972.

73. 陈国威:《1932—1945 年国民政府侨务委员会述论》,《华侨华人历史研究》2010 年第 4 期。

74. 陈雷刚:《试论海外华人华侨对中共领导的广东抗战作出的历史贡献》,《岭南文史》2015 年第 2 期。

75. 程希:《抗日战争对海外华侨的影响》,《华侨华人历史研究》1995 年第 3 期。

76. 方雄普:《美国华侨的航空救国活动》,《华侨华人历史研究》1988 年第 2 期。

77. 郭梁:《抗日救亡运动与南洋华侨社会》,《南洋问题》1985 年第 4 期。

78. 贺金林:《太平洋战事前后国民政府救济难侨的活动》,《华侨华人历史研究》2005 年第 3 期。

79. 贺圣达:《中华海外儿女抗日在南洋——东南亚华侨的武装抗日斗争》,《云南民族大学学报》（哲学社会科学版）2005 年第 6 期。

80. 黄国安:《越南华侨对祖国抗日战争的支援》,《八桂侨史》1987 年第 1 期。

81. 黄昆章:《印尼华侨对抗日战争的贡献》,《东南亚研究》1987 第 3 期。

82. 黄流星:《潜入原马来亚的 136 兵团》,《文史春秋》2010 年第 7 期。

83. 黄小坚:《华侨对抗日战争的杰出贡献》,《华侨华人历史研究》1995 年第 3 期。

84. 黄志坚:《东江华侨回乡服务团的抗日救亡活动》,《商业文化》（学术版）2010 年第 7 期。

85. 侯伟生：《菲律宾华侨的抗日救国运动（1931—1941）》，《东南亚研究》1987 年第 3 期。

86. 李安山：《试论抗日战争中非洲华侨的贡献》，《世界历史》2000 年第 3 期。

87. 李盈慧：《抗战中的华侨：开展波澜壮阔的救亡运动》，《社会科学报》，2015 年 9 月 5 日。

88. 廖小健：《英国殖民政策与马来亚人民抗日军》，《东南亚研究》2005 年第 3 期。

89. 冼鸿雄、龙炳森、黎国荣：《会宁华侨回乡服务团的历史贡献》，《广东党史》1999 年第 1 期。

90. 肖泉：《抗战前期缅甸华侨献金捐物运动》，《东南亚研究》1987 年第 3 期。

91. 谢成佳：《对华侨华人社团的几点认识》，《华侨华人历史研究》2002 年第 3 期。

92. 谢国富：《抗日战争期间的新西兰华侨》，《华侨华人历史研究》1992 年第 2 期。

93. 张俞：《越南华侨抗日救亡运动记略》，《八桂侨史》1991 年第 3 期。

94. 章志诚：《欧洲华侨支援祖国抗战的活动与贡献，《八桂侨刊》2005 年第 5 期。

95. 张祖兴：《马来亚华人抗日武装与马来亚联盟公民权计划》，《华人华侨历史研究》2005 年第 2 期。

96. 郑甫弘：《抗日战争时期中共的华侨政策》，《八桂侨史》1992 年第 2 期。

97. 钟日兴、宋少军：《星华义勇军与新加坡保卫战》，《文史春秋》2014 年第 9 期。

98. 赖晨：《鲜为人知的南洋华侨义勇军》，《政协天地》2014 年第 1 期。

99. 钟日兴、宋少军：《136 部队与马来亚抗日运动》，《东南亚南亚研究》2014 年第 2 期。

100. 庄国土：《世界华侨华人数量和分布的历史变化》，《世界历史》2011 年第 5 期。

101. 骆明卿：《菲律宾侨团在支持祖国抗日救亡运动中的作用（1931—

1941)》，《南洋问题》1984 年第 4 期。

   102.　沈毅：《抗日战争中的加拿大华侨》，《辽宁大学学报》（哲学社会科学版）1990 年第 1 期。

   103.　童家洲：《东南亚华侨社团与抗日救国运动》，《八桂侨史》1999 年第 3 期。

   104.　李小燕：《中国官方行局经营侨汇业务之研究》，新加坡国立大学中文系博士学位论文。

   105.　《华侨先锋》

   106.　《现代华侨》

   107.　《侨务月刊》

   108.　《南洋研究》

   109.　《申报》

   110.　《南洋情报》

   111.　《海外月刊》

   112.　《华侨动员》

   113.　《华侨战士》

   114.　《华侨战线》

   115.　《南路堡垒》

   116.　《琼岛星火》

   117.　《新华日报》

   118.　《华侨日报》

   119.　《大公报》

   120.　《大汉公报》

   121.　《星岛日报》

   122.　《循环日报》

   123.　《救国时报》

   124.　海南史志网，http：//www. hnszw. org. cn

   125.　云南档案信息网，http：//www. ynda. yn. gov. cn

   126.　中国侨网，http：//www. chinaqw. com

   127.　中国国殇墓园网，http：//www. chinagsmy. com

   128.　21 老友网，http：//www. of21. com

   129.　联合早报网，http：//www. zaobao. com

后 记

本书为暨南大学华侨华人研究院集体劳动的成果。本书分工如下：第一章、第二章主要由潮龙起教授、何洪明研究生两人承担，第三章、第四章、第五章、第六章、第八章中，有关南洋地区华侨活动的内容主要由石沧金副教授编写，涉及其他地区华侨活动的内容由潮龙起教授编写。张小欣副教授、杨雨衡研究生编写了本书的第七章第一节，何洪明研究生编写了第七章第二节。本书主编潮龙起教授最后对全书进行了统稿。本院吉伟伟老师为本书的编写，也做了一些联络方面的工作。

写作过程中，我们要感谢暨南大学出版社徐义雄社长、黄圣英书记对我们的信任和支持；感谢华侨华人研究院两任领导的关心和重视；感谢暨南大学出版社华侨华人研究事业部对本书进行的认真审读和编辑；感谢暨南大学图书馆及所属的华侨华人文献信息中心提供的宝贵资料和馆际互借服务。最后，要衷心感谢国内外华侨华人研究同仁的支持、鼓励和鞭策。

由于我们水平有限，书中可能存在不少错误，望学界同仁批评指正！

编者

2015 年 10 月写于暨南园